且读且写

语文教师的专业成长

匡双林 著

海峡出版发行集团
福建教育出版社

图书在版编目（CIP）数据

且读且写：语文教师的专业成长/匡双林著.
福州：福建教育出版社，2024.7.—ISBN 978-7-5758-0018-1

Ⅰ．H193

中国国家版本馆 CIP 数据核字第 2024JS4441 号

Qie Du Qie Xie: Yuwen Jiaoshi De Zhuanye Chengzhang

且读且写：语文教师的专业成长

匡双林　著

出版发行	福建教育出版社
	（福州市梦山路 27 号　邮编：350025　网址：www.fep.com.cn）
	编辑部电话：0591-83779650
	发行部电话：0591-83721876　87115073　010-62024258）
出 版 人	江金辉
印　　刷	福建省地质印刷厂
	（福州市金山工业区　邮编：350011）
开　　本	710 毫米×1000 毫米　1/16
印　　张	17.25
字　　数	255 千字
插　　页	2
版　　次	2024 年 7 月第 1 版　2024 年 7 月第 1 次印刷
书　　号	ISBN 978-7-5758-0018-1
定　　价	50.00 元

如发现本书印装质量问题，请向本社出版科（电话：0591-83726019）调换。

代序

爱读写，才算是真正爱语文

林日正

一

2023年10月29日晚上，九三年出生的小陈老师在"黄埔四期写作班"钉钉群里写道："今天找出了以前用过的手机，接下来想尝试用这个没卡的旧手机来记录生活的点滴。参加第四届温州教育与科研写作研修班让人很震撼，原来真的有一群人在做科研，而且在踏踏实实地写作。"

小陈老师系温州市直某校高中语文教师、教师发展处主任。作为第四届温州教育与科研写作研修班学员，他在聆听写作班特邀嘉宾景凯旋、魏智渊、魏勇、墨诺汉和匡双林等人的专题讲座之后，内心激动不已。八五后的青年教师匡双林的"手机写作与专著出版"专题分享尤其触动了小陈老师。中文系毕业的小陈老师，在刚刚迈上讲坛的头两年里，曾经很真诚地在电脑里写了很多日记、随笔和教学反思。后来，他说自己日益浮躁，丢失了"抽屉写作"的习惯，写得很功利，丢失了很多真诚，很多灵感就像碎片一样消散在风中，实在太可惜了。

在"手机写作与专著出版"讲座中，匡双林分享了自己如何用两部手机解构先前的写作习惯与观念，建构新的写作系统并坚持每天回顾、思考与记录的过程。当有学员问："每天写，灵感从哪儿来？"他诙谐机智地回答说："要追着灵感跑而不是等灵感找上门。"

写作班学员来自温州各地各校，由各县（市、区）教研机构和市直学校推荐、遴选产生，每一届40—50名学员，他们的年龄或年长于匡双林，或相仿于匡双林。供职于温州道尔顿小学的匡双林，何以被温州市教育教学研究院聘为第二届、第三届、第四届温州教育与科研写作研修班导师？双林并非教科研通才，但他爱读写，其积累的教育写作经验和读书经验能够给予不同学科、不同学段的写作班学员以启发。大家认识匡双林，可以看到阅读、写作滴水穿石的力量。

二

匡双林毕业于西安某一所并不知名的高校，曾就读于美术专业。毕业后，他没有回到江西修水老家，而是在温州乐清开始了自己的职业生涯。在某民营教育机构，他一开始从事美术教育，因为参与某次语文教研活动，发现自己的文本解读能力超越于语文教师，由此开始转行执教语文。

从乐清某民办高中，再到瑞安某高中，他已经很适应民办高中"5＋2""白＋黑"和没有完整寒暑假的生活。2018年，因为面临两地分居和孩子年幼无法照顾等问题，他寻找机会调到温州市区。在我的牵线下，他到了温州道尔顿小学应聘。他为人比较纯粹而"不懂江湖之道"。我记得2018年4月，我带他去见白莉莉校长时，他个人简历、发表文稿、毕业证书、荣誉证书等资料都没有带。他与白校长面谈之后，只上了一节语文课便顺利被道尔顿小学聘任。

前高中语文教师，在我"怂恿"之下，转行成为小学语文教师。道尔顿小学追求教育理想，双林在这所新创办的"理想国"里开始了全新的教育旅程。

2019年2月，双林任教的第二学期，我曾和道尔顿小学白莉莉校长等一起观摩双林的随堂课《两小儿辩日》。上课伊始，双林开始优雅地"掉书袋"。

"你们知道《列子》这本书吗？"他在讲台上，向大家展示自己带来的《列子》《中国古代寓言菁华》等书，然后询问孩子们是否记得"伯牙绝弦"等故事。

在孩子们自由阅读数遍之后，双林与孩子们探讨全文有多少个"日"字，并与一男生"辩日"，孩子们都听得兴趣盎然。那一节观课，我记录得特别详细。我记得在第二轮"辩日"时，双林即兴增加"非也、非也"等文言文句子，"辩日"的男生机智应对，课堂充满欢声笑语。

"两小儿辩日，孔子不能决断。如果你在现场，赞同谁的观点？你又会怎么解释？"有三四个孩子的回答很精彩。在那个环节，虽然执教班级人数不多，仅19名，但多个孩子的发言质量是很高的。"《列子》为什么用孔子来说事呢？"双林询问孩子们。他解释到，《列子》代表道家，孔子代表儒家，拿孔子说事，其实是想反驳一些儒家观点，拿孔子来"开涮"。

末了，双林要求孩子们以孔子口吻写一句文言文的台词。

一男生写道："黄口小儿，岂不谬乎？"

一女生写道："眼见为实，耳听为虚。"

……

在双林的语文课上，他以博古通今的学识，引导孩子们探索古今文学的魅力。双林语文课的源头活水在于他持续不断地阅读。不用跟小学语文教师比较，就是在高中语文教师群体中，他也是"书痴"——他的个人藏书在8000册左右。

那年，双林任教的是六二班。该班男生陈若谷同学说："高中老师很有文化。匡老师会唱戏，会唱昆曲，很有才，我很喜欢他。他作文也写得很好，我在他的公众号'匡语匡文'上读过《母亲》一文，非常感动……"

三

"2018年秋季，刚来道尔顿，我有一个多月的痛苦期。我曾经想逃走，但现在幸福感满满。"双林曾经跟我袒露自己的内心。

"为什么会有这个痛苦期？"我追问。

"因为有多个挑战：一是面对小学生，不知怎么教。二是要应对每一个'强大'的家长。常常晚上十点还在接电话，早上开着车也要接电话。三是每天感觉自己忙得焦头烂额。"他概括性地这么描述。

"很惭愧，我把你推到这里，却没有给予你足够的支持和关心。"我嘀咕道。

"改变的契机是2018年10月中旬的一节公开课。作为学校新教师，一般需要执教一节公开课，我干脆选择'《俗世奇人》类比阅读'。这是我自创的一节语文主题课。《俗世奇人》是冯骥才的短篇小说集，分上下二册，共三十六篇。"

课前，孩子们已经提前阅读完《俗世奇人》整本书。在那一节五十分钟的课堂上，双林以苏轼写给王庠的书信作为切入点，以"同类文章的对比阅读"之阅读策略作为教学核心目标，如他首选四篇关于"盗贼"的文章，让孩子们来比较相同点、不同点。随后，四个小组同学分别在整本书中挑选四篇主题文章，再比较文章的不同点。在五十分钟的课堂上，研讨文本达到二十篇，同时延伸到金圣叹点评的《水浒传》和当下小学生热门阅读文本的批判等等。

课后，白莉莉校长非常欣赏，她说："我们需要这样的大语文课。语文课，不能拘泥于枝枝蔓蔓，需要大开大合。"她还推荐双林在市直语文双周活动中执教"走近鲁迅"专题阅读公开课。

"《俗世奇人》类比阅读"公开课，使双林开始自信地站立在小学语文的课堂上，他发现了自己的优势和独特性。他说，个别小语课"思想不够感情凑"的套路不适合他，他的研究方向是"大阅读课""审辩式语文教学课"等。

"走近鲁迅"专题阅读公开课，在学校大剧院公开教学，我目睹了那一节课的丰富信息量和图书馆课的新模式。在双林的引领下，孩子们开展鲁迅文章不同主题的阅读与探究之旅。

2019年的寒假，双林在班级中发布文学、历史、哲学、科技等七大类十四本书、七部电影推荐名单。小学六年级的孩子与《三体》《动物农场》《棋王·树王·孩子王》《秦谜》《苏菲的世界》等书籍对话，他们的阅读力、思辨力在悄然萌发。

2019年春季学期，双林在每节语文课前五分钟举行好书分享会，让孩子们彼此分享整本书阅读心得，计划把每周一节的图书馆课，两周合并在一起举行读书会，安排主持人、暖场、主讲学生和小组汇报等，而自己则退居读书会听众的角色。

当然，他也在探索"全班共读一本书"课程。他选择了留日学人李开元的历史学著作《秦谜》，备选书单还包括李开元的《秦崩》《楚亡》和王鼎钧的《昨天的云》。

2019年六一儿童节的第二届道尔顿小学校园戏剧节前，他构思了两个主题。其一是模仿都德《最后一课》，创编民国抗日版的北大、南开等名校的《最后一课》。双林和戏剧课李老师合作的《最后一课》演出博得了广大师生、家长的好评。在双林《毕业不能没有戏》课程叙事中，他这样写道：

随着剧情的演绎，我的心逐渐放下。那些调皮的孩子一下就专注起来，全心去塑造自己的角色，我在舞台一侧看着欣慰无比，觉得所有的付出都值得了。当最后一曲《少年中国说》响起的时候，我才发现，所有的家长和老师全部起立，掌声经久不息，我还看到，有家长用纸巾在拭泪……我和李老师开心不已，我们相视一笑，长长地舒了一口气……

四

从高中教师到小学教师，双林已经实现了软着陆，找到了存在感与价值感。

每次，遇见双林，他总会讲述他最新的教育思路。他说，目前已经架构了小学整个语文新体系，不仅有课程提纲，而且还有学生学习材料。他发来《午夜彗星：新文化先驱王思玷遗作集》书影，颇为自得地留言："这是王鼎钧书里提及的书，温州各大图书馆都没有，但我手里有一本。这些实物，都能成为孩子们触摸的教材。"

双林的语文素养超过了好多同行。我的这种判断也许非常感性、草率，但他的人文阅读视野着实令我震撼。当我提及某书时，他回应："我读过，还有另外一本可以推荐。"他说自己年少时，就跟着私塾教育背景的爷爷读《孟子》，背《增广贤文》，小学阶段读线装繁体竖排的《三国演义》。双林的叔叔曾是中学语文老师，双林读中学时，就通读了叔叔的大学中文教材。难怪，他的母语底子非同一般。

2019年12月，中国第六届南方阅读论坛在青岛中学举行，他作为傅国涌先生国语书塾"与世界对话"课程探索者之一，应邀作"与苏东坡对话"研讨课。他的课以苏东坡被贬黄州、三咏赤壁为核心，让学生们近距离地了解苏轼的人生与心路历程。课前，八年级学生需要提前阅读近两万字的文献资料，包括诗词、文言文、评论文章等，古今中外，文史哲艺，皆有涉猎。

我认识双林已有十多年时光。去年，《温州教育》创刊三十五周年，双林曾撰写《我与〈温州教育〉十五年》一文。他深情地写道："从《温州教育》起步，我走到了《语文报》，走到了《语文教学通讯》，走到了《教师博览》，也走到了《中国教师报》，也走到了自己的著作出版。"

在文中，双林还写道："从《温州教育》开始，我拥有了人生第一个专栏。毫不夸张地说，这是对我教育写作的一个重大突破。正是因为如此，我把《温州教育》视为我写作永恒的故乡——说得接地气一点，她是我写作的娘家。"

2013年12月25日，我曾在籀园策划《温州教育》创刊二十五周年笔会。双林是见证者，见证《温州教育》创刊主编、年届九旬的民国风骨报人谷擎一先生谈往事，见证《教师之友》主编李玉龙讲教育写作的思考。转眼十年，2023年12月30日，我在温州市图书馆策划《温州教育》创刊三十五周年笔会。双林也是见证者，他两次登台领奖，一项是《温州教育》专栏作者奖，另一项是《温州教育》优秀作者奖。

作为编辑，我感谢有双林这样的铁杆作者。

五

除了干好本职工作，双林生活简单，沉醉于阅读与写作。2021年，他顺利出版了个人首部专著《红楼教育学》。该书从文本出发，运用文本细读、精读的方法，以一线教师的身份，结合中国古代教育理论，挖掘《红楼梦》中的教育现象，诸如家庭教育、语文教育、美术教育、应试教育、家风等，写成系列文章。

今年，他的第二部专著《且读且写：语文教师的专业成长》即将出版，我有幸作为第一读者阅读了全书。不同于第一本著作，这一本专著对于广大中小学语文教师而言，极其具有推广、借鉴的价值。何为语文教师？如何做一位有专业素养的语文教师？语文教师如何且读且写？……这种种问题都考验着每一位在职的语文教师和就读语文教育专业的师范生。

在这本新书中，双林基于自己的生命体验，畅谈"阅读的方法""如何读透一本书""教师写作从哪里开始"等主题，既有独特的理论归纳，又有旁征博引的实例，当然也有自己的生动故事。这本书是有温度、深度和广度的表达和言说，是值得语文教师及至教育写作爱好者阅读的书籍。

这本书会给不同的读者以不同的启发。阅读这本书，让我想再次表达一个观点：爱读写，才算是真正爱语文，才能成为卓越的语文教师。

（作者系温州市教育教学研究院教科室主任、《温州教育》编辑部主任）

目录

第一章　阅读的方法 …………………………………………… 1
　1. 影响我阅读的书 ………………………………………… 1
　2. 影响我阅读的方法 ……………………………………… 5
　3. "一本书主义" …………………………………………… 13

第二章　如何阅读理论类书籍 ………………………………… 18
　1. 从书法到读书 …………………………………………… 18
　2. 第一阶段：临摹与认定作者的用意 …………………… 24
　3. 第二阶段：集字与抽出例证加以组织 ………………… 33
　4. 第三阶段：创作与延伸及加深所得结论 ……………… 37

第三章　如何把一本书读透 …………………………………… 42
　1. 阅读的重复意识 ………………………………………… 42
　2. 阅读的输出意识 ………………………………………… 50
　3. 阅读的诠释意识 ………………………………………… 69
　4. 阅读的课程意识 ………………………………………… 73
　5. 阅读的使用意识 ………………………………………… 81

第四章　教师写作从哪里开始 ………………………………… 82
　1. 日记 ……………………………………………………… 82
　2. 读书札记 ………………………………………………… 85

3. 书评 ·· 95
　　4. 备课笔记 ·· 100
　　5. 课例品析 ·· 118
　　6. 影评 ·· 118

第五章　一节课的叙事研究点 ·· 119
　　1. 文本解读，占有材料 ·· 119
　　2. 教材解读，直面学生 ·· 125
　　3. 教学设计，寻求方法 ·· 128
　　4. 课堂生成，不求完美 ·· 129
　　5. 教后反思，全面完整 ·· 135

第六章　教育叙事写作 ·· 138
　　1. 教育叙事写作的分类 ·· 138
　　2. 教育叙事写作的关键词 ··· 156
　　3. 教育叙事写作的专业化 ··· 159

第七章　读写结合的体现：文本解读（一） ·························· 163
　　1. 几个概念 ·· 163
　　2. 文本解读的方法 ·· 164
　　3. 从题目入手 ·· 167
　　4. 矛盾法 ··· 169
　　5. 比较法 ··· 172
　　6. 如何解读翻译文本 ··· 197
　　7. 基于语文要素的文本细读 ·· 204

第八章　读写结合的体现：文本解读（二） ·························· 212
　　1. 第一重境界：千磨万击还坚劲，任尔东西南北风 ········· 213

  2. 第二重境界：男儿何不带吴钩，收取关山五十州 …………… 217

  3. 第三重境界：莫听穿林打叶声，何妨吟啸且徐行 …………… 235

第九章　如何锤炼语感 …………………………………………… 237

  1. 四读法 ……………………………………………………… 239

  2. 随笔法 ……………………………………………………… 241

  3. 句读法 ……………………………………………………… 243

  4. 读"汇"法 ………………………………………………… 246

  5. 评改法 ……………………………………………………… 250

  6. 换字法 ……………………………………………………… 254

  7. 猜读法 ……………………………………………………… 256

坐待知音共论书（代后记） ………………………………………… 257

第一章 阅读的方法

1. 影响我阅读的书

　　回顾我个人的阅读经历，大概是从 2020 年开始，有了一个变化。之前是追求量的积累，信奉"阅读量不够，诸事皆废"的道理。除了语文教学类书刊之外，用功最多的是古典文学和文学批评、心理学、人类学等书籍，每年阅读 40 到 60 本，几乎坚持了十年以上。其实这个量并不算多，我的朋友很多都比我读得快、读得多、读得好。2020 年之后，阅读速度慢了下来，不是说精力不济，也不是说不想求量，而是有意为之。就像怀特海说的，从浪漫阶段到了精确阶段。或者像伍尔夫说的阅读两步法——第一步是获得初步印象，随着自己的天性，在书海中肆意遨游，容纳书籍带给自己的无数印象；第二步是比较与评判。第二步比第一步要复杂得多，也困难得多，必须经由广泛的阅读之后，才能进行真实有效的比较，做出确切的评判，发现书中的成功与失败之处以及优点与缺陷。可见第一步宽泛，第二步精确。

　　既然阅读有求量与求质的区别，阅读的方法自然也不一样。

　　早些年读书的时候，热衷于阅读关于读书方法的书，这也无可厚非，虽然出发点是好的，但却走了不少弯路。当时买了很多书，比方说《过目不忘读书法》——不过后来发现自己根本不可能过目不忘，一是天赋有限，二是后天也不勤奋，因此这本书最终没有读完。

　　至于流行一时的思维导图法，我也买过好几本书，买之前抱负满怀，以为自己会用思维导图做各种事情，尝试了一两次，发现并不是那么一回事。折腾来折腾去，又回到了老样子。

看来这不是读书方法的问题，归根到底，是我个人的问题。

后来看到李敖的读书方法，据说他每次买书都要买两本，其中一本用来撕，把内容不好的撕去，剩下的就是精华。无奈我财力不够，胆量也不大，对这种方法只能望而兴叹。

我读书有一个循序渐进的过程。有五本书给过我很大的影响，在这一章中我先介绍四本，还有一本，放在后面说。我这篇文章里的很多所谓的方法，几乎都来源于这几本书。

第一本书，是美国莫提默·J. 艾德勒和查尔斯·范多伦的《如何阅读一本书》。比如，作者提到，不同的书籍要用不同的读法，这的确是行家之谈。其中有"基础阅读""检视阅读""分析阅读""主题阅读"四种读书法，我按照这几种读书方法读了很多年，受益匪浅。

第二本书，是《朱子读书法》。朱子的阅读方法，可以说是中国南宋以后很多人读古书时用的方法。《朱子读书法》，厚厚一册，"循序渐进""熟读精思""虚心涵泳""着紧用力""居敬持志"，这里更多的不是方法，而是读书的态度。要我说，朱夫子最厉害的就是熟读与精思。最"大"的熟读，当然是背诵——背诵确实是一个极好的读书法，只是在八股文时代，完全被异化了。单就语文学习而言，背诵是无论如何都不能少的，并且越多越好。我也反对死记硬背，但如果是"活记软背"呢？已经讲解过的，自己懂的、喜欢的，就是要把它背下来。其实，在《朱子读书法》中，还有一个对比法，非常值得我们借鉴，后文细谈。

第三本书，是魏智渊老师的《教师阅读地图》。当初这本书出版的时候，我还在温州地区主持了一个相关的读书会，那时候还没有微信，是在QQ群里。这也是我和魏老师的初识，之后和他就有了多次见面的机会。这本书提出的"案例""分析""原理"等分类法，对我的阅读也产生过很大的影响。尤其是其中提到了"根本性书籍"的阅读——比方说，一切红学著作的根本性书籍是《红楼梦》。如果没有读过《红楼梦》，只是在读红学研究著作，就不算读到了根本性书籍。这是我们在读所有文学类研究著作时要谨记的一点。我也是这么读《红楼梦》《金瓶梅》的。

我将《教师阅读地图》作为起点，读了很多好书。就在写这本书之前，我还把《教师阅读地图》拿出来重温了某些重要的部分。当然，或许是囿于体例，它也有些许不足，比方说专题还有细化的空间。有时候我会萌生一种想法，想单独为语文老师写一本类似"阅读地图"的书，语文老师可以沿此渐入阅读的门径。

第四本书，是王荣生教授的《语文课程与教学内容》。这本书看起来好像不是谈阅读的，其中第三章《阅读能力与阅读方法》，虽然谈的是阅读教学，但对我的阅读也很有帮助。

接下来我要谈的，几乎都来自这几本书。其实，就读书而言，方法并不是最重要的，能不能真正地去读以及养成读的习惯，才是最重要的。

王荣生教授在书里提到了两种阅读：

> 异态，就是基于合理的目的、任务而采取的与通常不一致的阅读取向。比如小说，编辑校对样稿，是一种读法；语言学家统计某种句法的使用情况，是一种读法；依据小说中的描写研究那时的服饰样貌，则是另一种读法。中小学生因语文经验不足而采取的与通常有差异的阅读取向，也应该看成是异态，需要在阅读能力发展的过程中加以改变或改善。变态，就是扭曲的阅读取向。它基于某种错误的观念而采取一种奇特的阅读取向，有意或习惯性地曲解文本。"为阅读而阅读"，"为学习阅读而学习阅读"，甚至"为语文考试（为答阅读测试题）而学习阅读"，往往导致变态的阅读取向。

> 变态的阅读取向，是学习阅读的最大陷阱。以"首尾照应""以小见大"等古文笔法，对付"率性而为"的现代散文，以"论点""论据""论证"的西方逻辑理路，对付《劝学》《师说》乃至《石钟山记》《游褒禅山记》等古文，以事件目击旁观者的身份，指点虚构小说中的人和事而横加评判，以欣赏"好词好句"的心态，面对《论美》（培根）、《蝉》（法布尔）、《奥斯维辛没有什么新闻》（罗森塔尔）等实用文章，均属阅

读取向之变态。①

我们要的当然是异态的读书取向。

王荣生教授在《语文课程与教学内容》第三章中，对诸多阅读方法进行了归纳，总共 8 点，我照搬如下：

1. 预测。包括阅读起始时，基于标题、图片和关键词等来预测将要阅读的内容；故事文本阅读中，对人物、事件、故事结局等进行预测。

2. 联结。一个好的阅读者能够在阅读过程中调取已有的背景知识和个人经验，从而更好地理解文本的意义。

3. 提问。一个好的阅读者在阅读前、阅读中和阅读后都能够提出基于文本或由文本出发的问题，从而更深刻地理解文本的含义。

4. 推断。一个好的阅读者知道并非所有信息都在文本之中，他能够利用文本提供的线索，合理进行补充假设和推断。

5. 图像化。一个好的阅读者能够在阅读过程中，由其"思维之眼"创造出"多重感官图像"，从而有助于对文本的理解。

6. 确定重点。一个好的阅读者能够根据文本的组织结构特点对文本中的信息进行重要和不重要的分类，并细读重要的内容。

7. 释疑。一个好的阅读者能够意识到自己遇到了理解困难，并为了读懂而停下来，回头重新阅读。

8. 综合。一个好的阅读者能够分析信息，整合文本和自己的认识或经验加以思考，并得出结论。②

这 8 种阅读方法归纳得比较全面。王教授的这些阅读方法，虽然针对的是单篇文章，但对整本书阅读也同样适合。至于我们在上文中提到的诸如思维导图、主题阅读等，只是外在形式不同而已。

---

① 王荣生著：《语文课程与教学内容》，中国人民大学出版社 2021 年版，第 146 页。
② 同上，第 154 页。

2. 影响我阅读的方法

说到读书方法，对我影响最深的，莫过于苏轼。苏轼在《又答王庠书》中说：

> 但卑意欲少年为学者，每一书皆作数过尽之。书富如入海，百货皆有之，人之精力，不能兼收尽取，但得其所欲求者耳。故愿学者每次作一意求之，如欲求古今兴亡治乱、圣贤作用，但作此意求之，勿生余念。又别作一次，求事迹故实典章文物之类，亦如之。他皆仿此。此虽迂钝，而他日学成，八面受敌，与涉猎者不可同日而语也。甚非速化之术，可笑可笑。

苏轼的这个读书方法，被概括为"八面受敌法"。这个方法，实在是太好用了，也实在是太重要了。这个方法背后有很多东西值得挖掘。比如说，它有前提。这个前提就是读的对象必须是经典，不是经典，怎么会有"古今兴亡治乱""圣贤作用"呢？再说，一本书经得起"八面"挖掘，才可以称之为经典。

举一个例子，七年级语文上册有一篇《〈世说新语〉二则》，一则是《咏雪》，一则是《陈太丘与友期行》。第二篇里的主角，就是陈元方。陈元方为陈太丘的儿子。陈太丘本名陈寔，字仲弓，因在太丘为官，所以人称陈太丘。原文如下：

> 陈太丘与友期行，期日中。过中不至，太丘舍去，去后乃至。元方时年七岁，门外戏。客问元方："尊君在不？"答曰："待君久不至，已去。"友人便怒曰："非人哉！与人期行，相委而去。"元方曰："君与家君期日中，日中不至，则是无信；对子骂父，则是无礼。"友人惭，下车引之。元方入门不顾。

《世说新语》向来被视为志人小说的典范，正是因为如此，语文课堂上关注的是人物形象赏析。《陈太丘与友期行》里的人物共计三人：陈元方、陈太丘和"友"。三个人的形象各不相同，而陈元方"入门不顾"的形象，又有讨论的空间、辩驳的价值，非常适合学生学习。短短一则里，将三人形象刻画得如此迥异，确实是非大手笔不能为。如果我们按苏东坡的"八面受敌法"读，换一个"面"去读，这则虽然在"方正门"，结合《世说新语》"夙惠门"，也是很有教育价值的。

陈元方如此才思敏捷，能言善辩，他才七岁。七岁，上小学一年级的年龄。他为什么可以做到这样？陈元方到底是一个怎样的人？这就需要阅读《世说新语》中陈元方的其他资料。余嘉锡先生的《世说新语笺疏》后面有一张人物表，提到陈元方和他父亲陈寔的有几则。

"政事第三"的第三则：

> 陈元方年十一时，候袁公。袁公问曰："贤家君在太丘，远近称之，何所履行？"元方曰："老父在太丘，强者绥之以德，弱者抚之以仁，恣其所安，久而益敬。"袁公曰："孤往者尝为邺令，正行此事。不知卿家君法孤，孤法卿父？"元方曰："周公、孔子异世而出，周旋动静，万里如一。周公不师孔子，孔子亦不师周公。"

袁公问他，你父亲深受太丘老百姓称赞，他到底做了什么？陈元方的回答是，也没做什么大事，只不过是以恩德抚慰强者，以仁义抚慰弱者，使人民安居乐业，仅此而已。谁承想，袁公是挖了坑的。他追问了一句："我当年做过邺县县令，也正是这么做的。你说是你爸学我呢还是我学你爸？"

之所以说是"坑"，袁公的意思是，我做县令的时候，比你爸早，只能是你爸学我——说得好听点，你爸是步我后尘；说得不好听点，你爸就是抄袭我。可陈元方的回答出乎他的意料：周公和孔子差不多同时代，周公没效仿孔子，孔子也没学周公——这话，妙。给父亲戴一顶高帽的同时，也不忘给对方戴一顶。但是，这话未必没有漏洞，孔子教周礼，恐怕就是学习周公的。

"言语第二"的第六则，也能反映出陈元方的反应迅速，才思敏捷。

> 颍川太守髡陈仲弓。客有问元方："府君何如？"元方曰："高明之君也。""足下家君何如？"曰："忠臣孝子也。"客曰："《易》称：'二人同心，其利断金；同心之言，其臭如兰。'何有高明之君，而刑忠臣孝子者

乎?"元方曰:"足下言何其谬也!故不相答。"客曰:"足下但因伛为恭,而不能答。"元方曰:"昔高宗放孝子孝己,尹吉甫放孝子伯奇,董仲舒放孝子符起。唯此三君,高明之君;唯此三子,忠臣孝子。"客惭而退。

颍川太守把元方的父亲陈仲弓判了髡刑。有人问元方这个太守人怎么样,回答说是高明的府君;又问你父亲如何?回答得铿锵有力——忠臣孝子。确实,"坑"挖好了:高明的府君怎么会处罚忠臣孝子?元方引经据典,借史实说话,三个例子让对方哑口无言。

这两则与语文书中的一则,可以说明陈元方能言善辩、才思敏捷到底是怎么做到的。

再看"夙惠第十二"的第一则:

宾客诣陈太丘宿,太丘使元方、季方炊。客与太丘论议,二人进火,俱委而窃听。炊忘著箅,饭落釜中。太丘问:"炊何不馏?"元方、季方长跪曰:"大人与客语,乃俱窃听,炊忘著箅,饭今成糜。"太丘曰:"尔颇有所识不?"对曰:"仿佛志之。"二子俱说,更相易夺,言无遗失。太丘曰:"如此但糜自可,何必饭也!"

意思是陈寔留客人过夜,让兄弟俩做饭。兄弟俩偷听父亲和客人谈话,蒸饭忘记了放竹箅子,干饭自然变成了稀饭。

这一则,很是能看出陈寔的家庭教育之道来。

第一,家里来客,孩子不能闲着,需要参与家务。陈寔布置给他们的任务就是做饭。

第二,如果没有好好完成任务,不着急,先问原因。并且还提供了解决问题的方法:捞出来蒸。说这话的时候,语气平和,不是训斥,才有了孩子们的"长跪"(跪着挺身),实实在在告诉父亲,为什么忘记了放竹箅子。问到这里,一般的父亲不动手已经是很好了——俩小兔崽子居然偷听自己与宾客的谈话。问到这里,该如何进行下去,真的是考验一个父亲的智慧。有的父亲会说,我不是说过大人说话小孩不可插嘴不可偷听吗?有的父亲会说你们为什么要偷听?哪里学来的?严厉的口吻,不经意间就出来啦。但陈寔问的是"尔颇有所识不",翻译成白话文就是"你们还记得些什么",与"你们听到了什么"完全不同，大有考验儿子记忆力的意思，这才有了陈元方、陈季方的回答。做父亲的面对孩子的过错，不急不慌，给机会让孩子说完，这一点很是难得。最后儿子顺利通过考核后，他说了一句："既然这样，那粥也可以，何必要吃饭呢！"这是对儿子极大的褒奖。想必二子听到这话内心一定是受到鼓舞的。

法国教育学家帕梅拉·德鲁克曼说："即使孩子有不对的地方，父母也有责任倾听并且领会他们的动机。孩子有不同寻常的反应时，背后一定是有原因的。父母应该认真倾听孩子，并向他们解释这个世界。"给孩子一个解释的机会，听孩子把话说完，这是父母最大的修养。

与之类似的是"德行门"的第六则，陈寔去拜访荀彧的祖父荀淑，由于贫俭没有仆役跟随，于是令元方驾车，季方持杖在后面跟从，这时陈群，也就是元方的儿子，后来成为曹操托孤大臣的名人，也在车里。尤其值得一提的是，荀淑的家教也甚好，他有八个孩子。客人来了，孩子们都会出来帮忙，开门的开门，倒酒的倒酒，准备饭菜的准备饭菜。

这些都可以看出来，是陈寔对孩子的教育，成就了陈元方的才思敏捷、对答如流，并且主要是陈寔的身教。

《世说新语》"政事第三"的第一、二则，可以看出陈寔的为政之风。

第一则说的是，他的下属谎称母亲有病请假，但是最后事情败露，主簿请陈寔继续审问其他罪状，但是陈寔认为，欺骗长官，就是不忠，谎称母病，就是不孝，不忠不孝，就是最大的罪过，命令下人把他杀了。这件事情站在现代的角度看，当然罪不至死。但是有一点我们可以看出来：陈寔是一个忠孝之人，他容不得欺骗上司的人，更容不得欺骗母亲的人。他教出来的儿子，也是忠孝之人。"及太丘君疾病终亡，丧过乎哀……服礼既除，戚容弥甚。"

如果说第一则有讨论的余地，那么第二则，我觉得更能说明问题。

陈寔当县令，有强盗抢劫财物杀了人，手下抓住了强盗，他前去处理。半路上听到民间有生孩子却不肯养育的，陈县长调转车头就去处理孩子的事情。主簿说，抓强盗的事大，可陈寔却说，强盗抢劫杀人，哪里比得上骨肉相残。

陈寔把父母弃养孩子说成骨肉相残，可见，他对弃养这种行为是极力反对的。

这些事，想必对他的孩子都是有影响的吧！

还不止于此。如果要继续探究这个主题，在《世说新语》之外，还有《后汉书·陈寔传》中知名的"梁上君子"的故事：

> 时岁荒民俭，有盗夜入其室，止于梁上。寔阴见，乃起自整拂，呼命子孙，正色训之曰："夫人不可以不自勉。不善之人未必本恶，习以性成，遂至于此。梁上君子者是矣！"

一小偷溜到陈寔家，藏在屋梁之上，伺机而动。陈寔知梁上有人，却并未喊人捉拿他，而是把子孙们叫到面前训示："人都应该努力上进，作坏事的人并不是生来就坏，只是平常不学好，慢慢养成了坏习惯。本来也可以是正人君子的，却变成了小人，不要学梁上君子的行为！""梁上君子"听了这番话，赶紧下地叩头请罪。陈寔勉励他改恶向善，并赠丝绢布匹给他。

这个故事说明了什么？再次说明陈寔懂教育。

第一，他善于利用机会教育自己的子孙。我们可以设想一下，从梁上下来的"君子"，会给陈寔的子孙带来多大的惊讶甚至震撼。同时，他也教育了"梁上君子"，采取的是感化和尊重的方式。"梁上君子"之所以如此，是因为"岁荒民俭"——很多人忘记了这个故事的前提，正如此，陈寔深知"梁上君子"本质上并非坏人，最后还"遗绢二匹"。"自是一县无复盗窃"明显有夸张的成分，但我相信"梁上君子"得到了感化。

《后汉书·陈寔传》更能反映出陈寔人格的力量。他在太丘任上辞官，后来东汉爆发党锢之祸，牵连陈寔。在这样的政治灾难中，多少人但求免祸，而陈寔坦坦荡荡地说"吾不就狱，众无所恃"，自己请求入狱。

陈寔辞官住在乡间，百姓但有争讼纠纷，求他判决，他总能公平公正地处理，"晓譬曲直，退无怨者"，民间才有了一句话"宁为刑罚所加，不为陈君所短"。

陈氏一门，出现陈元方、陈季方、陈群这样的人物，恐怕与陈寔的家教是分不开的。

同样，要理解谢道韫，也可以通过这个方法，从整本《世说新语》中去总结出谢道韫为什么这么聪明。

当开始这样阅读的时候，我们就进入了求质阶段。

王崧舟老师的《诗意语文——王崧舟语文教育七讲》中的第二讲，谈到课堂实录的几种阅读方法[1]——这是学科阅读的最佳方法。这些方法，基本上是王荣生教授所归纳的8种方法的具体实践——需要指出的是，我这样说并不表示王崧舟老师的读书方法一定就来源于王荣生教授，而只是说明，他实现了阅读理论在教学实践中的具体运用。

第一种叫实录还原法，顾名思义，就是把名家的课堂实录还原成教学设计，再把教学设计还原成教学理念。很显然，他这是"确定重点"，即把实录中最核心的部分提炼出来，加以概括升华。

第二种叫情境填空法——本书结尾部分我们还会提到这种方法。所谓的情境填空法，就是在关键的地方停下来，不往下读了，而是想一想下面会发生什么，学生会怎么回答，教师该怎么接话，学生为什么会这么回答，教师为什么会这么接话，实录中的教师为什么接得这么好，换成是我会怎样接，等等。这里面确实有很多的东西可以挖掘，而其中的基本方法则是预测。只要读一本侦探小说、看一部侦探电影，我们就会明白什么是预测。

第三种方法叫微格解剖法，也就是就小问题进行系统的研究。比方说"研究候课""研究导入""研究提问""研究范读""研究讨论对话""倾听""训练""拓展"……说到底，这是典型的主题阅读法，阅读的过程被"图像化"了。假设一本实录里面有十节课，我们在读到第二节第三节的时候，并没有忘记书中第一节的导入、第一节的候课，换言之，第二节第三节与第一节在同一个主题下形成了思维的感官图像。当然，这种表达也许不如艾德勒和范多伦的"主题阅读"更好懂。我读于永正老师的课例，做了很多这样的微格解剖——我是把某一个环节拎出来，归结为一个小主题，比方说"语感艺术""点拨艺术"。

---

[1] 王崧舟著：《诗意语文——王崧舟语文教育七讲》，华东师范大学出版社2009年版，第35—37页。

我们看一个例子。《于永正课堂教学实录Ⅰ》，第一课白居易《草》[①]之背诵情境的设置，颇具戏剧效果，非到最后不知如此情境化设置之目的，又兼有悬念，真真令人叹为观止。

其一

师：小朋友，放学回家谁愿意背给妈妈听？（生纷纷举手，师请一名小朋友到讲台前）现在，我当你妈妈，你背给我听听好吗？想想，到了家里该怎么说。

生：妈妈，我今天学了一首古诗，背给你听好吗？

师：好！

（生背）

师：我女儿真能，老师刚教完就会背了。

其二

师：谁愿意回家背给哥哥听？现在我当你哥哥，你该怎么说？

生：哥哥，今天我学了一首古诗，我背给你听听好吗？

师：哪一首？

生：《草》。

师：噢。这一首诗我也学过，它是唐朝大诗人李白写的。

生：哥哥，你记错了，是白居易写的。

师：反正都有个"白"字！（众笑）我先背给你听听：离离原上草，一岁——

生：一岁一枯荣。

师：野火烧不尽，春……春……哎，最后一句什么来着？

生：春风吹又生。

师：还是弟弟记性好。

其三

师：谁愿意背给奶奶听？（指一生到前边来）现在，我当你奶奶。你奶奶没有文化，耳朵有点聋，请你注意。

[①] 于永正著：《于永正课堂教学实录Ⅰ》，教育科学出版社2017年版，第1页。

生：奶奶，我背首古诗给你听听好吗？

师：好！背什么古诗？什么时候学的？

生：背《草》，今天上午刚学的。

师：那么多的花不写，干吗写草啊？

生：（一愣）嗯，因为……因为草很顽强，野火把它的叶子烧光了，可第二年它又长出了新芽。

师：噢，我明白了。背吧！

（生背）

师："离离原上草"是什么意思？我怎么听不懂？

生：这句诗是说，草原上的草长得很茂盛。

师：还有什么"一岁一窟窿"？（众笑）

生：不是"一岁一窟窿"，是"一岁一枯荣"。枯，就是干枯；荣，就是茂盛。春天和夏天，草长得很茂盛；到了冬天，就干枯了。

师：后面两句我听懂了。你看俺孙女多有能耐！小小年纪就会背古诗！奶奶像你这么大的时候，哪有钱上学啊！（众大笑）

于老师"抽查"学生的背诵，设置了三个情境，每一个情境的设置，都有不同的目的，并且还非常有戏剧效果。第一个情境，背给妈妈听，于老师没有打断，纯粹是抽查背诵。到第二个情境，于老师增加了难度，考查学生对诗歌作者的记忆。因为第一位同学背诵诗歌的时候，没有背出作者。所以，于老师故意把"白居易"说成"李白"，抓住同有一个"白"字来做文章，设置了障碍，还幽默风趣，活跃了课堂氛围。第三个情境更好，设置了有点耳聋的奶奶这么一个角色，难度随之增加。故意问为什么不写花偏写草，这就让学生不仅要背诗，还要把诗歌的主题复述出来。还故意把"枯荣"说成"窟窿"，两个词发音相近、词义不同，一方面提高了学生的辨析能力，一方面又丰富了学生的词汇。

这种微格解剖法，不就是苏轼的"八面受敌法"吗？所以，书很多，读书的方法其实不多。

王崧舟老师提到的第四种方法，叫课感积累法，可以对应王荣生教授归纳的第八种方法"综合"。这是一种经验的总结，一种只可意会不可言传的智慧生成。

3. "一本书主义"

苏轼的"八面受敌法"对我的影响很大，我在这个基础上，总结出了另一种读书方法，我称之为"一本书主义"，像战术上的"围点打援"。所谓"围点打援"，是指包围一个点之后，并不着急攻下，而是等待敌人的援兵，一一将援兵打掉后，再消灭敌人主体。

"一本书主义"，就是以一本经典著作为核心，围绕着这本经典或者说根本性书籍，进行其他相关书籍的阅读，最后"攻克"这本经典的同时，也阅读了与之相关的其他书籍。

曾有一位朋友和我说，看了别人的公众号，一个说二月份看了9本，另一个更恐怖，说2023年共看了300本。"搞得自己好焦虑。觉得自己明明在看，为什么就是看不出速度来？"他也问我："一年能看多少本书？"

我从来都没有一年看过300本的时候——我所谓的"看"，是从头到尾读完。读完了某本书的某个章节，不算看书吗？严格来说，不算。这是查找资料。即便算看书，也不能厚着脸皮把它统计到"看完"的名单里去。拿起《现代汉语词典》，查了几个词语，算读完了一本词典吗？假如读书真有个概念，我主张这个概念不妨窄化一点，传统一点。

友人还说："量不够，诸事皆废。"这话我是赞同的。印象中，吴非老师就写过这样一个标题的文章。但是读书的量，非一朝一夕可以累积起来的。在这一点上，我信奉朱光潜先生的读书态度。

> 读书并不在多，最重要的是选得精，读得彻底。与其读十部无关轻重的书，不如以读十部书的时间和精力去读一部真正值得读的书；与其十部书都只能泛览一遍，不如取一部书精读十遍。"好书不厌百回读，熟读深思子自知"，这两句诗值得每个读书人悬为座右铭。读书原为自己受

用,多读不能算是荣誉,少读也不能算是羞耻。少读如果彻底,必能养成深思熟虑的习惯,涵泳优游,以至于变化气质;多读而不求甚解,则如驰骋十里洋场,虽珍奇满目,徒惹得心慌意乱,空手而归。世间许多人读书只为装点门面,如暴发户炫耀家私,以多为贵。这在治学方面是自欺欺人,在做人方面是趣味低劣。[①]

一年读300本的,说不定是朱先生讽刺的"暴发户"呢!

读书不要求快,恰恰相反,求慢。读懂最重要。于是我就有了所谓的"一本书主义"。

我最近读的一本书,是《聊斋》。说说我阅读这本书的时候是怎么实行"一本书主义"的。

首先是准备书。我很早就读过李伯齐、徐文军二先生的《聊斋志异选》,当时觉得不过瘾,想通读一遍全本,于是就买了三个版本的《聊斋志异》(其实买完之后,也没有立即读,而是放到了现在)。一个是朱其铠先生主编的《全本新注聊斋志异》,一个是赵伯陶先生注评的《聊斋志异详注新评》,一个是任笃行先生辑校的《全校汇注集评聊斋志异》。

为什么要读《聊斋》?我有两个目的,一是觉得近几年,读的小说太少,去年读完了《金瓶梅》,重读了一遍《红楼梦》,为了给学生讲课,复习了一遍《老残游记》;二是培养自己阅读的耐心,我把它称之为阅读的"沉浸力"。

再就是具体读。平时工作确实很忙,睡前或者吃饭的时间是要把握住的,能读多少就读多少。读长一点的,吃着饭,同事来了,就不读了。可是下一次读,我就要从头开始。不管记不记得,都要从头开始。这些时候,我用的是电子书,非常方便。电子书的版本就是朱其铠先生的,与我买的纸质封面还不一样,电子书是这一版本的最新版。睡前也读,睡着了呢,第二天,也得从头开始。

电子阅读,我现在越来越接受,太方便了,方便携带,方便笔记,方便查询。

读完这一版本之后,我就读赵伯陶先生的本子。这两者最大的不同,是

[①] 朱光潜著:《朱光潜全集·谈修养·谈读书》,中华书局2015年版,第173页。

赵先生有评论。他的评论引经据典，真的给我很多启发，虽然不少地方有炫才的感觉。（有意思的是，我以前没关注过赵伯陶先生的书，直到写这本书的时候我才发现，我的书架上早就有他的书，一本是"明清八大家文选"丛书的《归有光文选》，一本是"明人小品十家"之一的《袁伯修小品》，以前没关注选家是谁）但是，我在读这一版本时绝大多数情况是不需要看注释的。读完原文，直接读评论，读得比较快。

赵伯陶在评论某篇的时候，会提到与之相关的其他篇目。我就一直在想，要是把这些同主题的集中在一块，再读一读，应该会很有趣。我还真的试着读了几篇关于科举考试的，比方说《叶生》《王子安》《贾奉雉》《考弊司》等，这些都是名篇，很好找。不是名篇的，找起来就很麻烦。

在旧书网上搜《聊斋志异》，还真的被我找到了一本《〈聊斋志异〉分类选注》（以下简称《分类选注》），这就轻松多了。我上下班时听马瑞芳先生在"喜马拉雅"讲《马瑞芳品读〈聊斋志异〉》，她是将内容分为"人、鬼、狐、妖、神"五类，我觉得这个分类不好，并且我觉得她讲述得也比较简单，只能作为资料备选。

有了《分类选注》，就方便多了。此书分为七类：孝悌忠顺篇，科举教育篇，吏治公案篇，情爱婚姻篇，友情节气篇，复仇报恩篇，逸闻劝善篇。这正是我想要的分类法，读起来很顺畅，还有一个很大的优点，它将《聊斋》里有名的篇章基本囊括了。但也有缺点，就是选篇太少，只有80篇。那就再买一本《聊斋短章通解》，这本书分得更细，选录的是相对较短的篇章，有近100篇。这两本选注很少有重复的，但两书加起来的篇幅，也不过《聊斋》全书的三分之一而已。也就是说，读到这里，除了赵伯陶先生的评论和《聊斋短章通解》中的"解说"，我几乎一直围着原著在打转，这基本上还算是在"围点"，下面是"打援"。

我在读赵伯陶先生的本子时，中间穿插着读韩田鹿的《漫说聊斋》和张国风的《话说聊斋》，书名很像，但是两书内容有差距。前者确实是韩先生"说"的为多，常常有自己的解读，尤其是时不时从福柯或者弗洛伊德、霭理士的角度去解读《聊斋》中的篇章，给我留下了深刻的印象。《话说聊斋》，复述故事的内容多了一些,我熟读全书后,基本上就不需要复述故事了,我要的是专家学者个性化的解读。所以,这一本我是不需要读完的。

再就某一篇说具体一点。比方说,读了《司文郎》,我就会从这些书里找到《司文郎》的诸多材料,这时候汇评汇校就用到了。把这些材料读完之后,我又回到原文中去,看看这些材料说得对不对。比方说任访秋先生的《聊斋志异选讲》分析此篇的内容,我就不太满意,一是复述较多,二是艺术方面谈得太少。马振方先生主编的《聊斋志异名篇评赏》中,此篇的品赏文字虽然不够细致,但多从艺术角度尤其是语言角度进行品赏,比较契合我的心意。我经常会就《聊斋》中自己喜欢的篇目,进行文本细读,文字就记录在纸质书上。可以说,只需要把这些文字整理出来,一篇篇文本细读的稿子就成型了。

这样读书很折腾,当然很慢,却也很享受。读书没有什么求快的方法,倒是"慢"的方法一大堆。朱光潜先生谈读书方法时还说过:

  读书方法,我不能多说,只有两点须在此约略提起:第一,凡值得读的书至少须读两遍。第一遍须快读,着眼在醒豁全篇大旨与特色。第二遍须慢读,须以批评态度衡量书的内容。第二,读过一本书,须笔记纲要精彩和你自己的意见。记笔记不仅可以帮助你记忆,而且可以逼得你仔细。各人天资习惯不同,你用哪种方法收效较大,我用哪种方法收效较大,不是一概而论的。你自己终究会找出你自己的方法,别人绝不能给你一个方法,使你可以依法炮制。[①]

朱先生的话,我奉为圭臬。

我再说说我是怎么做《聊斋》的读书笔记的。

朱先生说,须要记录精彩和自己的意见。我把笔记分成了很多微主题。比如说"文采"是一个微主题,我主要摘录《聊斋》中精彩的写景句子和写人句子,我挑选几则如下:

  月明高洁,清光似水。——《聂小倩》

[①] 朱光潜著:《朱光潜全集·给青年的十二封信·谈读书》,中华书局2015年版,第11—12页。

银河高耿,明月在天。——《胡四姐》

窗外皎月,入室侵床;夜乌秋虫,一时啾唧。心中怛然,不成梦寐。——《驱怪》

这样的句子是诗,是散文。

又比如说"幽默",我也摘录了很多好玩的句子。《狐谐》且不说,还有《章阿端》里"候卿讨房税",《婴宁》里"个儿郎目灼灼似贼""不惯与生人睡"。

还有,我关注蒲松龄是怎么写五官感觉的,他真是处处都有神来之笔。《婴宁》一篇,写她的住处:

乱山合沓,空翠爽肌,寂无人行,止有鸟道。遥望谷底,丛花乱树中,隐隐有小里落。下山入村,见舍宇无多,皆茅屋,而意甚修雅。北向一家,门前皆丝柳,墙内桃杏尤繁,间以修竹,野鸟格磔其中。……有巨石滑洁,因据坐少憩。

五官感觉交杂着写。"乱山合沓""止有鸟道""遥望谷底",都是写视觉。"空翠爽肌""巨石滑洁"是触觉。"寂无人行"是听觉也是视觉。读完了这篇,我回想起第一卷里细读过的《捉狐》,也同样有这种写法,那我就会回到第一卷中去进行文本比较。

是泛泛读过《聊斋》好呢,还是我这么读比较好?我是喜欢这么折腾来折腾去,又一步一步往前走的。胡适先生说:"日拱一卒,功不唐捐。"这句话在很多方面都是适合的,我觉得也适合作为我们读书的座右铭。

这就是我所谓的"一本书主义"。

这一节将要结束的时候,分享一个《聊斋》的故事。

《于去恶》里写于去恶读书,向友人陶圣俞借书,一整天抄录五十来页,抄录完的就烧成灰,把灰吃下去,抄录的文章就全部能背诵了。可是,于去恶是鬼,不是人。他的读书方法,是鬼法。网络上有些人的读书方法,也只能算是"鬼法"——能不能像于去恶那样有效,只有他自己知道。于去恶说的话自然也是鬼话,却可爱得很。网络上有些自媒体,明明是人,却偏说鬼话,就一点也不可爱了。鬼说鬼话,可以信的。人说鬼话,真是信个"鬼"呢!

第二章 如何阅读理论类书籍

1. 从书法到读书

在阅读理论类书籍之前，要思考这几个问题。

第一个问题：为什么要读这本书？或者说，这本书到底有什么样的价值？对我有什么作用？毋庸讳言，虽然我们很赞同"无用之用"，但在工作之余的有限时间里，还是希望能够读一些有助于我们专业成长的书籍。另外，经典理论类书籍包括很多类型，我们只能挑自己最需要的。

第二个问题：同一个领域内可能会有好几本经典，那就要考虑自己当前的水平和读懂这本书之间的差距有多大，这是"读书经济学"。也就是说，我们在读这本书之前，必须考虑自身的能力，我们需要付出多少时间、精力才能领会书中的内容，以及我们的付出会换来多少收获。这个像极了与高手过招，如果对自己都不甚了解，那么就很容易死在对方手中。我们读西方哲学时，如果上手就是柏拉图、康德、黑格尔的著作，极有可能什么也收获不了，徒然增加对阅读的反感与自卑。

于是就产生了第三个问题：我急需读这本书，但是觉得自己和这本书还有一些距离，该怎么办？两个办法，第一个办法是暂缓阅读原典，节约时间、精力，挑一本与此书相关的介绍类书籍，降低阅读难度；第二个办法，如果非读不可，就"曲线救国"，从旁门入手，迂回进取。比方说，我们想读一读西方哲学，但又没有这方面的积累，就可以先读《苏菲的世界》，再读罗素的

《西方哲学史》，或者梯利的《西方哲学史》，假如在这个基础上对存在主义感兴趣了，就去读读叶秀山的《思·史·诗——现象学和存在哲学研究》和海德格尔的《存在与时间》等。不过显然这样做会耗费比较多的时间。

著名学者叶维廉在《中国诗学》中提到了中西文学批评的不同点：

> 或许是由于中国传统的美感视境一开始就是超脱分析性、演绎性的缘故，或许是因为是一个抒情诗（lyric）传统的而非史诗或叙事诗的传统的缘故，我们最早的美学提供者主张"知者不言，言者不知"（老子），主张未封前的境界（庄子），而要求"不着一字、尽得风流"（司空图），认为诗"不涉理路"（严羽），而不同于亚理士多德以后的西洋文学批评那样认为文学有一个有迹可循的逻辑的结构，而开出了非常之诡辩的以因果律为据，以"陈述——证明"为干的批评。在一般的批评中，不管它采取哪一个角度，都起码有下列的要求：
>
> 一、由阅读至认定作者的用意或要旨。
>
> 二、抽出例证加以组织然后阐明。
>
> 三、延伸及加深所得结论。[①]

不管用的是归纳还是演绎——而两者都是分析的，都是要把具体的经验解释为抽象的意念的程序。

叶先生写的这段话，是针对西方批评著作而言的。他在后文中指出，这些说法，对中国文论而言，是不太适合的，原因是在传统的美学追求中，往往"知者不言，言者不知"，因此批评多以诗话、词话、文话为主，而没有建立起系统。

不过，叶先生提到的这三点，未尝不能用于读中国文论，至少在《人间词话》中，是没有任何问题的。因为《人间词话》，虽其表面是词话，而其内在却反映了西方学术系统的精神和追求。

另外，在看到叶先生提到的这三点时，我突然觉得，这像极了中国书法的学习过程——我平时喜欢书法，所以便有了这种感受。

书法的学习，其实也有三个阶段。第一阶段是临摹，第二阶段是集字，

---

① 叶维廉著：《中国诗学》，生活·读书·新知三联书店1994年版，第3页。

第三阶段是创作。这三个阶段可以前后进行，也可以随意组织，或者反复交替，今天临摹，明天集字，后天创作，周而复始，循环不止。

临摹的过程和叶先生提到的"由阅读至认定作者的用意或要旨"几乎完全对应。在临摹书法法帖和阅读理论书籍之前，都有一个很重要的问题——选择对象。书法是选择法帖，阅读是选择书目或者版本。书目的选择比较简单，主要是基于读书的目的性，前面已经有所谈及。而版本的选择，则有必要多说几句。但凡经典的作品，总有比较多的版本供我们选择，难免鱼龙混杂。中国传统经典中最大的问题是注释和文言文的翻译，外国经典中的问题则是翻译和改写。在这些修饰、转化的过程中，编者和译者往往掺入"私货"，这是我们需要时刻警惕的。

回到书法。临摹，又分好几步。第一步，读帖，就是翻一翻字帖，感受其中的气息和布局。具体的字，用手指写一写，用脑子揣摩揣摩。迁移到阅读，这一步就是读封面封底，然后读目录。从目录中感受书籍的重要部分、精彩部分，这一步非常重要，可以以此完成对书籍的大致了解，并确定哪一部分是自己最需要的。第二步是摹，也就是描红，又叫双钩，即把字的外形描下来，然后进行填墨。这一步，当然可以省略，但省略的前提是，这个字我一写就基本能上手，可以对临。有的字，如果写了好几遍还不像，就需要双钩摹写。放到阅读中，一本书，要想第一次读就明白作者的用意或者要旨，不是一件简单的事情。也就是说，我们常常会有读不懂的时候。怎么办？双钩摹写——换句话说，抄书。

抄书也是读书方法吗？

是，绝对是，而且还是上上的读书法，古人一直在用。宋人陈鹄的《西塘集耆旧续闻》中，就记录了这样的一个故事：

> 朱司农载上尝分教黄冈。时东坡谪居黄，未识司农公。客有诵公之诗云："官闲无一事，蝴蝶飞上阶。"东坡愕然曰："何人所作？"客以公对，东坡称赏再三，以为深得幽雅之趣。
>
> 异日，公往见，遂为知己。自此，时获登门。偶一日谒至，典谒已通名，而东坡移时不出。欲留，则伺候颇倦；欲去，则业已通名。如是

者久之，东坡始出，愧谢久候之意。且云："适了些日课，失去探知。"坐定，他语毕，公请曰："适来先生所谓'日课'者何？"对云："钞《汉书》。"公曰："以先生天才，开卷一览可终身不忘，何用手钞邪？"东坡曰："不然。某读《汉书》到此凡三经手钞矣。初则一段事钞三字为题；次则两字；今则一字。"公离席，复请曰："不知先生所钞之书肯幸教否？"东坡乃令老兵就书几上取一册至。公视之，皆不解其义。东坡云："足下试举题一字。"公如其言，东坡应声辄诵数百言，无一字差缺。凡数挑，皆然。公降叹良久，曰："先生真谪仙才也！"

他日，以语其子新仲曰："东坡尚如此，中人之性可不勤读书邪？"新仲尝以是诲其子辂叔阳云。①

苏轼是千百年难得一出的天才，天才尚且如此抄书，何况我辈呢。

到了明朝，又有一个人，也喜欢抄书。

明人张溥，名高一时。其幼即嗜学，所读书必手抄。抄已，朗读一过，即焚之。又抄，如是者六七始已。右手握管处指掌成茧。冬日手皲，日沃汤数次。后名读书之斋曰"七录"。溥诗文敏捷，四方征索者，不起草，对客挥毫，俄顷立就，以故名高一时。②

张溥是复社领袖。天启六年（1626），他写了一篇文章，痛斥阉党，名为《五人墓碑记》。这是高中语文教材中的一篇重要课文，也是《古文观止》中的最后一篇文章。和苏轼不大一样，张溥抄书有点"苦抄"的感觉，而苏轼则有一点"乐抄"的味道。

在现实生活中，也有很多喜欢抄书的人，他们自称"抄书党"。我的老师，号称抄了几百万字的书；而我自己，也曾手抄过《左传》。

这就是阅读过程中的"双钩摹写"阶段。

当然，手抄，未必就能因此明白作者的用意或者要旨，但是对于理解有困难的书而言，抄一些重要段落，读几遍读不懂的段落，肯定是有助于理解

---

① 〔宋〕陈鹄撰：《西塘集耆旧续闻》，上海古籍出版社2012年版，第20页。
② 〔清〕张廷玉撰：《明史·二百八十八·列传第一百七十六·文苑四》，中华书局1974年版，第二四册，第7404页。

的。这就是所谓的"啃"读，是需要你下功夫的。

书法学习还包括对临、背临、意临等阶段。

所谓对临，就是对着法帖一笔一画照着写；同理，对经典书籍的阅读，也需要一个字一个字往下啃。所谓背临，就是不要字帖，有点像默写；放到阅读中，就是熟读成诵。所谓意临，就是可以加入自己的看法；在阅读中，这就是批判性阅读。至此阶段，无论习书还是阅读，都不再是之前的全盘接纳，而是有了你自己的观点和立场。

批判式阅读不是批判，正如专业阅读不是阅读专业一样。这让我想起熊十力骂徐复观读书方法的故事——这个故事极好地诠释了批判式阅读。

1943年，时任国民党陆军少将的徐复观受到蒋介石的器重，成为高级幕僚。有一次，他读到了熊十力的新儒家哲学著作《新唯识论》，敬佩之情油然而生，遂萌发了从师之意。正好此时，熊十力也在重庆梁漱溟先生主持的勉仁书院教书。徐复观便试着写了一封信，表达了他对熊先生的仰慕之情。不几天，熊十力便给他回了信。在信中，熊十力说后生对前辈要有礼貌，批评徐复观来信字迹潦草，诚意不足。徐复观立即去信道歉。几次通信后，熊十力约徐复观来书院面谈。在《我的读书生活》中，徐复观详细地叙述了这件事：

> 我决心扣学问之门的勇气，是启发自熊十力先生。对中国文化，从二十年的厌弃心理中转变过来，因而多有一点认识，也是得自熊先生的启示。第一次我穿军服到北碚金刚碑勉仁书院看他时，请教应该读什么书。他老先生叫我读王船山的《读通鉴论》，我说那早年已经读过了，他以不高兴的神气说："你并没有读懂，应当再读。"过了些时候再去见他，说《读通鉴论》已经读完了。他问："有点什么心得？"于是我接二连三地说出我的许多不同意的地方。他老先生未听完便怒声斥骂说："你这个东西，怎么会读得进书！任何书的内容，都是有好的地方，也有坏的地方。你为什么不先看出它的好的地方，却专门去挑坏的；这样读书，就是读了百部千部，你会受到书的什么益处？读书是要先看出它的好处，再批评它的坏处，这才像吃东西一样，经过消化而摄取了营养。譬如

《读通鉴论》，某一段该是多么有意义；又如某一段，理解是如何深刻。你记得吗？你懂得吗？你这样读书，真太没有出息！"这一骂，骂得我这个陆军少将目瞪口呆，脑筋里乱转着：原来这位先生骂人骂得这样凶！原来他读书读得这样熟！原来读书是要先读出每一部的意义！这对于我是起死回生的一骂。恐怕对于一切聪明自负但并没有走进学问之门的青年人、中年人、老年人，都是起死回生的一骂！近年来，我每遇见觉得没有什么书值得去读的人，便知道一定是以小聪明耽误一生的人。[①]

熊十力先生的这一骂，是可以入"读书史"（如果有这样的史的话）的。我觉得，这一骂也是对批判式阅读的精彩演绎。读书，自然要先明白一本书的好处，然后才看它的不足，尤其是经典著作，因为经历了时间的考验，对它的批评更需要谨慎。当然，谨慎批评，不等于不可以反驳作者的观点，只要在阅读过程中有足够的例证，我们还是要去反驳——这不就是读书的"意临"吗？

书法的学习，到了第二阶段，就是集字。所谓集字，就是从法帖中抽出具体的字，组合成作品，也就是叶维廉先生所谓的"抽出例证加以组织然后阐明"。叶先生的这个说法简直就是对"集字"的最佳诠释。我们在阅读理论书籍的时候，总是关注具体的例证，而忘记了背后的观点或者作者想阐述的原理。所以，叶先生所说的这一阶段，我以为包含了两层意思：一是抽出例证，对例证进行组织然后阐明，看是否符合作者所表达的观点；二是抽出例证以后，再看作者的理论类文字，并对理论类文字进行归纳阐明。

第三阶段是创作，也就是延伸及加深所得结论，并从所读之书扩展到其他书，能够运用书中的原理、理论，对其他相关的文本进行分析。于书法学习，这是创作，法帖中没有的字，自己也能写出，并且与法帖的风格相同。臻此地步，说明你对书中的理论有所掌握，学会了迁移运用。

很显然，在这三个阶段中，第一阶段是最重要的。

说到这里，我不禁想到王国维先生的三境界："古今之成大事业、大学问者，必经过三种之境界：'昨夜西风凋碧树。独上高楼，望尽天涯路'，此第

[①] 徐复观著：《无惭尺布裹头归·生平》，九州出版社2014年版，第51页。

一境也。'衣带渐宽终不悔，为伊消得人憔悴'，此第二境也。'众里寻他千百度，蓦然回首，那人却在，灯火阑珊处'，此第三境也。"这不是巧合，而是殊途同归，万法合一。

2. 第一阶段：临摹与认定作者的用意

我以阅读王国维的《人间词话》为例，呈现一个三阶段阅读的范例。

首先我们遇到的依旧是上面提到的问题：为什么要读这本书？作为语文老师，肯定有必要阅读一些文学理论。王国维的《人间词话》，多以诗释词，或者说诗词一体，所以对于诗词教学是有明显帮助的。我选择的版本是《人间词话疏证》，属于中华书局"中华国学文库"。

我记得在读大学的时候，读的是上海古籍出版社的版本，彩图版，是《人间词话》的初刊本，但内容不全。后来又读过其他几种版本，譬如人民文学出版社周振甫先生注的版本。但是，我个人认为最好的还是《人间词话疏证》。它有其他版本所不具备的优点，收入的是王国维《人间词话》手稿本的全部，分上中下三卷。它的附录也很重要，把初刊本、重编本都收入其中，并且有一篇关于"版本源流"的重要论文，附录中还对王国维先生散在其他论著中的相关词论做了一个汇总，实在称得上是王国维词话的一个大汇集。另外，此书的绪论长达72页，数万字，厘清了《人间词话》版本、修订、手稿、流传、书名等诸多问题。

此书撰者彭玉平为中山大学教授，他在传统文学批评方面有着深入的研究。《人间词话疏证》可以说是他的代表作。

《人间词话》是中国文论中的集大成之作，而怎么读中国文论，实在是一个很庞杂的问题。因为传统文论少有系统化的著作，多以诗话、词话、文话的形式呈现，"言简意繁"，有点类似禅宗的机锋。所以，如果我们已经是有悟性的小和尚，面对师父的禅话，也许能领悟少许；但大多数情况下，我们连这点悟性都没有。王国维的《人间词话》并不是纯粹的传统词论类著作，它还具有西方学术的话语特色以及理论背景，因此，它非常适合用叶维廉先生所说的那三个阶段来阅读。

第一阶段是通读——我用的是第一阶段，而不是第一遍，是因为第一阶段往往要读好几遍，甚至像王荣生教授概括的第七种方法"释疑"那样，可能要从头开始，这样反反复复，需要多次阅读。

第一阶段的通读，最先遇到的困难往往是专业术语。专业术语在理论当中是难之又难的。最难的还不是那些我们认为比较陌生的术语，就像我们在读索绪尔的《普通语言学教程》时所遇到的"共时研究""历时研究"，或者我们在阅读精神分析和神话理论时所遇到的"原型"那样；有一些术语，比方说"潜意识"，好像已经不是术语了，在我们实际生活中已经非常普遍了，但它是精神分析领域里非常重要的概念，需要我们重新审视，其他如"禅""道"，说清楚其中的道理，也更加不容易。

宋朝严羽有一本《沧浪诗话》，他提出一个观点：论诗如论禅。看起来很明白，但又说不清。南宋的刘克庄也算得上名家，他说："禅家以达摩为祖，其说曰：不立文字。诗之不可为禅，犹如禅之不可为诗。"[①] 他把严羽的话理解成了"诗就是禅"，完全忽略了"论"，忽略了"如"，忘记了这只是一个类比，而不是甲等于乙的方程式。"然而，我们试以甲圆圈代表诗，另以乙圆圈代表禅，我们仍然不免要进一步界定两个圆圈相叠部分所指为何。换言之，我们得问：究竟从哪一个角度，哪一个层次上，到什么程度可以与禅相比？这个类比里包括了哲学内容吗？宗教热忱吗？还是仅指感应（和表现）现象现实的方式与过程？"[②] 这个时候的"诗"与"禅"还是我们当初理解的那个"诗"与"禅"吗？

同样的道理，我们阅读《人间词话》时，第一遍是"先过一遍"，摸摸底，看其中有多少我们不懂的专业术语，里面所提及的诗词，有多少是我们没听说过的，诗人词人，有多少是我们未曾耳闻的，又有多少是了如指掌的。我把这样的首次阅读称之为"踩点"。

---

① 郭绍虞著：《沧浪诗话校释》，转引自叶维廉《中国诗学》，第100页。
② 叶维廉著：《中国诗学》，生活·读书·新知三联书店1994年版，第100页。

第一遍读，只需要读原文，不需要读"疏证"部分。朱熹说："今语学问，正如煮物相似，须熬猛火先煮，方用微火慢煮。若一向只用微火，何由得熟？欲复自家元来之性，乃恁地悠悠，几时会做得？大要须先立头绪，头绪既立，然后有所持守。"这实在是经验之谈。先用猛火，其实也是在试探自己与这本书之间的差距——这一点，我们在前面已经谈到过。

《人间词话》中术语非常多，"洒落""悲壮""深致""气象""深美闳约""精艳""境界""造境""写境""有我之境""无我之境""隔与不隔"……不得不说，《人间词话》的不足之处，就在于所使用的专业术语大多数还是来源于传统的诗论和词论，其中最明显的就是"境界"一词——而这些传统术语的弊端，罗宗强教授在《隋唐五代文学思想史》中已经说得非常透彻，尽管他批评的是诗人风格：

> 诗评家们评论一个作家的创作风格，是从他的作品的大量感性材料开始的。从他的一首一首的诗的具体而生动的意境中，产生美感，接着，这些一个个的美的意境在大脑中集中、类比、概括，从其画面、色彩、气氛、感情基调的相近或相似之处，隔合出一种美的意境类型；然后，取其传神之点，就像画人画眼一样，用一个形象性概念（诸如雄浑、冲淡、疏野、清奇、豪放等等）加以表述。这就是说，某种诗歌风格，主要指的是它的意境类型，而一种意境类型的产生，又是在概括相近或相似的一首首的诗的具体而生动的意境之后才完成的。它有着很大的容量，包容着许多类似的意境，它虽然有可感的或种境界的图像是具体的[①]，但这图像又是不确定的，只是一些传神的提示，有赖于理解者的美感联想和审美经验加以补充，因此它又是高度抽象的。这样的思维过程形成的这样的特点，就给传统风格术语的解释带来了许多困难。[②]

在阅读过程中，有问题意识是非常重要的，也是我们做研究的一项重要素质。德国哲学家伽达默尔说："对于研究者来说，在科学中具有决定意义的就是发现问题。但发现问题则意味着能够打破一直统治我们整个思考和认识

---

① 编者注：原文如此，疑有语法错误。大意为：虽然可感的某种境界的图像是具体的。
② 罗宗强著：《隋唐五代文学思想史》，中华书局 2019 年版，第 441 页。

的封闭的、不可穿透的、遗留下来的前见。具有这种打破能力,并以这种方式发现新问题,使新回答成为可能,这些就是研究者的任务。"① 社科类研究与自然学科类研究是完全不同的。自然学科类研究的问题往往就摆在那里,等着我们去解决,比如说,我要到河的对面去,那就得造一座桥。于是,必须了解河流的径流量,几十年甚至更久的水文状况,泥沙含量,会有多少人经过,有多大的经济价值等等。是问题先于意识。而社科类研究不同,它的问题是隐含的,存在于我们习以为常的事情之中,很难引起我们的重视。在这一方面,我读过两篇文献,触动很大。一篇是范子烨先生的《五柳先生是谁》。《五柳先生传》是我们都非常熟悉的作品,代代相传,大家都认为"五柳先生"就是陶渊明自己,但是范子烨先生根据历史上早有的一些怀疑,再结合自己的发现,认为传主不是陶渊明,而是扬雄。他的文章引证精密,逻辑严谨,令人叹服。另一篇是陈尚君与汪涌豪教授的《〈二十四诗品〉辨伪》,他们发现,在宋、元几乎没有人提到过司空图的《二十四诗品》,于是论证这是明人的作品。这些都是问题意识引发的研究。②

具体到《人间词话疏证》,我们看上卷第一则(疏证与传统版本的排序很不一样,为什么这么做,彭玉平教授在绪论中有说明):

《诗·蒹葭》一篇,最得风人深致。晏同叔"昨夜西风凋碧树。独上高楼,望尽天涯路"意颇近之,但一洒落,一悲壮耳。

对此,我们至少应该产生这么几个问题:

1. 《蒹葭》是如何得风人深致的?王国维所谓的风人深致是什么?

2. 晏殊的这一句,与《蒹葭》在"意"方面有相近之处,这个"意"是什么?是怎么体现出来的?

3. 以"洒落"言《蒹葭》,以"悲壮"言晏殊,怎么理解?

第一个问题涉及《诗经》中的作品,而彭玉平教授在疏证词话时,基本

---

① 〔德〕伽达默尔著、洪汉鼎译:《诠释学Ⅱ:真理与方法·补充和索引》,商务印书馆 2021 年版,第 65 页。

② 这些论文的结论不一定对,但是很有启发,比如《〈二十四诗品〉辨伪》,罗宗强教授就在《隋唐五代文学思想史》中提出了一些补充意见。见《隋唐五代文学思想史》,第 429-430 页。

上不做字词诠释，不能帮我们解决这个问题。因此我们需要考虑专业阅读的另一条途径：辅助阅读，或者说主题阅读，即参考其他书籍，来解决阅读中的问题。也就是说，我们需要了解与《蒹葭》相关的材料，看它是不是如王国维先生说的"最得风人深致"。

我们再看一个熟悉的例子：

"明月照积雪""大江流日夜""中天悬明月""长河落日圆"，此种境界，可谓千古壮观。求之于词，唯纳兰容若塞上之作，如《长相思》之"夜深千帐灯"，《如梦令》之"万帐穹庐人醉，星影摇摇欲坠"差近之。

这一段评价是小学语文老师非常熟悉的，因为纳兰性德的《长相思》就收在部编本教材中，但真要读懂这一段话，我们会遇到这么几个问题：

1. 王国维为什么会认为这些诗句的境界是"千古壮观"？它们的"千古壮观"是怎么体现出来的？

2. "此种境界，可谓千古壮观"，"此种境界"是什么境界？"千古壮观"与"此种境界"有什么关联？

3. 纳兰的两句词，为什么"差近之"？

【疏证】

类比诗词中"壮语"，似侧重在"真景物"中宏观、豪放、开阔一端。此则在求诗词之同，与上则析诗词之异，理路稍异。与第一则词话相似。王国维所举诗句，"壮语"在在可感，而所举词句，则与诗句稍异。纳兰之"夜深帐灯"若无一"千"字，其实无关乎"壮"字，"穹庐人醉"若无一"万"字，也是婉约常境，但纳兰着一"千"字、"万"字，则集婉约而成壮观，变幽晦而成通明，故一字可令词婉约，一字亦可令词豪放。点化之间，方见笔力。

我们来对所列举的问题一一进行回答。

第一个问题：诗句中的"千古壮观"是怎么体现的？根据疏证，"类比诗词中'壮语'，似侧重在'真景物'中宏观、豪放、开阔一端"，这几句诗确实如此。"明月照积雪"，写夜月雪景，"照"字下得并不刻意，可以说，是非常自然的。所以，在宏观、豪放、开阔之外，还有一个非常重要的点——自然。那宏观、豪放、开阔又是怎么体现的呢？从常态意义上的豪放词出发，如苏轼、辛弃疾、刘克庄的作品，是很难理解王国维所谓的"壮观"的。"明月"在天，"积雪"在地，以一普通的"照"字，就把天地勾连起来，空间之阔大，确实是千古壮观。尤其值得注意的是，"明月"不是"残月"，如果"残月照积雪"，尽管也是自然的，但缺乏"明月"那种饱满和通透，当然，离"壮观"也便很有距离了。如果说"明月照积雪"写的是空间的开阔，那么"大江流日夜"写的则是时间的恒常。"大江"也和"明月"一样，有着不可替代的作用。"大江"断乎不能换成"长江"，就如苏轼的"大江东去"，"长江"是孤立的，呆板的，没有情感的，只是一个名字。有了"大"，则有了视觉的高度，有了话语的深长意味。此处隐含着登高望远，将长江一览无遗的雄姿尽收眼中的情境，这便是所谓的壮观。这与"长河落日圆"异曲同工，如果改成了"黄河落日圆"，则失去了视觉的辽阔。黄河蜿蜒，落日苍茫，作者站在高处，眺望天地相接之处的落日，看到的是地上之长河与天上之圆日的交融，既有辽阔的空间感，也有苍茫的时间感。这也是彭教授在疏证里说到的"在在可感"。

第二个问题：王国维所谓的"此种境界"是什么境界？应该是自然的境界。这里的"自然"最少包含两层意思，一是"自然的景物"，二是"艺术的自然"。前者说的是真景，宏大而壮阔的景；后者指作者在描绘的时候，充分尊重景物的真实性，不做过多的人工雕琢，又完美呈现那种宏大和壮阔。那么，这种壮观和"境界说"，有什么样的关系呢？王国维推崇自然的境界，他所谓的"隔"与"不隔"，其实是"自然"与"不自然"的关系。

> 问"隔"与"不隔"之别，曰：陶、谢之诗不隔，延年则稍隔矣。东坡之诗不隔，山谷则稍隔矣。"池塘生春草""空梁落燕泥"等二句，妙处唯在不隔。词亦如是。即以一人一词论，如欧阳公《少年游》咏春草上半阕云："阑干十二独凭春，晴碧远连云。千里万里，二月三月（此两句原倒置），行色苦愁人。"语语都在目前，便是不隔。至云"谢家池上，江淹浦畔"，则隔矣。白石《翠楼吟》："此地，宜有词仙，拥素云黄鹤，与君游戏。玉梯凝望久，叹芳草、萋萋千里。"便是不隔。至"酒祓

清愁，花销英气"，则隔矣。然南宋词虽不隔处，比之前人，自有浅深厚薄之别。

看得出来，凡是那些用了典故，不够自然的，就会"隔"①。"不隔"，一定是自然的，而自然，是境界的一个范畴。

第三个问题：纳兰的两句词为什么"差近之"？彭教授在疏证中给了我们答案，因为有了数量词来形容，相比于那几句诗歌，"自然"欠缺一些。因为数量词显得刻意，有人为修饰的成分在内，或者说，是以数量之多来凸显壮观，所以说不够"艺术的自然"。

在阅读的过程中，可能还会有一些与之相关的问题我们可以一并解决。比如，作为贵公子的纳兰，才华横溢，又是御前带刀侍卫，可谓文武双全，深受帝王赏爱，可是他的词为什么总有一份幽深的愁苦，而不是成功人士的喜悦与豪迈？《长相思》写的是追随帝王到关外祭祖，多少人恨不能前往，为何纳兰却要表达深沉而绵长的思乡之情？

这个问题，需要通过寻找其他资料来解决。叶嘉莹先生《清词丛论·论纳兰性德词》中的一篇文章，使我受益良多。这篇文章把纳兰词置于中国词史中去看待和评价，其中有一段话，把纳兰内心愁苦的原因归结为三点：

> 首先就清朝皇室与叶赫一族之恩怨言之，纳兰曾祖金台什之败死，盖在努尔哈赤立国建元之天命四年（1619），而纳兰则生于顺治十一年二月（1655年1月），其间相去不过仅有三十六年而已。纳兰随康熙巡幸关外至混同江附近时，曾写有一首《满庭芳》词，其中有句云："须知今古事，棋枰胜负，翻覆如斯。叹纷纷蛮触，回首成非。剩得几行青史，斜阳下、断碣残碑。年华共，混同江水，流去几时回。"其所慨者，自当是指清兵入关以前在关外各部间的征战。如此则前清与叶赫部之间的一段恩怨，当然也就可能隐寓在其中了。这种难言的恩怨，还只不过是纳兰

---

① 这一点具争议，叶嘉莹先生在《王国维及其文学批评》一书中指出：如果在一篇作品中，作者果然有真切之感受，且能作真切之表达，使读者亦可获致同样真切之感受，如此便是"不隔"。反之，如果作者根本没有真切之感受，或者虽有真切之感受但不能予以真切之表达，而只是因袭陈言或雕饰造作，使读者不能获致真切之感受，如此便是"隔"。（北京大学出版社2008年版，第207页）

心中所可能含蕴的矛盾痛苦之一端而已。

其次，再就纳兰与其父明珠之间的关系言之，则据《清史稿》列传所载，谓"明珠既擅政，簋簋不饬，货贿山积。……市恩立威，因而要结群心，挟取货贿"，而纳兰之为人，则据韩菼为纳兰所撰之《神道碑》，曾称其"虽履盛处丰，抑然不自多，于世无所芬华，若戚戚于富贵而以贫贱为可安者。身在高门广厦，常有山泽鱼鸟之思"。徐乾学为撰《墓志铭》，亦称其"闭门扫轨，萧然若寒素。客或诣者，即避匿，拥书数千卷，弹琴咏诗自娱悦而已"。纳兰在他自己所写的《金缕曲·赠梁汾》一词中，也曾自谓："德也狂生耳，偶然间，缁尘京国，乌衣门第。"又在其所写的《满江红·茅屋新成即赋》一词中，也曾自慨云："问我何心，却构此、三楹茅屋。可学得、海鸥无事，闲飞闲宿？百感都随流水去，一身还被浮名束。"凡此种种记叙，我们都可见到纳兰对富贵利禄之轻视鄙薄的态度，这与他父亲明珠之弄权贪敛之作风可以说是鲜明的对比。我们不难想见纳兰对他父亲的作风必有不能同意之处，可是另一方面纳兰却又是一个非常恭谨孝友的人物。《清史稿·文苑传》曾称其"事亲孝，侍疾衣不解带，颜色黧黑，疾愈乃复"。是则纳兰与其父明珠之间，一方面既可能有一种由性格不同所形成的矛盾，而另一方面则又有父子天性之至情，两者间要勉力求全，像这种情况可能在其锐感之词心中，也是造成其深隐的矛盾和痛苦的又一端。

其三更就纳兰与康熙皇帝之间的关系来说，据徐乾学所撰之《神道碑》谓纳兰之为侍卫"常佩刀鞬随从，虔恭祗……遇事劳苦，必以身先，不避艰险退缩，上心怜之。其前后赉予重叠……值万寿节，上亲御笔书唐贾至《早朝》诗赐之。后月余令赋诗献，又令译御制《松赋》，皆称善久之"。即此可见康熙对纳兰之爱赏，亦可见纳兰对康熙之忠荩。而谁知就在这种赏爱与忠荩的君臣关系中，纳兰的深心之内也同样蕴涵有一份矛盾与痛苦。严绳孙在《成容若遗稿序》中，即曾谓其"及官侍从，值上巡幸，时时在钩陈豹尾之间，无事则平旦而入，日晡未退，以为常。且观其意惝惝有临履之忧，视凡为近臣者有甚焉"。严氏又曾在其为纳兰所撰之《哀词》中,谓"人以为贵近臣无如容若者,夫以警敏如彼,而贵近若此,此其夙夜寅畏,视凡人臣之情必有百倍而不敢即安者,人不得而知也"。盖亦如我在前文所言,词人所禀赋之词心乃各有不同之品质,如果以纳兰与后主李煜相比较,则后主之词心乃常表现为一种无反省无节制的发泄和投注,而纳兰则以其纤美柔善之品质,既常因其锐感而表现为过度的矜慎,又常因其柔善而表现为一种和柔巽顺的承受。韩菼所写的《神道碑铭》,即曾谓纳兰之为侍从,"上有指挥,未尝不在侧。无几微毫发过。性周防,不与外庭一事",关心"治乱""民情","而不敢易言之"。纳兰内心之痛苦,原是可以想见的。何况侍从的生活又往往迫使其与所爱之人常在两地分离的相思怀念之中。因此纳兰的诗词凡写到扈从生涯的,除去一些应制之作不得不出之以颂美之言,还有一些写江南或塞外的风光以外,其余大多数作品,如其《清平乐·发汉儿村题壁》一词所写的"参横月落,客绪从谁托。望里家山云漠漠,似有红楼一角。不如意事年年,消磨绝塞风烟。输与五陵公子,此时梦绕花前",及其《踏莎行·寄见阳》一词所写的"金殿寒鸦,玉阶春草,就中冷暖和谁道。小楼明月镇长闲,人生何事缁尘老"诸句,所写的就是他对侍从之生涯所感到的悲凄无奈之情。这自然是他内心中所深蕴的矛盾痛苦之又一端。[①]

叶嘉莹先生以充分的史料,论证纳兰内心忧愁的原因,很有说服力。

至此,我们发现,很多问题不是通过疏证就可以解决的,而需要借助其他文献——这已然进入到艾德勒和范多伦《如何阅读一本书》中的最高境界的阅读——主题阅读。

具体到阅读整本书,我们要大量搜集关于此书的一些专著和文献,在遇到不懂的问题时,要通过专著和文献来帮助解决,以达到阅读的通透。只有通过这样的阅读,我们方能扫清基本障碍,明白作者的用意和要旨。

[①] 叶嘉莹著:《清词丛论·论纳兰性德词》,北京大学出版社 2008 年版,第 155—156 页。

3. 第二阶段：集字与抽出例证加以组织

到了第二阶段，我们就慢慢进入到书中，近乎可以完成叶维廉先生所谓的"抽出例证加以组织然后阐明"。

前面已经说过，"抽出例证加以组织然后阐明"有两层意思：第一层意思是抽出例证并对例证进行分析；第二层意思是抽出例证，然后体会作者的要旨或者用意。其实，写过策略类论文的老师都会明白，我们写策略的时候，总是先"泛策略"，再用具体实例证明。第二阶段就相当于抽掉具体实例，留下泛策略。

具体到《人间词话》，又有两种情况。第一种情况，王国维所列举的词，是他认为有境界的，我们抽出来进行分析，为什么有境界？哪里有境界？第二种情况，某一个作者，可能会被王国维多次评论到，我们不妨把这位作者的相关评论放在一起。于是乎，我们在无意中把《人间词话》打散成了三部分：第一部分是例证部分，第二部分是词家汇编部分，这两部分是有重复的，可以称之为实践部分，剩下的，自然是理论部分。

《人间词话疏证》的绪论中，有一张非常重要的表格，把王国维所引用的词人观点全部列出。遗憾的是，彭教授只是统计观点，没有把王国维所引用的相关词例的作者统计进来。但正是这张表格，让我们看到王国维深厚的文化底蕴，也从一个侧面体现了阅读此书的难度——这正是《教师阅读地图》里所说的"原理"之书。为了第二阶段的阅读，我自己也做了一张表格，把词话中涉及的所有词人及作品，进行了归纳和总结。我截取部分在这里。

王国维《人间词话》所涉猎词人及其作品（部分）

统计版本：彭玉平《人间词话疏证》

序号	所引人物、著作	所涉及作品	所论观点
第一则	①《诗经》 ②晏殊	①《蒹葭》 ②《蝶恋花》：昨夜西风凋碧树	洒落与悲壮
第二则	①晏殊 ②柳永 ③辛弃疾	①《蝶恋花》：昨夜西风凋碧树 ③《凤栖梧》：衣带渐宽终不悔 ④《青玉案·元夕》：众里寻他千百度	三境界
第三则	①李白 ②范仲淹 ③夏竦	①《忆秦娥》：西风残照，汉家陵阙 ②《渔家傲》：塞下秋来风景异 ③《喜迁莺令·霞散绮》	太白以气象胜，范、夏二词"差堪继武，然气象已不逮矣"
第四则	（理论部） ①张惠言 ②温庭筠 ③冯延巳 ④刘熙载	无具体词作	所论是观点，无具体词作。张惠言评价温庭筠"深美闳约"，王国维认为用来评价冯延巳更合适。刘熙载评价温庭筠"精艳绝人"，"差近之耳"
第五则	①李璟 ②暗引屈原	《浣溪沙》：菡萏香销翠叶残，西风愁起绿波间	王国维欣赏"菡萏"一句，对古今独赏"细雨梦回鸡塞远"句有"解人正不易得"之感慨
第六则	①冯延巳 ②李璟 ③李煜 ④张泌	无具体词作	评价冯延巳"冯正中词虽不失五代风格，而堂庑特大，开北宋一代风气"

续表

序号	所引人物、著作	所涉及作品	所论观点
第八则	①周邦彦 ②欧阳修 ③秦观	无具体词作	周邦彦词深远之致不及欧、秦。 周创调之才多，创意之才少
第十则	①周邦彦 ②秦观	①《解语花》：桂华流瓦 ②《水龙吟》：小楼连苑横空	另外提及吴文英，但没有他具体的词作。王国维认为：词最忌用替代词。吴文英以下，很多词人爱用替代词，以苏东坡讥笑秦观爱用替代词为例
第十一则	①姜夔 ②陆游 ③辛弃疾 ④刘过	①《摸鱼儿·更能消几番风雨》 ②《贺新郎·别茂嘉十二弟》 ③《青玉案·元夕》 ④《祝英台近·晚春》	评价南宋词：姜夔有格而无情，陆游有气而乏韵，只有辛弃疾"堪与北宋颉颃"，并提出近人学习宋词师法的一些问题
第十二则	吴文英	《踏莎行》：隔江人在雨声中，晚风菰叶生秋怨	周济评价吴文英"水光云影，摇荡绿波，抚玩无极，追寻已远"。王国维认为吴文英当不上这样的评价，只有所引一句可以当此评价
第十三则	姜夔	《踏莎行》：淮南皓月冷千山，冥冥归去无人管	王国维说姜夔词最爱这两句
第十四则	①吴文英 ②张炎	无具体词作	王国维用吴、张词中句评价他们的词。吴文英：映梦窗，凌乱碧；张炎：玉老田荒
第十七则	（理论部） ①欧阳修 ②秦少游	无具体词作	诗至中唐以后，殆为羔雁之具；词至南宋以后，亦为羔雁之具

35

续表

序号	所引人物、著作	所涉及作品	所论观点
第十八则	冯延巳	①《鹊踏枝》《菩萨蛮》十数阕 ②《醉花间》	诗词对比：认为韦应物的"流萤度高阁"，孟浩然的"疏雨滴梧桐"，比不过冯延巳的"高树鹊衔巢，斜月明寒草"
第十九则	①欧阳修 ②冯延巳	①《浣溪沙》：绿杨楼外出秋千 ②《上行杯》：柳外秋千出画墙	晁补之评价欧阳修的"出"字好，王国维认为本于冯延巳句，但"欧语"尤工
第二十则	①周邦彦 ②姜夔	①《苏幕遮》：叶上初阳干宿雨 ②《念奴娇·闹红一舸》 ③《惜红衣·簟枕邀凉》	周邦彦《苏幕遮》词"得荷之神理"，姜夔二词有"隔雾看花之恨"
第二十一则	曾纯甫	《壶中天慢》	引毛晋、冯煦的点评，王国维表示不赞成，说他们不懂"天乐"的意思
第二十二则	姜夔	无具体词作	赞扬姜夔有格调，批评他不在意境上用力。"其志清峻则有之，其旨遥深则未也"
第二十三则	①史达祖 ②周密 ③吴文英 ④陈允平	无具体词作	批评他们"同失之肤浅"
第二十四则	王国维自己	《水龙吟》用的是章质夫、苏东坡咏杨花的倡和韵，《齐天乐》用的是姜夔韵	王国维"填词不喜作长调，尤不喜用人韵，偶尔游戏"，却有"与晋代兴之意（超越原作）"

续表

序号	所引人物、著作	所涉及作品	所论观点
第二十五则	王国维同学沈昕伯词	《蝶恋花》	王国维评价沈昕伯此词"晏氏父子间，南宋人不能道也"
第二十六则	王国维词	①《浣溪沙·天末同云》 ②《蝶恋花·昨夜梦中》 ③《蝶恋花·百尺朱楼》 ④《蝶恋花·春到临春》	自我评价"才不若古人，但于力争第一义处，古人亦不如我用意耳"
第二十七则	①苏轼 ②章质夫	①《水龙吟·次韵章质夫杨花词》 ②《水龙吟·杨花》	崇苏贬章

通过这样的统计，我们可以随时去回读上文所说的三部分，无论是理论还是例证，关于某一位词人的相关论述，也同样可以参考表格。但是，这样就能读懂吗？不一定。比如说，涉及某一位词人的理论部分，王国维是站在俯瞰词人所有词作的基础上来论述的，这对读者的要求太高，如果没有一定的阅读基础，是难以理解的。

4. 第三阶段：创作与延伸及加深所得结论

读一本书的终极目的是为了用。所以，在完成前两个阶段之后，势必会进入到叶维廉先生所谓的"延伸及加深所得结论"这一阶段，仿佛书法练习中的"创作"。具体而言，这一阶段包含三部分：第一部分是用书中未曾用到的例子来印证作者的观点，或者反过来，将作者的观点用于对其他同类文本的鉴赏；第二部分，用作者的观点去赏析或者评论他自己的诗词，看看是否如他的理论所说；第三部分，考察作者的这种理论是否局限于他所论述的范畴。

《人间词话疏证》中的一〇五则，在论述到李煜的时候说：

  李重光词，神秀也。

一〇六则：

  词至李后主眼界始大，感慨遂深，遂变伶工之词为士大夫之词。

一〇七则：

  词人者，不失其赤子之心者也。故生于深宫之中，长于妇人之手，是后主为人君所短处，亦即为词人所长处。

一〇九则：

  后主俨然有释迦、基督担荷人类罪恶之意。

彭玉平教授是这样疏证一〇六则的：

  所谓"眼界始大"就是超越一事一物，有"通古今而观之"的趋势，也就是具备"诗人之眼"的意思。王国维列举李煜"自是""流水"两句来说明，前者"人生长恨"并非李煜一人之感受，而是全体人类都共同拥有的；而"流水落花"也非李煜一人所见，而是自然界普遍之现象。当然李煜也在"长恨"之列，也在"流水落花"的观者当中，则李煜的词确实有一种将个人之见闻感受融入到整个历史、人类和自然之中的气魄。因为这样的描写超越于一般凡近情景之外，才能造就境界之"大"，故此则与论境界之大小一则，也可对勘。不过，彼侧重在由写景之大小而带来的情感之细微与阔大。

王国维所举的例子是李煜的《浪淘沙》和《相见欢》。显然，这是李煜在国破家亡后的词作，但王国维并没有提到李煜在同期所创作的最有名的《虞美人》：

  春花秋月何时了？往事知多少。小楼昨夜又东风，故国不堪回首月明中。 雕栏玉砌应犹在，只是朱颜改。问君能有几多愁？恰似一江春水向东流。

这最后一句，令人感慨遂深，这是全人类所共同拥有的思绪和体验。尽管我们不会有国破家亡之愁，但是我们所面临的任何"愁"——创业失败、失恋、亲人辞世、工作不顺……其实都是我们生命之中"一江春水向东流"

的愁苦，所以，我们可能就会有一种生命体验共通的深沉广大感。

再比如王国维的《蝶恋花》：

> 阅尽天涯离别苦，不道归来，零落花如许。花底相看无一语，绿窗春与天俱暮。　　待把相思灯下诉，一缕新欢，旧恨千千缕。最是人间留不住，朱颜辞镜花辞树。

这首词的上片先写离别之苦，然后写归来后"零落花如许"的失望。"零落"的只是花吗？曹丕说："节同时异，物是人非。"或许与此相似吧。这样的词，难道仅仅只是描写有情人之间的离别吗？不，或许还包括生与死的离别吧。对于当今漂泊于都市的一代年轻人而言，他们的感触可能更深。譬如我，有一年暑假开车回到故乡，抵家时落日苍茫，屋外草木斜生，让人感叹"零落花如许"。走进家里，屋内厅堂供着母亲的遗像，"花底相看无一语，绿窗春与天俱暮"，除了一个"春"字，其余皆是我之写照。"最是人间留不住，朱颜辞镜花辞树"，是所有人共同的命运，这何尝不是"感慨遂深"的词呢？

王国维在书中所提倡的"境界说"，多么难以琢磨，多么难以定义，还是能概括出一些规律。"不隔"的是好词，"感慨遂深"的是好词，少用"代词"、少用"隶事"的是好词……同样，做到这样的其他文体，也是有境界的。

这让我想到了汤显祖《牡丹亭》中杜丽娘的唱词：

> 原来姹紫嫣红开遍，似这般都付与断井颓垣。良辰美景奈何天，赏心乐事谁家院！朝飞暮卷，云霞翠轩；雨丝风片，烟波画船。锦屏人忒看的这韶光贱。

杜丽娘看见牡丹，其实是看见自己的青春年华，看见自己的宝贵生命。我相信所有人都会在某一个瞬间发现自己生命的美好，或者纯粹就是发现了自己。所以说，这段唱词也是感慨深而有境界的唱词——这也是林黛玉说的"原来戏上也有好文章。可惜世人只知看戏，未必能领略这其中的趣味"。

王国维的这一论述，放到现代散文和小说中同样适用。

> 惊蛰一过，春寒加剧。先是料料峭峭，继而雨季开始，时而淋淋漓漓，时而淅淅沥沥，天潮潮地湿湿，即连在梦里，也似乎把伞撑着。而

就凭一把伞，躲过一阵潇潇的冷雨，也躲不过整个雨季。连思想也都是潮润润的。每天回家，曲折穿过金门街到厦门街迷宫式的长巷短巷，雨里风里，走入霏霏令人更想入非非。想这样子的台北凄凄切切完全是黑白片的味道，想整个中国整部中国的历史无非是一张黑白片子，片头到片尾，一直是这样下着雨的。这种感觉，不知道是不是从安东尼奥尼那里来的。不过那一块土地是久违了，二十五年，四分之一的世纪，即使有雨，也隔着千山万山，千伞万伞。二十五年，一切都断了，只有气候，只有气象报告还牵连在一起，大寒流从那块土地上弥天卷来，这种酷冷吾与古大陆分担。不能扑进她怀里，被她的裙边扫一扫吧也算是安慰孺慕之情。（余光中《听听那冷雨》）

余光中写雨，长句短句交相搭配，外加叠词的独特运用，确实给人以美感，但总是觉得有几丝"隔"的味道。而汪曾祺笔下则是另一番风貌：

莲花池边有一条小街，有一个小酒店，我们走进去，要了一碟猪头肉，半市斤酒（装在上了绿釉的土磁杯里），坐了下来，雨下大了。酒店有几只鸡，都把脑袋反插在翅膀下面，一只脚着地，一动也不动地在檐下站着。酒店院子里有一架大木香花，昆明木香花很多。有的小河沿岸都是木香，但是这样大的木香却不多见。一棵木香，爬在架上，把院子遮得严严的。密匝匝的细碎的绿叶，数不清的半开的白花和饱涨的花骨朵，都被雨水淋得湿透了。我们走不了，就这样一直坐到午后。（汪曾祺《昆明的雨》）

相较而言，汪曾祺的文字却是"不隔"。动词的运用，"反插""爬""遮"，都是那么毫不用力，根本没有"炼字"的苦哈痕迹。

严歌苓的《霜降》开头写霜降跨进地铁车厢，有一句话是这么说的："她一双墨墨黑的眼霎时就反咬住无论从哪方伸过来的目光，逃得再及时，也难免被那眼咬着撺一截。"两个"咬"字同用，是不是也有几分境界？

就在这部小说的第四部分，霜降和程长江在花园里散步，他们听到竹扇拍打的声音，长江知道是自己的母亲，居然霸道地要求霜降叫她走开，霜降问叫谁走开。"'我母亲。'他咬着、嚼着这几个字眼。""咬"和"嚼"是不是也有几分境界？

严歌苓短篇小说《少女小渔》中，也有类似的用法。"瑞塔一对大黑眼睛仍咬住小鱼，嚼着和品味着她半裸的身子。""咬""嚼""品味"是不是也有几分境界？

《芳华》里，"他的回答从咬着铁钉的牙缝后面出来"，是不是也是境界全出？

张爱玲在她的中篇小说《倾城之恋·第一炉香》里，有这么一句："嘴里衔着杯中的麦管子，眼睛衔着对面的卢兆麟……"后面的"衔"字，是不是也是境界全出？

我想，读到这里，才算是把《人间词话》这本书读完了吧。

某个深夜，当我合上《人间词话疏证》一书，天地无言，万籁俱寂，不禁思绪万千，那一刻也是"秘响旁通"，于是写下了下面的句子：

词园俊杰竞芬芳，指点英豪酒一觞。

独有心胸源境界，偶窥世路尽羊肠。

从来学问无遗力，自古诗文费较量。

掩卷思人人不在，昆明湖畔影彷徨。

第三章　如何把一本书读透

1. 阅读的重复意识

怎么样把一本书读透，上面提到的苏轼的"八面受敌法"，肯定是有效的方法，不仅是把书读透的方法，其实也是整本书阅读课程开发的重要方法。除此之外，还有哪些方法有助于我们把书读透呢？

首先，阅读要有重复意识。

重复意识，有三个层次。第一个层次是复述。不管是文学类还是理论类，读完之后，如果复述一遍大有好处。文学类的复述，有助于熟悉书中的情节；理论类的复述，有助于梳理逻辑和结构。2023 年年初，我重读了怀特海《教育的目的》，我采取的就是纯粹的"复述法"。但不是口述，而是笔述，读一章就记录一章，书中说了些什么，我再复述一遍。七章，我就复述了七次。每一篇都是 1000 多字，前后就 8000 余字，对理解《教育的目的》是有好处的。我读《柏拉图对话集》，这类书也不算特别好读。他们的对话，一人一句来回往复，很有必要进行梳理。比如第一篇，我也直接复述：

《欧悌甫戎篇》，副标题是《论虔诚》，很显然是围绕"虔诚"展开的。

苏格拉底在官衙门口与欧悌甫戎相遇，苏格拉底要处理梅雷多对他的控告，梅雷多控告苏格拉底毒害青年，尤其是"制造神灵，造了新神，不信原有的神灵"。欧悌甫戎则来控诉自己的父亲，因其父亲在处理帮工打死奴隶一事时，将该帮工手脚捆绑，丢入沟中不管，欲请庙祝（通晓法律的僧侣）"如何处理"，进而导致帮工死亡。帮工把奴隶打死了，父亲把帮工捆绑致死，死掉的是凶手，该不该告自己的父亲，引发了问题——"儿子告父亲杀人是不虔诚"的。这是两个人讨论"虔诚"问题的背景。

补充几句，柏拉图的作品之所以被称为西方哲学的重要源头，就是因为他的作品中涉猎甚广，这里涉及了法律和伦理，也让我想起了儒家思想中的"子为父隐，父为子隐"。

叶公语孔子曰："吾党有直躬者，其父攘羊，而子证之。"孔子曰："吾党之直者异于是，父为子隐，子为父隐，直在其中矣。"

——《论语·子路》

"隐"与"不隐"的异同，乃至优劣，都是极大的问题，非常值得思考。

言归正传，在此背景之下，接下来两人对何为虔诚进行了讨论。

关于虔诚的话题，是欧悌甫戎先提出来的。

苏格拉底开始了他的助产婆式的提问："虔诚是什么？不虔诚是什么？虔诚是不是在每个行动中都一样？反过来，不虔诚是不是全都是虔诚的反面，永远一样？是不是一切不虔诚的事情都有一个'不虔诚的相'？"

说到这里，谈一下翻译的事情，外语翻译真是考验人。苏格拉底这里有一句"不管梅雷多还是哪位别人"，我感觉很别扭，"哪位别人"译作"其他人"会不会更好？当然这是小问题。但"相"是专业术语，有注释：指不虔诚的事情之所以不虔诚的客观根据，旧译作"理念""理型"。"相"的翻译，应该渊源于佛经。鸠摩罗什译《金刚经》："凡所有相皆是虚妄，若见诸相非相，则见如来。"

苏格拉底和欧悌甫戎两人都承认存在一个使某事被判为不虔诚的"相"（但两人理解的"相"不一样）。之后苏格拉底要求欧悌甫戎说什么是虔诚，什么是不虔诚，欧悌甫戎认为他现在所做的就是虔诚之事，告发违法者——"不告就是不虔诚",并举了宙斯杀其父克洛诺斯的例子,以此来证明自己所为是虔诚。

但是苏格拉底不相信这些神的故事,他甚至怀疑所有的神话,也拒绝欧悌甫戎继续以神话为论据来说明虔诚。他要的也不是从虔诚的事例中举出一两件,而是虔诚的普遍定义,或者说虔诚的"相"——苏格拉底想逼问欧悌甫戎虔诚的概念到底是什么。

在苏格拉底的逼问之下,欧悌甫戎给出了第一个定义:"神灵喜爱的就是虔诚的,不喜爱的就是不虔诚的。"

苏格拉底认为,神灵间会有争吵、分歧乃至仇恨,但是分歧也分两种:一种是可以达成一致的,诸如物的重量、大小等是可以加以测量的。一种是无法达成一致的,诸如是非、贵贱、善恶。但欧悌甫戎的定义否定了这一点,因为某种东西可能有的神喜爱,有的神不喜爱。或者说,有的神喜爱得多一点,有的神喜爱得少一点,"每个神灵都喜爱他认为善的、对的事情,都厌恶与此相反的事情"。这意味着在两个或者更多的神之间,可能会产生相反的结果。这个神喜欢,就是虔诚;那个神不喜欢,就是不虔诚。于是,结论就是"同样的事情(在不同的神那里)就会既虔诚又不虔诚"。

欧悌甫戎争辩说,在要求处罚父亲的事情上,没有一位神灵会有不同意见,没有神灵会主张不义的凶手不该受罚。苏格拉底回击说,你又如何说明其为不义?之后苏格拉底又回到了对于何为虔诚、何为不虔诚的争论,因为我们不是在争辩何为不义。

苏格拉底跟欧悌甫戎协商,把对"不虔诚"的定义改为:所有神灵都厌恶的,就是不虔诚的。这里苏格拉底提出反问:究竟是虔诚的东西因其虔诚而被喜爱还是被神喜爱所以虔诚?——这是触及本质的问题。苏格拉底一段"绕口令",直接把欧悌甫戎绕晕,也把我绕晕,"可是,亲爱的欧悌甫戎啊,如果神灵喜爱的和虔诚的是一回事,那么,如果虔诚的是因为虔诚而被喜爱,神灵喜爱的也就是因为神灵喜爱而被喜爱;而如果神灵喜爱的是由于神灵在喜爱它而成为神灵喜爱的,虔诚的也就是由于它被喜爱而成为虔诚的。现在你就要看到，这二者是对立的，因而必定彼此完全不同。因为一个是由于被喜爱而成为可爱的，另一个是由于本来可爱而被喜爱"。

苏格拉底又说："一件东西被喜爱不是因为它可爱，而是因为它被爱。""可爱"跟"被爱"，要细品。因此，一件东西是虔诚的，不是因为它被神爱，是因为它就是虔诚的，所以才被爱。这一句读起来好累，"神灵喜爱的之所以是神灵喜爱的，是因为神灵在喜爱它，是因为爱。神灵之所以在喜爱它，并不是因为它是神灵喜爱的"。因此，这个回答实际上也不是对其本质的定义。

苏格拉底最后认为，虔诚的就是公正的。这就产生了一个新的问题：公正与虔诚关系为何？

苏格拉底用恐惧与羞耻做比，羞耻肯定是恐惧，但恐惧不一定是羞耻。因此，虔诚的一定公正，但公正的却不一定虔诚。但虔诚是公正的哪一部分？欧悌甫戎认为"圣洁和虔诚就是对待神灵的那部分公正，另一部分公正则是对待人"，而对待神灵就是使神灵受益，即侍奉。可是侍奉神灵结果又是什么？欧悌甫戎回答说，侍奉的结果就是通过祭祀与祈祷使神高兴，挽救个人、家庭与国家。那么虔诚就是向神灵送礼与索酬，就是做买卖的艺术——这个路数，就是某些人拜佛的路数，用少许香火钱，想买一生一世甚至三生三世的富贵平安。

既然是做买卖，同时要符合前面公正的定义，就要买者有获，卖者有利。神图什么呢？欧悌甫戎又说，无非是尊荣、尊敬，但是他最后又认为虔诚是使神满意，随后经苏格拉底提醒又放弃了这个观点，最后讨论以欧悌甫戎有事离开而结束。

真是替欧悌甫戎着急，遇上苏格拉底这样的一个辩手，哪里是对手呢。我不知道欧悌甫戎老兄是不是走进了官衙，继续控告自己的父亲去了。

在复述的过程中，我总会加一点自己的想法，聚少成多，就成了一篇书评。

重复意识的第二个层次，是反复读，把书读熟。

为什么把"反复读"放在第二个层次呢？是因为我觉得反复读比笔头复述更难。反复读更考验读者的耐力，且不说厚重的诸如《真理与方法》《存在与时间》这样的书，即便《红楼梦》要去反复读几遍，也是一项艰巨的任务。

苏轼的"八面受敌法"，当然也是反复读的一种，他那一种与我们说的反复读，还有点不一样。他是先有问题，再带着问题去读。我们提倡的反复读，其实很简单，可能就是觉得这本书自己需要反复读，仅此而已。卡尔维诺在《为什么读经典》里，有一个非常形象的说法：经典作品是那些你经常听人家说"我正在重读……"而不是"我正在读……"的书。他还说：经典作品是这样一些书，它们对读过并喜爱它们的人构成一种宝贵的经验；但是对那些保留这个机会，等到享受它们的最佳状态来临时才阅读它们的人，它们也仍然是一种丰富的经验。他也谆谆告诫我们：每一次重读经典，就像初次阅读一般，是一次发现的航行。每一次阅读经典实际上都是一种重读。反复读的目的，其实就是读熟——未必是彻底理解。有些书，真的不是当下可以理解的。我始终坚信，任何一个学者都不会说他完全理解他读过的所有经典。所以先求"熟"，如果一个老师肚子里有几本非常熟悉的经典——所谓"腹有诗书气自华"，就会有书卷气质。

熟读往往不需要多少方法，更需要的是耐心。我信奉毕飞宇的一句话：耐心是我们唯一的才华。看起来很简单，但是做起来很难。找到一两本属于自己的生命之书，反反复复读一二十年，我觉得就有一种近乎道的感觉。一个语文老师，一年读一遍《红楼梦》，或者年年读鲁迅，读苏霍姆林斯基，找准了生命之书，就拥有了一种博大的气象，这可能比"大单元""大概念""大语文"更重要。

在《朱子语类》里，朱熹无数次谈到"熟"的问题。做学问要熟，持敬要熟，读书更要熟。

> 学者须是熟。熟时，一唤便在目前；不熟时，须着旋思索。到思索得来，意思已不如初了。

> 读书看义理，须是胸次放开，磊落明快，恁地去。第一不可先责效。

才责效,便有忧愁底意。只管如此,胸中便结聚一饼子不散。今且放置闲事,不要闲思量。只专心去玩味义理,便会心精;心精,便会熟。

读书之法,先要熟读。须是正看背看,左看右看。看得是了,未可便说道是,更须反覆玩味。

少看熟读,反覆体验,不必想像计获。只此三事,守之有常。

大凡看文字:少看熟读,一也;不要钻研立说,但要反覆体验,二也;埋头理会,不要求效,三也。三者,学者当守此。

书宜少看,要极熟。小儿读书记得,大人多记不得者,只为小儿心专。一日授一百字,则只是一百字;二百字,则只是二百字。大人一日或看百板,不恁精专。人多看一分之十,今宜看十分之一。宽着期限,紧着课程。

读书,只逐段逐些子细理会。小儿读书所以记得,是渠不识后面字,只专读一进耳。今人读书,只滚滚读去。假饶读得十遍,是读得十遍不曾理会得底书耳。得寸,则王之寸也;得尺,则王之尺也。读书当如此。[①]

读熟的结果就是能背诵,这是重复意识的第三个层次。一说到背诵,我们就有一种阴影,也会反对死记硬背。其实,这四个字,我只反对一半,我反对的是"死记",不反对"硬背",如果说得更宽容一点,我是"死记硬背"都不反对,我反对的是背诵不好的内容。所以我反对孩子们读经,不是反对他们那种诵读或者吟诵的方式。

古人熟背四书五经的例子就不用举了,现代有一大批大师,都是把书背得熟的。比如巴金,他能背诵《古文观止》:

老师平日讲得少,而且讲得简单。他唯一的办法是叫学生多读书,多背书。当时我背得很熟的几部书中间有一部《古文观止》。这是两百多篇散文的选集,从周代到明代,有"传",有"记",有"序",有"书",有"表",有"铭",有"赋",有"论",还有"祭文"。里面有一部分我背得出却讲不清楚;有一部分我不但懂而且喜欢,像《桃花源记》、《祭

---

① 〔宋〕朱熹撰:《朱子语类》,中华书局2020年版,第155—183页。

十二郎文》、《赤壁赋》、《报刘一丈书》等等。读多了，读熟了，常常可以顺口背出来，也就能慢慢地体会到它们的好处，也就能慢慢地摸到文章的调子。不用说，这只能说是似懂非懂。然而现在有两百多篇文章储蓄在我的脑子里面了。虽然我对其中的任何一篇都没有好好地研究过，但是这么多的具体的东西至少可以使我明白所谓"文章"究竟是怎么一回事，可以使我明白文章并非神秘不可思议，它也是有条有理，顺着我们的思路连下来的。①

我们读读《怀念萧珊》，确实有那么一点《祭十二郎文》的味道。

还有更吓人的，钱穆在《八十忆双亲 师友杂忆》中提到自己背诵《三国演义》：

> 一客忽言："闻汝能背诵《三国演义》，信否？"余点首。又一客曰："今夕可一试否？"余又点首。又一客言："当由我命题。"因令背诵"诸葛亮舌战群儒"，是夕，余以背诵兼表演，为诸葛亮，立一处；为张昭诸人，另立他处。背诵既毕，诸客竞向先父赞余。先父唯唯不答一辞。②

钱穆背诵《三国演义》，还有背诵《红楼梦》的。据说，茅盾在上海商务印书馆从事编辑工作，离印书馆不远的开明书店的老板章锡琛，曾和茅盾一度同事，私交很好，茅盾每天下班后，总要到开明书店去，与当时的文化名人郑振铎等一起聊天交谈。一次，章锡琛同郑振铎谈起茅盾能背《红楼梦》，郑表示不信，于是章便与郑赌做东道。一天下午，章锡琛请茅盾、郑振铎、周予同等人到饭店吃饭。酒至半酣，章说："吃清酒乏味，请雁冰兄助兴。"茅盾酒兴正浓，便说："好啊，以何助兴？"章说："听说你能背《红楼梦》，来一段怎样？"茅盾欣然同意。于是，他们就请郑振铎点回目，并翻开早已准备好的书。茅盾随即而背，一口气背了半个多小时，将近一个回目。至此郑振铎才深信不疑。章锡琛哈哈大笑："郑兄你输了，这桌酒你请客了。"

我读到这个故事，简直以为神谈。

读王鼎钧先生的《昨天的云》，书中《荆石先生千古》一章，记录荆石老

---

① 巴金著：《巴金选集·卷三》，人民文学出版社2005年版，第64页。
② 钱穆著：《钱穆全集·八十忆双亲 师友杂忆》，九州出版社2011年版，第14页。

师鼓励学生背诵《阿Q正传》：

> 他引进荷马、安徒生、希腊神话和《阿Q正传》。他也引进了许地山。他本来不主张背诵，他以补充教材讲授《阿Q正传》的时候，偶然赞叹"这样精练的白话文，应该背诵，值得背诵"。于是他老人家最喜爱的一些学生展开了背诵竞赛，几天以后，这一部几万字的中篇小说，竟有好几个人能够从头到尾一字不漏地背出来。
>
> 这些先进学长也背诵了荷马的《奥德赛》。[①]

这些背诵都是童子功，现在我们读书，已经没有办法做到这样"背诵式熟读"了。我常常后悔自己背得太少，少年的时候，跟着祖父背诵过《增广贤文》，其实还爱他抽屉里的《幼学琼林》《论语》和《孟子》，要是也都背诵下来了，那多好啊。幸亏后来背诵了不少诗词、对联，弥补了一些童年的遗憾。现在的我们，做不到大量背诵了，反复读还是很有必要的。

以上这些，都是熟读和背诵的故事乃至美谈，也可以算作是读透一本书的经验。换一个角度来看，重复不仅是必要的，而且是科学的。

我们的大脑将记忆分为长期记忆和短期记忆。短期记忆，顾名思义，只是暂时保存的。但是，要想长期记忆，必先要短期记忆。所以，关键就在于如何正确运用短期记忆以达到长期记忆的目的。人脑容量有限，没有办法像电脑那样装个硬盘来扩容，所以人脑只能通过定期清理内存来保证系统的流畅运行。什么样的内容会被大脑自动清理掉呢？是什么来决定被删除的内容呢？就是脑内的海马体。海马体会将内容分为必要信息和非必要信息，必要信息会被运送到大脑皮质进行长期保存，而后者就会被送进"回收站"。在海马体决定到底送往大脑皮质还是"回收站"前，它有一个审核的周期，审查周期最短也得一个月。什么是必要信息呢？海马体的判断标准非常简单粗暴：是否有利于生存！单就读书而言，如果真的像福楼拜所说的那样，阅读是为了活着，那读书是容易记得住也容易读得透的。

海马体为什么删除那些它认为不必要的信息？因为大脑的质量不到人体的2%，可是会消耗人体总能耗的大约20%，能耗这么大，海马体认为一切

[①] 王鼎钧著：《昨天的云》，生活·读书·新知三联书店2013年版，第52页。

无关生死的东西，基本上都不予通过，以最大限度地减少消耗。

我们要怎样才能让读过的书进入大脑呢？方法只有一个，去欺骗海马体。因为只有必要信息才能被海马体准许进入长期记忆，我们最好就把知识包装成必要信息，而包装的方法就是重复。想要让海马体将信息判定为必要信息，我们就要尽可能地倾注全部的热情和诚意，持续不断地将信息传送过去，海马体反复收到同样的信息，它就会产生一种认为这是必要信息的错觉，进而允许信息进入大脑皮质，成为长期记忆。所以只有进行反复的记忆，知识才能够被保留在大脑中。因此，如果我们忘记了自己读过的书怎么办呢？答案很简单，再读一遍，直到读熟为止。在现代社会，在古老而机械的重复阅读被视若敝屣的时候，我反倒觉得反复读更值得我们珍视。

2. 阅读的输出意识

要把一本书读透，其次要有输出意识。

培养阅读输出意识的最重要的方法就是批注。

细心的读者可能会发现，我前面说过，有五本重要的书籍曾对我的阅读产生了很重要的影响。但我只提到了四本，第五本留到这里来说——确切地说，不是一本书，而是一个人——金圣叹。我读到金圣叹的书之后，才真正明白什么是读书人，怎样才能把读书方法运用到极致。

我至今不能忘记，上大学时，有一天我去教室里上晚自习。当时彤云密布，一场大雪即将来临。我独自坐在暖气片旁，在"那雪下得正紧"的当下，一口气读完了金圣叹点评的《西厢记》，时间已经是深夜十点了。教室里除我之外，空无一人。我合上书，呆坐在位子上，一句话也说不出来。外面的天空黑沉沉的，而我的内心却翻江倒海，五味杂陈。佩服啊，羡慕啊，嫉妒啊，膜拜啊！原来书还可以这么读。这是我当时最真切的感觉，一种无法言表的阅读体验油然而生。

然后读到他点评的《水浒传》。在《读第五才子书》中，金圣叹说道：

  吾最恨人家子弟，凡遇读书，都不理会文字，只记得若干事迹，便算读过一部书了。虽《国策》《史记》都作事迹搬过去，何况《水浒传》。①

  其实，我就是他那种"最恨"的"人家子弟"呀！

  这种感觉以后多次出现，出现在读脂砚斋点评的《红楼梦》时，出现在读汇评的《儒林外史》时。

  我们要以批注的方式来输出我们的阅读，前提是我们先要读别人的批注。中国最著名的批注，集中在小说和诗歌方面。所以，中国古典小说、诗歌中的许多集评本，都被我收入囊中。我想，读文学经典，批注应该是最好的输出方式之一。

  批注并不是金圣叹首创。批注又叫评点、点评、批评，起源于中国传统学术中的经注和史注之学，至宋代，读书人已经普遍采用评点的方式阅读各类典籍。朱熹就曾说到自己的读书方法：

  某二十年前得《上蔡语录》观之，初用银朱画出合处；及再观，则不同矣，乃用粉笔；三观，则又用墨笔。数过之后，则全与元看时不同矣。②

  我们可以看出，朱熹所采用的已是三色圈点读书法。尽管评点法可能并非宋人首创，但是朱熹等人的确将这种读书法推广开来。著名学者吴承学就认为"朱熹的标注读书法对于其门人乃至对南宋文学评点方式的影响是不可低估的"。到了明清，评点法发展到了高峰，并对后世产生了深远影响，出现了许多批注式阅读的经典范本。比如四大名著，就有许多人批注评点。《水浒》，有金圣叹和李卓吾的批注本，《三国》是毛宗岗，《西游》是李卓吾，《红楼》最多，除了脂砚斋，还有八家评点——至于无名的，恐怕就更多了。甚至通俗小说都有评点批注，当然部分是书商所为。

  批注不仅仅局限于小说，批经批史批诗批文，批注无所不在。比如纪晓

---

① 〔明〕施耐庵著、〔清〕金圣叹批评：《金圣叹批评本水浒传》，岳麓书社2006年版，第4页。

② 〔宋〕朱熹撰：《朱子语类》，中华书局2020年版，第2809页。

岚批注唐诗，王夫之批注古诗，都十分经典，对于我们理解原文原诗很有帮助。

批注的"批"，简单地说，就是批评。批评，当然不是对人不满，而是评论。批注的"注"，则是注解。批注式阅读，是一种精读。目的是弄懂每一个字、每一个词、每一个句子的意思，并在此基础上，形成自己的看法。批注还有一个名字，叫作评点。评点有两层意思，"评"就是评论，"点"就是圈点，即品评文章时所作的记号。

批注本身并不是读书方法，它只是阅读理念的一种外在体现。批注的时候，批注者的阅读理念还是不同的。举一个例子，毛宗岗批注《三国》，通篇都是比较法。

实现批注式阅读，光有理念还不够，还必须有两个前提。

一是会读书。要透过文本表面的故事、情节等，真正进入到文本内部，有些地方，如上文王荣生教授所说，需要倒回来重读、停留、回味、咀嚼，或者为了一个字去查资料、做备注，可谓"不疯魔不成活"。

二是要综合运用读书方法。金圣叹在书里说的"徐读""疾读""扫地读之""焚香读之""对雪读之""对花读之"，既是读书的环境，也是读书的心态和方法。对同一对象采取不同方法，不同对象采取同一方法，不同对象采取不同方法，要综合运用。批注只是这些阅读方法的结果呈现。

批注有多种样式。

首先是回前批。每一回故事开始前有一段批注，这就是回前批。比如金圣叹点评《鲁提辖拳打镇关西》这一回时，关于鲁提辖的批注是这样的：

> 写鲁达为人处，一片热血直喷出来，令人读之深愧虚生世上，不曾为人出力。孔子云："诗可以兴。"吾于稗官亦云矣。打郑屠忙极矣，却处处夹叙小二报信，然第一段只是小二一个，第二段小二外又陪出买肉主顾，第三段又添出过路的人，不直文情如绮，并事情亦如镜，我欲刳视其心矣。[①]

其次是中间的夹批或者眉批。因为现代书籍的装帧形式不一样了，所以

[①] 鲁玉川等辑校：《水浒传会评本》，北京大学出版社1981年版，第81页。

我们将其合二为一，简单地说就是在文本中间的批注。这是真正意义上的贴着文本的批注，最能体现文本细读的精神。

第三是回末的总评，也就是对一回故事进行最后的总结式批注。当然，有的点评家因为写了回前评，就不再作最后的回末总评了。还有的点评家因为没写回前评，就在后面作总评。比如，同样是《水浒》的第二回，李卓吾就没作回前评，而是在回末作了总评：

【容评】李和尚曰：描写鲁智深，千古若活，真是传神写照妙手。且《水浒传》文字妙绝千古，全在同而不同处有辨。如鲁智深、李逵、武松、阮小七、石秀、呼延灼、刘唐等，众人都是急性的。渠形容刻画来，各有派头，各有光景，各有家数，各有身份，一毫不差，半些不混，读去自有分辨，不必见其姓名，一睹事实就知某人某人也。读者亦以为然乎？读者即不以为然，李卓老自以为然不易也。[①]

这三种形式，我们都可以搬用。

那怎么写好批注呢？

顾建新教授在《小说评点写作刍议》中说："这种文体的写作，并不容易，不比一篇长篇的文学评论来得轻巧。它文字简约，不容水分；须站高识广，才能一语中的；应关照读者作者两面，方能公允。评点也是一种创作，在一定意义上说，写作不亚于原作创作所付出的艰辛。"[②]

关于批注的写法，顾教授在文中提出了三个原则：

一是深刻性。"评点要'用自己的眼睛去看别人见过的东西，在别人司空见惯的东西上能够发现出美来'。"这里有三个层面意思：一是不人云亦云；二是能透过作品的表层，深挖出普通读者所未能认识的东西；三是具有评点者独特体验以及个性化的东西。

二是真实性。真实性，即鲁迅先生指出的，好处说好，坏处说坏。不胡乱吹捧，不搞义气评论。评点不应是感悟式的，随意而谈，而应全局在胸，深思熟虑，点中穴位，切中要害。要让读者看到你的点评后，有顿开茅塞之

[①] 鲁玉川等辑校：《水浒传会评本》，北京大学出版社1981年版，第97页。
[②] 顾建新著：《小说评点写作刍议》，载《写作》2012年第12期。

感；要让原作者读了之后，也能有所启迪。

三是提升性。提升性包含两个方面的内容：一是经过评点者的分析，普通读者能从对作品低层次的一般性的欣赏，提高到文学批评的高度，在获得审美愉悦的同时，学到评介文学作品的知识与方法；二是作品的价值，经评点者的评析，能得到社会的认同，从而使作品得到更广泛的传播。

作为一般的教师，在"提升性"的第二个层面上，很难有所作为。不过，通过评点批注，提高我们的文学阅读水平，还是非常值得的。

前面说过，批注只是读书方法的外显形式。实现批注式阅读，要综合运用多种读书方法。单上文说到的王荣生教授提到的8种阅读方法，就可以归为四大类。

第一类，预测和推断。这可能是读小说的过程中用得最多的方法。我们读每一本故事书，都会关注结尾：男女主角有没有走在一起，侦探有没有抓到真凶，坏人有没有得到严惩，好人有没有沉冤昭雪……这种关注需要留痕，需要记录。

第二类，联结和图像化，也就是联想和想象式的批注。联想式批注，最简单的就是当你读到经典文本时，你想到了什么，把你想到的和正在读的建立一种关联，做一番对比，并且记录下来。而想象式批注，其实是联想式批注的一个分支。但想象与联想有一个不同之处，联想是你由这本书想到另一本书；想象呢，是你读这本书时，想到了更辽远、更跳脱的事情。

联想和想象，其实就是中国传统文论中刘勰所谓的"秘响旁通"。叶维廉先生在《历史、传释与美学》中谈道："我提出阅读（创作亦然）时的'秘响旁通'的活动经验，文意在字、句间的交相派生与回响，是说明中国文学理论批评中所重视的文、句外的整理活动。我们读的不是一首诗，而是许多诗和声音的合奏与交响。"[①] 而中国古典诗学中的"笺注"，更是"秘响旁通"的典范。"中国书中的笺注，所提供的正是笺注者所听到的许多声音的交响，是他认为诗人在创作该诗时整个心灵的空间里曾经进进出出的声音、意象和诗

[①] 叶维廉著：《历史、传释与美学》，台湾东大图书公司2002年版，第97页。

式……"① 叶先生的论文里有诗歌的例子,我再试举一个小说的例子。

比如,《围城》第 67 页,有一段苏文纨和方鸿渐的对话:

苏文纨:"……好,就咱们两个人么?"

方鸿渐讷讷道:"不,还有你表妹。"

"哦,有她。你请她了没有?"

"请过她了,她答应来——来陪你。"②

这里的破折号,非常有意思。我的点评是:

【匡】此处破折号,与《雷雨》中鲁侍萍初见周萍时,"你是萍——凭什么打我的儿子""我是你的——你打的这个人的妈"有异曲同工之妙。

再比如《围城》第 19 页:

鸿渐替鲍小姐面前搀焦豆皮的咖啡里,加上冲米泔水的牛奶,说:"基督教十诫里一条是'别杀人',可是医生除掉职业化的杀人以外,还干什么?"

我的点评是:

【匡】钱钟书《写在人生边上·读〈伊索寓言〉》中有言:"驴子跟狼的故事:驴子见狼,假装腿上受伤,对狼说:'脚上有刺,请你拔去了,免得你吃我时舌头被刺。'狼信以为真,专心寻刺,被驴子踢伤逃去,因此叹气说:'天派我做送命的屠夫的,何苦做治病的医生呢!'这当然幼稚得可笑,他不知道医生也是屠夫的一种。"③

因为我读过钱老的其他著作,那么在读《围城》时,我的联想就很多。

《围城》第 279 页:

他们的赞美,未必尽然,有时竟上人家的当;但是他们的毁骂,那

---

① 叶维廉著:《历史、传释与美学》,台湾东大图书公司 2002 年版,第 97 页。

② 钱钟书著:《钱钟书集·围城》,生活·读书·新知三联书店 2007 年版。以下所引《围城》皆为此版,不再标出。

③ 钱钟书著:《钱钟书集·写在人生边上》,生活·读书·新知三联书店 2002 年版,第 32 页。

简直至公至确,等于世界末日的"最后审判",毫无上诉重审的余地。
我的点评是:

　　【匡】《杂言——关于著作的》开头:作品遭人毁骂,我们常能置之不理,说人家误解了我们或根本不了解我们;作品有人赞美,我们无不欣然引为知音。但是赞美很可能跟毁骂一样的盲目。

《围城》第36页:

　　晚饭有方老太太亲手做的煎鳝鱼丝、酱鸡翅、西瓜煨鸡、酒煮虾,都是大儿子爱吃的乡味。

我的点评是:

　　【匡】《管锥编》:"吴烹亦好甘甜之和……吾邑尤甚。忆儿时筵席盛馔有'蜜汁火腿'、'冰糖肘子',今已浑忘作何味,去乡四十余年,并久不闻此名色矣。"① 先生两书所写,令余神魂归乡,思童年母亲所烹乡味豆腐、草鱼鲜汤,想来犹令人垂涎。如今人亡物渺,我亦作客他乡,确已"浑忘作何味"矣,读书至此,不禁有怆然涕下之感……

显然,在批注这一段的时候,我的思绪已经沦陷在对童年的回忆之中了。
第三类,提问和释疑。以《围城》开头第二段为例:

　　这条法国邮船白拉日隆子爵号(Vicomte de Bragelonne)正向中国开来。早晨八点多钟,冲洗过的三等舱甲板湿意未干,但已坐立满了人,法国人、德国流亡出来的犹太人、印度人、安南人,不用说还有中国人。

"白拉日隆子爵"这个词,是我们要关注的。因为这是大仲马的一部小说的名字。我们熟知的《三个火枪手》是大仲马连续小说的第一部,第二部是《二十年后》,第三部则是《白拉日隆子爵》。钱钟书为什么要在这里借用大仲马的小说来命名这艘邮轮呢?原来,钱钟书在1938年9月与妻女杨绛、钱瑗搭乘法国邮轮"阿多斯二世号"回国,而这个"阿多斯"就是《三个火枪手》中的重要人物。所以,钱钟书就随手借用了一下大仲马的作品来给邮轮命名。于是,我在书中就评了一句话:

　　【匡】钟书君可曾记得"阿多斯二世号"?

----

① 钱钟书著:《管锥编》,生活·读书·新知三联书店2002年版,第1514页。

提问和释疑，可以说是质疑式批注，具体又分两种情况。一种情况是书里确实有不懂的地方，这些疑问一般情况下可以通过查字典或者向老师请教解决，暂时解决不了的，不妨放在那里，留待以后解决也未尝不可。不过，问题的关键是，在阅读文学书籍的时候，有一些我们自以为懂了的地方，其实并不懂。

拿《水浒传》中的一段话为例：

擂鼓吹笛，众好汉们都乘马轿，迎上寨来。到得关下，军师吴学究等六人把了接风酒，都到聚义厅上，焚起一炉好香。晁盖便请宋江为山寨之主，坐第一把交椅。宋江那里肯，便道："哥哥差矣！感蒙众位不避刀斧，救拔宋江性命。哥哥原是山寨之主，如何却让不才坐？若要坚执如此相让，宋江情愿就死！"晁盖道："贤弟如何这般说？当初若不是贤弟担那血海般干系，救得我等七人性命上山，如何有今日之众？你正是山寨之恩主，你不坐，谁坐？"宋江道："仁兄，论年齿兄长也大十岁。宋江若坐了，岂不自羞？"再三推晁盖坐了第一位，宋江坐了第二位，吴学究坐了第三位，公孙胜坐了第四位。宋江道："休分功劳高下，梁山泊一行旧头领，去左边主位上坐。新到头领，去右边客位上坐。待日后出力多寡，那时另行定夺。"众人齐道："哥哥言之极当。"

这是宋江上梁山以后与晁盖的一段对话。只有细看，才能看得出他们各自的心机。晁盖让位的原因是宋江救过自己的命，但实际情况是晁盖也曾千里迢迢赶往江州救过宋江的命，所以他的让位并非真心实意。而宋江拒绝的理由是"论年齿兄长也大十岁"，不是自己的才华、能力、品德、声望不够，是年龄不够。所以说，从质疑的角度去点评，会让我们从作品中发现更多的秘密。

质疑式批注的第二种情况，是我们的观点与作者有分歧，或者怀疑作者说得不对。比如上文《围城》里说到的"医生职业化的杀人"，我们当然可以就此对钱先生进行质疑。第78页，曹元朗说"诗有意义是诗的不幸"，我们同样可以"质一质，疑一疑"。不过，这毕竟是小说，我们不必过于较真。如果是理论性著作，那么我们的质疑就会更有价值。

第四类，重点和综合。一本书有一本书的重点，一个篇章有一个篇章的重点，一个段落有一个段落的重点，说得再小一点，一个句子也有一个句子的重点字词，也就是"字眼"或者"诗眼"。在传统的批注中，这一点很受学者关注。但是，先贤们往往只提出结论，不叙说思考过程，这当然会有很大的问题。叶维廉先生在《中国诗学》第一篇里就指出：

> 这种批评不是没有缺点的，第一，我们要问：是不是每一个读者都有诗的慧眼可以一击而悟？第二，假如批评家本身不具有诗人的才能（我们可以假定他的感受力是很足够的，否则他不会去批评和鉴赏诗），他就无法唤起诗的活动，如此他的批评就容易流于随意（任意的）印象批评，动辄说此诗"气韵高超"，他既没有说明（他既用传统的方法，他自然不说明了）气韵如何的高超而又没有"重造"高超的境界。①

叶先生说的是诗歌点评。古人灵光乍现，挥笔而就，徒留后人思索。唐代大诗人杜甫有一首大家熟悉的《春夜喜雨》，全诗是这样的：

> 好雨知时节，当春乃发生。
> 随风潜入夜，润物细无声。
> 野径云俱黑，江船火独明。
> 晓看红湿处，花重锦官城。

明朝有两位文章大家和诗人，一位叫钟惺，一位叫谭元春，他们在《唐诗归》中给这首诗是这么作批注的：

> 钟云：五字可作《卫风》灵雨注脚。（首句下）
> 谭云：浑而幻，其幻更不易得。（"随风"二句下）
> 谭云：以此句为雨境尤妙。（"江船"句下）
> 谭云："红湿"字已妙于说雨矣，"重"字尤妙，不湿不重。（末两句下）

从这些批注中，我们能大致明白，他们基本上在赞扬杜甫。可是，我们还是有一些疑问，比如，首句为什么可以为《卫风》灵雨作注脚？江船火独明，为什么雨境尤妙？批注者却没说。

---

① 叶维廉著：《中国诗学》，生活·新知·三联书店1994年版，第6页。

那我们能不能学习这种批注，大笔一挥"写得好啊写得真好""精彩""妙啊"之类的话呢？当然可以。但如果能写一点理由，或者补充一点支持我们观点的证据，岂不是更好？这其实是王荣生教授读书方法中的第六条和第八条，即通过精读或者细读得出结论，只是古人没有把精读或者细读的过程展现出来。

同样以《围城》为例。书中有许多炼字的地方，值得我们关注。

第67页：

> 最后醒来，起身一看，是个嫩阴天。

【匡】以"嫩"修饰天气，妙。陈眉公有"老雨经旬"，"老"比之"苦"，亦妙。钟书君之"嫩阴天"或源于此？

这样的字词，在《围城》中真是不胜枚举啊！第1页，"开驶""红消醉醒""晒菱""哄懒"；第2页，"国技"；第6页，"眼梢"；第18页，"鲍小姐脸飞红"的"飞红"；第25页，"射出一口浓浓的唾沫"；第27页，"在嘴上浮着抹了抹"；第33页，"一梳月亮"；第59页，"抓一把男朋友在手里玩"；第86页，"不让脸上的笑漏进说话的声音里"……我们完全可以对这些词语一个一个地进行批注，然后归类、分析。

除此之外，我还发现，《围城》中特别爱用破折号。我没有精确统计过，但是平均下来可以说是"无页不破折"。这同样是值得批注的专题。还有，《围城》中的比喻句，结合《七缀集·读〈拉奥孔〉》来读（这篇文章中，有谈到比喻的原则），也是值得关注的——钱先生是比喻修辞的顶尖高手。至于书中品评的人物，有旧体诗人，有白话诗人，有哲学家，有剧作家（李健吾），都通过小说中的人物或明或暗地交代了出来，每一个都值得我们探寻一番。我想，这样读书，不就有了"猜谜"的乐趣吗？猜不中固然有点气馁，猜中了则令人窃喜。至于书中的外貌描写，整理在一起，也很有味道。

第2页：

> 甲板上只看得见两个中国女人，一个算不得人的小孩子——至少船公司没当他是人，没要他父母为他补买船票。那个戴太阳眼镜、身上摊本小说的女人，衣服极斯文讲究。皮肤在东方人里，要算得白，可惜这

白色不顶新鲜，带些干滞。她去掉了黑眼镜，眉清目秀，只是嘴唇嫌薄，擦了口红还不够丰厚。假使她从帆布躺椅上站起来，会见得身段瘦削，也许轮廓的线条太硬，像方头钢笔划成的。年龄看上去有二十五六，不过新派女人的年龄好比旧式女人合婚帖上的年庚，需要考订学家所谓外证据来断定真确性，本身是看不出的。那男孩子的母亲已有三十开外，穿件半旧的黑纱旗袍，满面劳碌困倦，加上天生的倒挂眉毛，愈觉愁苦可怜。孩子不足两岁，塌鼻子，眼睛两条斜缝，眉毛高高在上，跟眼睛远隔得彼此要害相思病，活像报上讽刺画里中国人的脸。他刚会走路，一刻不停地要乱跑……

第5页：

那小孩子忽然向她们椅子背后伸了双手，大笑大跳。两人回头看，正是鲍小姐走向这儿来，手里拿一块糖，远远地逗着那孩子。她只穿绯霞色抹胸，海蓝色贴肉短裤，漏空白皮鞋里露出涂红的指甲。在热带热天，也许这是最合理的妆束，船上有一两个外国女人就这样打扮。可是苏小姐觉得鲍小姐赤身露体，伤害及中国国体。那些男学生看得心头起火，口角流水，背着鲍小姐说笑个不了。有人叫她"熟食铺子"（charcuterie），因为只有熟食店会把那许多颜色暖热的肉公开陈列；又有人叫她"真理"，因为据说"真理是赤裸裸的"。鲍小姐并未一丝不挂，所以他们修正为"局部的真理"。

还有第106页"鸿渐偷看苏小姐的脸，光洁得像月光泼上去就会滑下来，眼睛里也闪活着月亮，嘴唇上月华洗不淡的红色变为滋润的深暗"，连同第136页、142页、167页、183页、187页，足以写成一篇专题文章了。再看第七部分的开头（第243页），写汪处厚的外貌，更是曲尽其妙，甚至可以和钱先生的《人·兽·鬼》中的外貌描写媲美。还有其他很多很多，关注这些地方，并且像金圣叹那样写"回前批"，一定会让阅读具有深刻性。

还有一种批注，我觉得比较特殊。书中的某句话，可能真的只有批注者最懂，因此他要批注出来，告诉读者，提醒读者。我们也许会问，为什么只有他最懂？因为他可能是最了解作者的人，甚至就是作者本人。比如脂砚斋批注《红楼梦》，这算是批注里比较奇特的一类。金圣叹等人的批注，提醒我们注意的是书中的艺术手法，而脂砚斋的批注，关注的不仅仅是艺术，还有更多，譬如曹家的一些人事典故。脂砚斋和曹雪芹熟稔，而且他在批注里已经说得很明白，《红楼梦》中的有些文字，就是他执笔的，这意味着他参与了创作。与其他批注人不同，脂砚斋很懂《红楼梦》。有一些地方，他是故意透露出来给读者知道的，比如时常来一句"草蛇灰线，伏延千里"，或者"伏什么伏什么"。由于他熟悉作者，了解作者，甚至作者告诉过他为什么要这么写，所以他的批注与一般的批注大不相同。脂砚斋阅读《红楼梦》，真正达到了"以作者视角来读文学经典"的境界。

从某种程度上讲，如果没有脂砚斋的批注，后世读者要发现《红楼梦》的价值，可能会经历一个艰难的历程，需要更久的时间来挖掘。

还有一个问题也有必要谈一谈：批注错了怎么办？

错了就错了，没有关系。

举一个我自己的例子。

我很早就读过《世说新语》，但当年读的是全注全译本，也就是说，全部有注释，也全部有翻译。这样的版本应当有助于理解，其实却不然，这个全注全译本，少了很重要的刘孝标注，于是我的理解就产生了偏差。可见，读书一定要选择版本，版本错了，或者版本不好，都会出问题。

比方说，在"德行第一"的第二十八则里，有这么一则（这一则中有两件事情，我只取其中一件来说）：

> 邓攸始避难，于道中弃己子，全弟子。

故事很简单。一个叫邓攸的人，在避难的时候，放弃了自己的孩子，选择保全弟弟的孩子。这似乎是英雄所为。逃难时，能够舍弃自己的亲生骨肉，一般人是做不到的。我当时的批注大概也是这个意思，还与郭巨埋儿做了比较，褒前贬后。当时我脑海里的画面是，爸爸趁孩子睡熟，自己走了。可是，刘孝标的注解说得比较详细。他说邓攸舍弃自己孩子前，曾与夫人商量，夫人同意了，但孩子却追了过来，于是他将孩子绑在了树上。

这一下，我批注的味道也全然不同。我写道：残忍。没人性。

再如这本书的"赏誉"下，第一百四十则。谢安感叹："天地无知，使伯道无儿！"《晋书》如是评："……卒以绝嗣，宜哉！勿谓天道无知，此乃有知矣！"

我举这个例子的目的有两个：第一是喜欢的书需要反复读，第二是读书要注意版本。

有人可能会说："我就是写不出批注来，怎么办？"也好办。朱熹说："书只贵读，读多自然晓。今即思量得，写在纸上底，也不济事，终非我有，只贵乎读。这个不知如何，自然心与气合，舒畅发越，自是记得牢。纵饶熟看过，心里思量过，也不如读。读来读去，少间晓不得底，自然晓得；已晓得者，越有滋味。若是读不熟，都没这般滋味。"[①] 我简单总结为："只贵乎读，也不如读，读来读去，自然晓得。"

书读百遍，其义自见。好的批注，肯定是在多读的基础上形成的。

附录：

一节有趣的批注课

一

批注不仅是阅读的方法，也可以是上课的方法。

有一次，学校六年级的文学社团进行主题读写，讲美食，我挑的是一篇中篇小说，陆文夫的《美食家》。因为我自己对这篇小说很有感情，所以就选择它。

说起我对《美食家》的印象，发生在一家旧物商店里。

记得很多年前，我去福州，在福州的寿山石一条街上，走进一家二手商店，根本没有我喜欢的东西。正准备走出去的时候，看见架子的最底下有一

---

① 〔宋〕朱熹撰：《朱子语类》，中华书局 2020 年版，第 182 页。

排书,是"新时期中篇小说丛书",我毫不犹豫地买下,共计十本,只需要50块钱。这十本分别是陆文夫、冯骥才、王蒙、邓友梅、谌容、从维熙、张一弓、蒋子龙、张贤亮、张洁的作品——一套本来是十二本,还有两本是张承志和贾平凹。但是,我到今天也没有补齐这套书。买的十本中,我没有读过邓友梅的书,其他人的作品,我几乎都在中文系毕业的叔叔的书房里读过。其中,谌容的《人到中年》和张一弓的《犯人李铜钟的故事》是最令我印象深刻的。

买回来之后,我陆陆续续重温了很多篇章,《美食家》就在其列。

《美食家》的故事很简单,高小庭,也就是文中的"我"出生在一个穷苦人家,资本家朱自冶却吃香的喝辣的,但为人善良,把房子免费给"我"和相依为命的母亲住,"我"就顺理成章成了朱自冶的小跟班,给他买头汤面。后来时代风云变幻,"我"成为苏州城里最有名的饭店的总经理,在"我"大刀阔斧的改革下,极具苏州美食特色的饭店终于成了快餐店——只为了工农吃得起。"我"对那些朱自冶一样每天要吃得精贵的家伙深恶痛绝,但最后依旧被工农嫌弃,"我"也被打倒下放,回来后已经改革开放了,"我"依旧是这家饭店的总经理,但朱自冶已经成为了"美食家"。

这部极具时代感的中篇小说,写苏州美食文化,暗含一个时代的兴衰与沧桑——对了,苏州与高邮是很近的,已经读过汪曾祺美食散文的学生,或许更容易接受这个故事。

这篇小说对学生而言,当然是比较难的。我自己先读无论如何是有必要的。我在读,学生也在读。很快,我收到了学生的反馈——读不懂。

这是我始料未及的。一篇当代中篇小说都读不懂,问题出在哪儿?

问题就出在文中的背景。小说的背景是建国后到改革开放之初,这恰好是一段政治活动比较多的岁月,出现了一些那个年代才有的名词。这确实是一个问题。

这个问题并不难解决。我即刻通知学生,将小说页码弄清楚。然后,每个学生分到其中几页,将自己分到的不懂的字词通过查字典的方式解决掉,并将电子稿发送给我,我将其汇总。不多不少,30条,除了和时代背景相关的词语，尚有一些诸如"二黄西皮"之类的文化专有名词。

摆在我面前的第二个问题就出现了：美食文章的写作怎么上交流课？

我最终选择了一个简单的教法——批注。

现在绝大多数学生的阅读量比之我们的童年时代，早已不可同日而语。但是，成长于物质匮乏、书籍稀少年代的我们，一旦拥有一本书，就抱住不撒手，读它个昏天暗地，这正是所谓的深度阅读。这是我选择批注教学的一个重要背景。

但是很显然，中篇小说的教学，我不能在课堂上一句一句批注过去，我必须有所取舍。

二

我只选择了三个地方，给学生进行批注的示范。

第一处在上篇，我只讲了其中的一个字。原文如下：

> 那跑堂的一听到朱经理来哉，立刻有两个人应声而出，一边一个，几乎是把个朱自冶抬到头等房间里。

你没猜错，我讲了"抬"字。

"抬"与"请"有什么区别？区别大了去了。

学生说，"抬"有夸张的修辞，"请"没有。能发现这一点，已经不错了。但是，有夸张就好吗？夸张就没有好坏之分吗？我们对修辞的崇拜，真的要破一破了。

我请了两个学生上台，先要求他们表演把朱自冶请进高等房间的动作——这对他们而言，非常简单。因为，"请"只需要用嘴巴说就好啦。"朱先生来啦，里头请——请"，伸出手来，往前引领，动作还做得相当到位。

但是，到了要表演"抬"的时候，他们有点犯难了。因为，不能真抬啊！再说，人去饭店吃饭，哪有服务员抬人的呢？他们就不会了。

我把"抬"和"请"一上一下写在了黑板上。他们不能演，当然轮到我自己出马了。

我挽住了一个学生的胳膊，不说话，近乎真的抬着他往前走。这引得大家哄堂大笑。

我的问题来了：你们为什么会大笑呢？

我在"抬"人的时候，没有说话，这不符合常识——不说话，则像打劫，更何况，前面还有"几乎是"三个字，确实是夸张没错，不是真的"抬"。于是，大家终于明白了，"抬"和"请"的区别：抬，不用说，必须是有肢体接触的，有动作的，这是字面上已经告诉我们的，但也一定是带有话语的，没话语就尴尬，这是常识告诉我们的；"请"呢，不一定是有肢体接触的，但一定是有话语的，它可是言字旁呢！

经典小说的遣词造句是这么精准。我借机向学生传递一个理念：不痴迷好词好句，用得准确得宜才是好词好句。

讲到这里，学生仿佛受到了启发。"老师，扶呢？"好问题，"扶"行不行？行不行，放进原文就知道了。

> 几乎是把个朱自冶扶到头等房间里。

问题出现了，用了"扶"，好像"几乎是"三个字多余了。

"老师，那就去掉'几乎是'三个字呗？"

> 把个朱自冶扶到头等房间里。

比一比，差了什么？服务员对朱自冶的极端热忱顷刻间就消失了。朱自冶美食家的那种做派，尤其是令高小庭讨厌的做派就不见了。万万改不得。

"老师，那换成'背'呢？"

我只回答了一句："朱自冶腿残废了吗？"

哄堂大笑！

第二处，看原文：

> 有一天晚上，朱自冶居然推门而入，醉醺醺地站在我的面前："高小庭，我……反对你！"
>
> 资产阶级开始反扑了，这一点我早有准备："请吧，欢迎你反对。"

我挑的是"我……反对你"这句话，或者简单说，是一个标点符号——省略号。

这个省略号能不能删掉？为什么？

65

学生很快看到省略号前面的三个字"醉醺醺"。这个省略号，是朱自冶喝完酒后的语气，当然不能删去。

没错。但这是表面。

这个省略号背后有很多东西，我要借助苏格拉底的"助产术"，把它们问出来。

朱自冶和高小庭两个人，谁的年龄大？朱自冶。高小庭是晚辈，高小庭应不应该尊敬朱自冶？应该。

朱自冶是不是帮过高小庭和他的母亲？没错，免费把房子给他们住。这是什么关系？这是施恩者与受恩者之间的关系。高小庭该不该尊敬朱自冶？应该。

高小庭表面上听母亲的话，给朱自冶当小厮跟班，帮忙跑跑腿，要碗头汤面，但是朱自冶给工资不给？给的。这又是什么关系？老板和员工的关系。没错，也可以说成是雇主与雇员的关系。雇员该不该尊敬雇主？应该。

凭借这三层关系，朱自冶说话应该都高高在上，甚至指教一二也未尝不可。真的只是喝了酒醉醺醺吗？

"还有心虚？"学生插话。

没错，接着说——他们还有一层关系呢。

此时此刻的高小庭是什么身份？学生回答是"总经理"。朱自冶是什么身份，是"资产阶级"，甚至还可以加上"人人喊打的"几个字。就凭借这一层关系，前面三层关系都轰然倒塌。

"人人喊打"的"资产阶级"在正确光荣伟大的为工农兵服务的改革派面前，怎么敢大声说话，怎么敢滔滔不绝呢？

此时的朱自冶，闭嘴才是最好的。他居然傻傻地选择"怼"改革的高小庭，弄不好是要出事的。为什么？

因为朱自冶爱苏州，爱苏州的美食，爱苏州的美食文化。他不敢说，但是借着酒劲，还是嗫嚅地说出来了。这是主人公朱自冶的心理。同时，他的形象也能从这句话里看得出来。

朱自冶在后文还有一句类似的话，他向高小庭买南瓜，高小庭要他跟随自己去拉。朱自冶说:"当然当然,我一定劳动!可……可我不会拉板车,弄不好会把车弄到河里。"

后续就有学生批注了这句话,这里的省略号与我们前面分析的有异曲同工之妙,同样折射出美食家朱自冶在灾难年代里的无奈与辛酸。

这是我挑"我……反对你"这句话进行批注示范的一个重要原因,引导学生借微小之处,关注文本的内容,也关注小说主人公的形象,以及高小庭——文中的"我"与朱自冶的关系。

第三处,看原文:

> 我要设法打开僵局,目光便向青年人投射过去。
>
> ……
>
> 年轻的职工们只是笑,看看老师傅又看看我,两边都为难,一时拿不定主意。内中有个小伙子,名字叫作包坤年,跑堂的,虽然还没有满师,讲话却是很有水平的……

包坤年是书中重要的角色,也是一个不大好理解的角色。有学生问我,他到底是好人还是坏人?不了解包坤年,就还没有真正读懂这篇小说。他能在高小庭和朱自冶之间穿梭自如,当然是有原因的。

他的出场,足以说明一切。

高小庭要改革饭店,要把代表苏州美食文化的大菜经典菜,改成人人吃得起的快餐,引起了店内老一辈尤其是厨师们的反对,高小庭需要年轻人出面帮忙撑场子。这是背景。

"目光便向青年人投射过去",包括谁?很显然,包坤年。他立刻领会了高小庭的意思。他出场时,还有一句介绍。"跑堂的,虽然还没有满师,讲话却是很有水平的。""跑堂的"就是服务员(前面疑难字词解释中就有"跑堂的"),"还没有满师",也就是还在实习期。一个实习生,在决定一家国有饭店改革走向的会议上,轮得到他大放厥词吗?他是什么样的人?

见风使舵。溜须拍马。领会上意。

都可以,都没问题。

于是,学生就可以明白包坤年说完这段话后,冷不丁来了一句"至于他在'文化大革命'中把我打得半死,那是后话,暂且不提……"以及小说的结尾,他及时向"我"道歉,朱自冶成了众人仰慕的美食家,他又是请他讲课,又是请他录音,是理所当然了。

这个形象,也就好理解了!

此处,是借助批注关注小说中的其他人物形象。

三

我一直觉得,批注不是读书方法,只是读书外化的一种表现形式。可能很多批注只用了一种方法,也可能以一种方法写了好多条批注,这在古代批注式阅读中是常见的——毛宗岗评点《三国演义》即是例子,他用得最多最纯熟的是对比法。

拿我自己在课堂上作的三处批注范例来说,第一处,也可以称之为"对比法",属于字与字的对比。换成"以小见大"呢,似乎也无不可。第二处,目的是从语言出发,探究小说人物形象的心理活动,也可以说是一个方法:从语言到心理。第三处,是我们非常熟悉的传统小说中的对人物出场的关注。

我不主张学生按照我的标准来,这样会太难。我觉得只要抓住一个标点一个字一句话,能看出来一些"言外之意",就算成功。

有一处原文是:

吃罢以后再坐上阿二的黄包车,到阊门石路去蹲茶楼。

学生抓住的是一个"蹲"字。

这个字抓得好。"逛"字没有办法取代,"蹲"字的那种无所事事和悠闲,比"逛"字好得多。

还有一处原文:

朱自冶进澡堂只有举手之劳,即伸出手来撩开门帘。门帘一掀,那坐账台的便高声大喊:"朱经理来哉!"

王烁瑾同学的批注是:

作者语言幽默。"举手之劳"不仅被一反常意,还出新意,尤其有了画面感。同时,也可以看得出来朱自冶经常来这里,既被称作经理,说明他出手也阔绰。

包佳素同学在"朱自冶起得早，睡懒觉倒是与他无缘，因为他的肠胃到时便会蠕动，准确得和闹钟差不多"这一处作了批注，她说：

> 别人早起都是为了保持健康作息，且多数是不自愿的。可朱自冶每天早起的原因竟是因为吃。由此可见，头汤面对朱自冶很重要。而肠胃准时蠕动和闹钟差不多的夸张，足以说明朱自冶吃头汤面的时间很准，时期很长，近乎吃出了生物钟的节奏，名副其实的美食家啊！

王烁瑾等同学更是在小说第一部分中发现了朱自冶诸多美食家禀赋的细节，诸如朱自冶从不关注自己的衣服，但从来没忘记吃。

有的同学批注了文中的比喻句，如陈芷心同学对"醋滴在鼻子里"大有感觉，觉得这一句新颖，单纯吃醋已经很难受了，滴在鼻子里的难受程度可想而知。高小庭是多反感这个美食家啊！还有的同学关注到了高小庭母亲和孔碧霞的形象。在你一言我一语的分享中，大家将阅读推向了深处。

但这个效果，还是不能尽如人意。学生呈现出来的批注，少有关注人物形象尤其是人物关系的。比方说，高小庭与朱自冶的关系其实是非常微妙的。高小庭真的那么反感朱自冶吗？他在文中的一些叙述语气或者直接说话的语气，还是有少部分学生没有理解。

但这是学生第一次接触中篇小说，能做到这样，也还算不错了。

——刊于《师道》（人文）2024年5月

3. 阅读的诠释意识

批注可以用在阅读所有书籍上，而诠释用在理论类书籍上是比较好的。

如果我们读的是古籍，可以给古籍加注。我以前有一个书友，香港人，很年轻。她读书的时候，常常素读古籍，没有任何注释，试着自己去给古籍加一些注释。这当然很有挑战性。我想，我们且不说加注，去尝试一下素读是可以的，再对比阅读有注释的，这样就会更有收获。

另外，作者提出的一些观点，有时候书里未必有例子，我们可以自己举例子来诠释他的观点。我在啃《真理与方法》的时候，是这样做的，不过这本书实在太难，所以我举的例子未必准确。

下面是我自己的一个原始记录：

2023.7.6

读《真理与方法》，六点半起。阳光甚烈。读书 38 页。

第一部分：艺术经验里真理问题的展现

人文主义传统对于精神科学的意义。

"精神科学"这个词，通过穆勒《逻辑学》而成为通用词；赫尔曼作过公正而重要的审查，强调精神科学之卓越与人道意义，他的理论弊端在于性质描述基于自然科学方法；德罗伊森提出精神科学必须与自然科学一样，成为独立学科群；狄尔泰于方法上为精神科学独立性做辩护，然而深受自然科学模式影响。自然科学往往是以对规律性不断深化的认识为标准，但如果精神科学也同自然科学一样以此为标准，就会出现问题。社会和历史的世界经验是不能以自然科学的归纳程序而提升为科学的，因为社会或者历史事件，我们是难以掌握它们的定律的，也难以做出准确的预测。

伽达默尔认为："个别事件并不单纯是对那种可以在实践活动中作出预测的规律性进行证明。历史认识的理想其实是，在现象的一次性和历史性的具体关系中去理解现象本身。在这种理解活动中，无论有如何多的普遍经验在起作用，其目的并不是证明和扩充这些普遍经验以达到规律性的认识，如人类、民族、国家一般是怎样发展的，而是去理解这个人、这个民族、这个国家是怎样的，它们现在成为了什么——概括地说，它们是怎样成为今天这样的。"

我的理解是，研究人文或者精神现象时，是要探讨它独特的、唯一的意义，而不是像自然科学那样寻求它的普遍的意义。

举个例子，月亮升起来，在每一个诗人眼里，它是具有不同的意义的。"海上生明月，天涯共此时"是张九龄看到的，它的意义不同于李白的"明月出天山，苍茫云海间"，也一定不同于"月上柳梢头，人约黄昏后"。赫尔姆茨的两种归纳法：逻辑归纳法和艺术—本能归纳法，很显然，前者是理性的，适应于自然科学；后者是感性的，非理性非逻辑的，可应用于人文科学或者精神科学。精神科学的推论方式是一种无意识的推断，它的归纳程序与独特的心理条件连在一起，它要求有一种机敏感并且又需要其他一些精神能力。

西方人文有四个观念在精神科学的研究上有助于我们理解不在科学方法指导下的人文学研究。

第一个：教化。

伽达默尔先考察了"教化"一词的历史。源于中世纪神秘主义，巴洛克神秘教派继承，《弥赛亚》得到其宗教性的精神意蕴，赫尔德从根本上规定为"达到人性的崇高教化"，19世纪的宗教保存了它的深层内容。这是伽达默尔的教化概念，从这里得到"规定"（我不理解这个"规定"是什么意思）。

其中，黑格尔在《第一哲学》里对教化的考察，极其卓越。

哲学是教化产生的前提条件，伽达默尔还补充说，精神科学也是随着教化一起产生的，因为精神的存在，是与教化观念本质上联系在一起的。

人是本质具有精神理性的物种，所以，人就不是他应当是的东西——我们说罗翔是中国政法大学教授，但不能说中国政法大学教授是罗翔，这个头衔不是罗翔应当是的东西，基于此，黑格尔认为教化的形式本质是以教化的普遍性为基础的。人类教化的一般本质使自身成为一个普遍的精神存在，乃是人类的一项使命。

黑格尔还有实践性的教化和理论性的教化一说。根据黑格尔对实践性教化的描述，历史性精神的基本规定，即自己与自己本身的和解，在他物中认识自身。理论性教化在于学会容忍异己的东西并去寻求普遍观点，不带个人私利地去把握事物，把握独立自在的客体。

根据黑格尔的精神辩证法，教化是指精神在正反合辩证过程中的自我养成。

第二个：共通感。

共通感，其实就是人在一个群体中做出的合理的行为，正确的判断，由实践智慧去判断。类似于"论迹不论心"，要看看做了什么。

打一个比方，在一个校风良好的学校，学生对老师鞠躬行礼，这是一件很正常的事情，新加入的孩子不知道，他没有参与这个实践，但是很快他也会这样做。由此看来，共通感与环境和历史密切相关。当然，还有道德因素。

维柯也是比较反对从科学方法出发研究人文，他提出共通感和修辞。共通感的告知没有方法可循，但是它有说服力，是由于修辞。修辞不是古希腊的诡辩，伽达默尔认为，修辞是"说得好"，这不仅仅是由于用词妥当，而是因为"说得对"。他说出了真理。

再打个比方，"星垂平野阔，月涌大江流"，写得好不是因为辞藻的华丽，而是因为它适当贴切地道出了事物的真相。

第三个：判断力。

因为共通感需要实践，需要在一个群体社团中具备，那也就是说，当我们面临不同处境的时候，意味着需要判断力来进行判断在新的处境中我们该做什么。判断力活动，即把某个特殊事物归入某种一般东西中。当然要重点分析康德的概念，可是康德的书一本都没读过。太难了。

第四个：趣味。

我一看见伽达默尔说"我们必须从更远的地方谈起"，我就瑟瑟发抖，难啊！

趣味是道德性概念，不是审美性概念，它描述一种真正的人性理想，后来才被限制到美的精神性的东西上。

趣味不仅仅是一个新社会所提出的理想，而且首先是以这个"好的趣味"理想的名称形成了人们以后称之为"好的社会"的东西——正因为如此，我觉得这个概念翻译成"品位"最佳。后来从陈荣华著作里得知，台湾正是这么翻译的。

  趣味是一种认知模式，丝毫不是个人的东西，而是第一级的社会现象。趣味的裁决，具有一种特殊的坚定性。它肯定自己的判断，它也拒绝个人私欲和偏好。

  趣味还和时尚关系密切。伽达默尔是拿时尚来和趣味做对比。伽达默尔原话：趣味现象可以被规定为精神的一种分辨能力。趣味尽管也是活动于这样的社会共同体中，但是它不隶属于这种共同体——正相反，好的趣味是这样显示自己的特征的，即它知道使自己去迎合由时尚所代表的趣味潮流，或者相反，它知道使时尚所要求的东西去迎合它自身的好的趣味。因此趣味概念意味着，我们即使在时尚中也掌握尺度，不盲目跟随时尚的变化要求，而是使用我们自己的判断。人们掌握趣味的"风格"（stil），即把时尚的要求同他们自己趣味所注视着的整体联系起来，并接受那种与这个整体相适合、相适应的东西。所以，趣味的首要问题不仅是承认这个东西或那个东西是美的，而且还要注意所有美的东西都必须具有与之相适合的整体。

这种诠释性的记录中常常会有"举个例子""我的理解"这类的话，我觉得这样有助于读透一本书。

4. 阅读的课程意识

阅读的课程意识，是王小庆老师给我的一个指点。

我们有一个小团队，每年都会举行跨年活动。在这个跨年活动中，我们都会分享一年的阅读以及关键词，也会有老师给我们评价。记得 2019 跨 2020 年的活动中，我分享完后，还谈了来年的计划，王小庆老师给我作点评，他就谈到了我的阅读中要有"课程意识"。

阅读中的课程意识，这是一个很重要的提法。我后来思考良久，对于教师而言，所谓阅读中的课程意识，简单说就是读以致用，说得再通俗一点，我们的阅读里，要有一部分是为学生而读。

有一本书，叫作《全世界都想上的课》，它还有一个副标题——传奇教师桥本武的奇迹教室。我是在走路吃饭上厕所接开水熬夜情况下把这本书一口气读完的。书原来的正标题是《恩师的条件》，当我读完这本书就发现，桥本武先生确实够得上恩师的称号。他是何许人？为什么够得上学生给他的这一至高无上的荣耀？

　　我把这本书在这里介绍一下。

　　桥本武1912年生于京都府，22岁毕业于东京高等师范学校，毕业后随即执教滩中学校，这是一所六年一贯制的私立中学。他的一生都在"玩"教育，一玩就是整整五十年。最奇怪的是，他居然只用一本书，就玩了半个世纪，关键是还玩得让学生心服口服，把一所极差的私立学校玩到了日本第一，成为日本中学考取东京大学人数第一的学校。

　　桥本武借助的那一本书是中勘助的《银汤匙》。《银汤匙》是中勘助的代表作，中勘助是夏目漱石的弟子。《银汤匙》是他的自传体小说，文笔温馨，可以说是日语美文中的代表。

　　桥本武正是通过这本书，抛弃了文部省审定的教科书，用三年时间自制教材，说白了也就是他亲自刻版印刷了中勘助的《银汤匙》。他把这一本书用到了极致。比如说书中出现的《百人一首》，也就是从一百位诗人中选取一首代表作，桥本武会要求学生背下来，背诵的结果以"抢牌游戏"大赛的形式来考核。他还要求学生为《银汤匙》的每一章节拟好标题。作品中出现了传统甜点杂果子，桥本武就会想方设法把这些甜点带到教室里来，开品食会；出现了风筝，就做风筝，放风筝。所以，他的课堂节奏，就一个字：慢。用他自己的话来说：绕远。

　　每一种真正的母语教育，都应该绕远。绕远是为了看到更多的风景，是为了锻炼扎实的脚力，是寻找机会攀登一座高山凝视一片大海。当我们把母语指向未来与远方，就不会在乎当下一词一字之对错、一题一分之得失。

　　桥本武还有一项独门绝技：跑题。书中记录，有一个著名的大学教授特意来听桥本武的课，他的评价是：跑题太过严重。桥本武的回应则是："跑题？这正是我想要的。这一评语，就当是教授认同了我的特色吧。只要是

《银汤匙》国语课,我就无意改变这一教法。"可见他对跑题这一"风格"也算得上"独持偏见,一意孤行"啦。

《银汤匙》前篇第七章中,有一句话:"小狗之外,就数看起来笨笨的丑红牛了。"桥本武以这个"丑"字为由头,带孩子们做起了"天干地支大竞猜"的游戏,可谓跑题东西十万八千里,上下四千五百年了。生肖属相,日式训读,中式音读,甲子园球场(设立于大正十三年,为甲子年。甲子是天干地支之首,桥本武借此给孩子们讲天干地支),还历之岁(用天干地支计岁,六十年是一个轮回,六十一岁就是还历之岁),长寿称谓(七十是"古稀",七十七是"喜寿",八十八是"米寿",九十九是"白寿"),《论语》中的年龄称呼("吾十有五志于学",十五岁为"志学"……),《百人一首》中"我住皇都外,辰巳结草庵"中的"辰巳"是什么方位(东南方),"时入丑三草木眠"中的"丑三"是几点(凌晨两点半),还有二十四节气……一个字,一个词,变成了一个个深入到历史、文化、社会与生活内部的入口。由日本各地的神话传说到阿拉伯的《一千零一夜》,由日本的武勇传奇牵引出中国的《孙子兵法》,由司空见惯的"寿司"讲到了"妻室用语",由一间小小的神灶讲到了"母子卧雪",真个是古今"日"外,天马行空,其实呈现的恰恰是一个突破了学科限制,强烈地刺激了学生的好奇心与求知欲,博大精深又互有牵连的浩瀚世界。我相信讲到这些精彩之处的桥本武老师,一定沉浸在自己构建的母语教育的世界里,他不会考虑语法考试大纲和班级排名、绩效工资,他在乎的是这一堂课有没有指向真正的母语核心。

写到这里,我不禁想到傅国涌先生曾经写过一篇文章《上课是可以神聊的,尤其是语文老师》,文中就列举了民国一大批老师上课神聊的案例。他说,课堂是可以走神的,是可以离题万里的,并不一定都要紧扣上课的内容。其中说到一位北师大附中的国文老师叫董鲁安,这位董先生是1919年5月4日那天被抓起来的大学生之一,他擅写旧体诗,长期在北师大附中教书。在他众多的学生中有个张维,后来成了力学家、两院院士,他回忆董先生当年给他们的印象是乐观派、名士派,非常潇洒,讲起书来慢条斯理,一板一眼。讲文章、念诗词时,到了精彩段落和句子,时常坐在椅子上,自言自语起来,说"妙哉妙哉,妙不可言"一类的话。有的时候讲得出神,就给学生们讲一些离题很远的趣闻,他的课深受学生们欢迎。教高一的时候,他有一次讲着讲着又走了题,高才生林津悄悄议论:"又神聊啰!"后来他自己讲着讲着走神了,离题远了,就会问:"林津,我是不是又神聊啰?""又神聊啰"成为一句口头禅,但是没有学生说他的"神聊"不好。我想起我的学生曾经说我的口头禅是"有时间再细讲"——往往因为离题太远,只好打住,就用这一句话来结尾。就在这篇文章中,傅先生也对目前的公开课提出了他的批评。他说:

> 公开课模式提倡完美,提倡滴水不漏,提倡环环相扣,提倡精确到分甚至到秒,提倡大量的时间去准备,甚至不断地去演练、去试讲,请人提意见、修改,最后拿出来在众人面前表演。但是,这在日常的课堂中是不可复制的,你有那么多时间和精力去准备吗?真正的好课堂,它是有点随意的,甚至是有点散漫的,带有一定的即兴,带有一定的不可预测性。今天你不知道课堂上会得到学生怎么样的回应,他们的回应会勾起你的哪些想象、哪些思想,然后再往前推进,这个过程是不可预设或设计的,所以我说,真正的好课堂,具有不可设计性,它不是事先精心设计出来的。我的意思不是说不需要备课,但是备课不是设计,不是把每一个环节都设计到位。我看民国时代的学生回忆他们的老师时,几乎没有看到过,他们会记得某一堂课上得多么的完美,而都是在随意当中,在对话互动交流当中,激发出彼此新的生命热情。[1]

民国优秀教师的课和桥本武的课,正有异曲同工之妙。《全世界都想上的课》的作者黑岩祐治在书中提到了成为学生恩师的六个条件。第一条就是"做一位有能力满足期待的老师"——这一条显然已不容易,在当今时代,信息爆炸,获取知识的渠道五花八门,如果教师还只是简单传授知识,肯定不能满足学生的期待。教师不仅要比学生知道得多,还要善于唤醒沉睡的种子。桥本武通过对一本书研读,激发了孩子们的兴趣。黑岩祐治提出的恩师条件

---

[1] 傅国涌著:《上课是可以神聊的,尤其是语文老师》,载《名作欣赏》(上旬刊)2016年第6期。

之二,是不辞劳苦,有创意,有个性,有笑声,有味道,肯钻研,会跑题。这几个"有",一个"肯",一个"会",真真是不容易——单说一个跑题,绝不是轻而易举之事,能跑,是有东西可跑,意味着积淀与底蕴。敢跑,意味着对教育有自己独特的见解与坚持,不在乎一时一刻之得失,也是不盲从的表现。会跑,就更是智慧、是境界啦。桥本武是其中翘楚。黑岩祐治提出的恩师条件之三,就是做一名永远的挑战者。这正是梁启超所说的"不惜以今日之我斗昨日之我"——教育之难正在此处。我之良药,彼之砒霜,适合我的未必适合你,需时时刻刻成长,年年岁岁改进,不断拓宽自己的精神境界。桥本武不仅只是研读《银汤匙》,从书中可以看出,他通晓中日古典文学,八十五岁高龄还在今译《源氏物语》。黑岩祐治提出的恩师条件之四,就是"拥有自己的世界"——任何一项工作都既不高大也并不卑微,桥本武先生爱教育,也一定爱他的母语,他没想过什么献身不献身,他就觉得这个是他自己想做、喜欢做的事情。在做自己喜欢做的事情的同时,他还有自己的独立世界。爱时髦,同时也爱收藏乡土玩具,藏品多达6000多件,同时还是宝塚歌剧团的铁杆粉丝,把自己观看宝塚歌剧团的日记结集成书,还出版了两部。我想,每一个有自己的精神世界的老师,才是有温度的老师。黑岩祐治提出的恩师条件之五,就是不厌于绕远而行,目光要放在十年二十年后,要善用无用之功。还有熏陶,熏陶就是绕远而行,虽然慢,但会在未来发酵。黑岩祐治提出的恩师条件之六,就是要有坚定的信念、如火的热情。眼睛里有光,有学生。有大写的教师,才会有大写的学生。桥本武是大写的教师,所以他才拥有一群大写的学生。

这本书让我看到了母语教育的另一种可能,也看到了语文教师的另一种做法。桥本武用他的一生证明了教育的好玩和美好,我相信这会给摸着石头过河的我们指明一条康庄大道或羊肠小道,抑或架起一座钢铁大桥或独木桥,使我们能看到不同的风景。

这本书给了我很大启发,我读完以后,就特别想试一试。我是不是也可以这样做——或者说,我是不是也可以挑选一本书,开发一门类似的课程。想了很久,我也找到了一本书,在六年级尝试了一年。我找到的是王鼎钧先生的《昨天的云》，联读书目为《碎琉璃》。下面是每一章节预设的知识点：

《昨天的云》与《碎琉璃》联读教学设计

章节	知识点
一、《吾乡》	1. 山东地形图；2.《汉书·疏广传》；3. 开篇与《水浒传》开篇对比阅读；4. 南齐开国皇帝萧道成、南梁开国皇帝萧衍简介；5. 荀子及其《劝学》；6. 李白《客中行》"兰陵美酒郁金香"，介绍兰陵美酒；7.《碎琉璃》之《白毛女》赏析；8. 对联：文官不爱钱，武官不惜死；9.《敕勒歌》赏读
二、《吾家》	1. 破音字；2. 王家家谱或人物列表；3. 山东粗粮煎饼；4. 蒲松龄《煎饼赋》；5. 葱叶哨子；6. 蝗虫；7. 鲁迅《秋夜》开头释疑；8. "覆巢"典故：《世说新语》赏读
三、《我读小学的时候》	1. 吴佩孚《满江红》；2. 志南《绝句》；3. 秋瑾：秋风秋雨愁煞人，诗词阅读；4.《文心》阅读；5. 吕蒙正典故；6. 学堂乐歌；7. 丘逢甲《离台诗六首》其一"宰相有权能割地，孤臣无力可回天"赏析，并其他两首；8. 抗日讲话赏析；9. 京剧皮黄听唱
四、《荆石老师千古》	1.《尚书·天降下民》；2. 生公说法；3. 反切，阴平、阳平（书里有阳平）；4. 鲁迅《阿Q正传》；5. 荷马《奥赛德》；6. 朱子论读书；7. 颜柳楷书与汉隶；8. 李商隐《安定城楼》；9. 李绅《悯农》：春种一粒粟，宋真宗《劝学》；10. 房龙《圣经的故事》；11. 韩愈《荆潭唱和诗序》；12. 作文的写法（写作理念的探讨）；13.《午夜彗星》一书的阅读和评价；14. 鲁迅《狂人日记》；15.《中国新文学大系》中茅盾对王思玷的评价；16. 宋玉《登徒子好色赋》；17. 李益《夜上受降城闻笛》
五、《血和火的洗礼》	1.《沈从文自传》；2. 苏雪林《棘心》；3. 巴金《家》；4. 鲁迅《野草》；5. 茅盾《子夜》；6.《郁达夫文集》；7.《赵景深文集》；8. 佟麟阁、赵登禹将军事迹查阅并分享
六、《战神指路》（一）	陶渊明《桃花源记》赏读

续表

章节	知识点
七、《战神指路》（二）	1. 薛道衡诗；2. 《世说新语》邓攸其人
八、《战争教训》	1. 饥饿体验；2. 李绅《悯农》；3. 《马太福音》第六章、第十八章；4. 抗战歌曲；5. 关汉卿《窦娥冤》；6. 韩愈《题张十一旅舍三咏榴花》
九、《折腰大地》	1. 建筑名称；2. 《三字经》《百家姓》《千字文》《千家诗》；3. 《诗经》第一首；4. 《论语》选读；5. 戒尺释读；6. 李白《客中行》中之"兰陵"；7. 刘长卿《逢雪宿芙蓉山主人》；8. 邵士《入兰陵》；9. 张和《兰陵秋夕》；10. 傅尔德《兰陵晚眺》；11. 九九消寒图；12. 郑板桥《田家四时苦乐歌》；13. 五谷，辨识"黍稷稗秧"（画图）
十、《田园喧哗》	1. 《庄子·齐物论》选读；2. 以批判性思维释读俗语、谚语；3. 农具识别和画图（《第十一章：摇到外婆桥》中的犁、耙）；4. 古典戏曲《白兔记》，读、讲、赏
十一、《摇到外婆桥》	1. 苏东坡《被酒独行，遍至子云、威、徽、先觉四黎之舍》三首其一；2. 关于天气谚语、俗语的整理记录，书中一次性出现十几句；3. 现场喜剧生成（类似《谢天谢地你来了》）
十二、《热血未流》	1. 《朱子家训》；2. 颜真卿诗；3. 苏东坡《正月二十日与潘、郭二生出郊寻春，忽记去年是日同至女王城作诗，乃和前韵》；4. 戏剧排练；5. 《古文观止·辨奸论》；6. 《赤壁赋》背诵
十三、《插柳学诗》	1. 陈寅恪诗歌和《孟子》选读；2. 典故查询；3. 给卧室和书房取斋号；4 《世说新语·咏雪》；5. 《唐诗一百首》；6. 苏、黄字体感知临帖；7. 袁枚诗歌、吴梅村诗歌、王渔洋诗歌、黄仲则诗歌、苏曼殊诗歌、杜甫《咏怀古迹》《登楼》、韩愈《石鼓歌》、王湾《次北固山下》、王昌龄《出塞》赏读；8. 清朝文字狱；9. 外貌描写；10. 书中"兰陵"诗歌赏鉴；11. 骈文《兰溪仙坛序》讲解；12. 孔尚任《桃花扇·哀江南》读背；13. 白居易《琵琶行》讲解

续表

章节	知识点
十四、《母亲的信仰》	房龙《圣经的故事》整本书阅读

　　这当然不是一个课程纲要,没有明确指向目标,这只能算是一个教学预设——但我觉得比详细的课程纲要还要好用。卡尔·雅思贝尔斯在《什么是教育》中说道:

　　　　我们常常会遇到如下两种情形,一种是只要具备足够的知识,原则上就可以做出计划的,另一种则是根本无法计划的,二者之间似乎没有严格的界限。凡是个人听任自由意愿所做的事,都是超出计划限度的。但是,也可以提供一些条件,使个人的自主性更易施展。可以想象,对不可计划之事仍可以做一番计划,那就是创造一个让它得以自由实现的空间。[1]

　　上这门课的学生,是从学校中挑选出来的优秀学生,是在不影响基础语文课程的前提下的课程实验。课的流程有六个步骤,只是每节课步骤多少不同。第一步,读一读。着重学生读原文。第二步,查一查。学生课前查工具书,老师查学生的预习情况。这两步,能放到课前的尽量置于课前,为课堂赢得时间。第三步,问一问。生问师,可以从内容、结构、语言等方面提问,老师不作答字典可以解决的问题。老师也准备一两个核心问题问学生。第四步,议一议。讨论核心问题。第五步,讲一讲。学生讲自己的发现,老师讲学生不能解决的问题。第六步,写一写。根据文本,提炼写作主题。

　　经过一年的试行,这个实验还有很多问题待解决,比如,任务量很大;比如,课堂形式如何创新,活动如何落实;再比如,在实际教学过程中,少数学生还有词语理解困难,但对后续复盘和迭代,都是一种有益的经验积累。这近乎是全科学习,对老师的要求很高,比如教"学堂乐歌",我真的买了一本民国音乐的研究著作,学到了很多知识;兰陵美酒,我也在网上买到了,

---

[1] 〔德〕卡尔·雅思贝尔斯著、童可依译:《什么是教育》,生活·读书·新知三联书店2021年版,第23页。

每个学生拿着玻璃杯过来，不能喝也闻一闻；还有关于荆石老师作文理念的辩论等，都给学生留下了很深的印象。

同样，在阅读唐诗的时候，我也做了"向唐诗学写作"的课程，阅读李白，就开设了道尔顿的"整理室计划"，也开设了一门课，有"赏一轮大唐的月""品一口大唐的酒""登一次大唐的山""遇一次李白的友"等课题。

5. 阅读的使用意识

阅读的使用意识，说白了就是读了就去用。这一类书，大多数集中在学科类书籍或者班级管理类书籍。尤其是研读课堂实录，读了就是要用的，就是要去课堂上尝试的。这就意味着，读课堂实录，就有一个需要把课堂实录转化为教学设计的过程，最少是转化为教学简案。这方面因为一线老师都很了解，我不在此赘述。

第四章　教师写作从哪里开始

写作需要慢功夫，并非一朝一夕之事。写作并不难，任何一位教师都可以做；同时，写作最好不要有急功近利的心态，不要指望立刻就能发表、出版，也不要想着立刻就能用于评审职称。试着从最简单的入手，养成文字表达的习惯，自然而然地收获自己的成果。

接下来，我从几种形式出发，谈一谈教师的写作。

1. 日　记

写日记，可以说是门槛最低、效率最高的写作方式。我身边的很多人，都有写日记的习惯。我的恩师傅国涌先生，就一直写日记。受他影响，我也写，断断续续，写了十年。前面的六七年间，没有一年是完完整整记录下来的。有一次，我问老师日记写了多久，他淡淡地说，四十年。从此，我的日记，再也没有断过。

叶圣陶先生有一篇文章谈日记写作，也给我很大启发，我把它录在下面：

> 日记是把每天自己的见闻、行事或感想等来写述的东西，性质属于叙述文。凡是文章，都预想有读者；日记是不预借给他人看的（名人所写的日记后来虽被人印出来给大家阅读，但这并非作者当时的本意），所谓读者就是作者自己。因为除自己外没有读者，所以写述非常自由，用不着顾忌什么，于是日记就成为赤裸裸的自传。
>
> 日记写作的目的，第一是备查检。某人关于某件事曾于某日来信，

自己曾于某日怎样答复他，某日曾下过大雨，某一件东西从何处购得，价若干，钱是从哪里来的，诸如此类的事，只要写上日记，一查便可明白。第二是助修养。我们读历史，可以得到鉴戒。日记是自己的历史，赤裸裸地记着自己的行事，随时检阅，当然可以发觉自己的缺点所在。

日记除了上面所讲的两种功用以外，还可以做练习写作的基础。"多作"原是学习写作的条件之一，日记是每天写的，最适合于这个条件。又，日记除自己以外不预想有读者，写作非常自由；所写的又都是自身的经验，容易写得正确明了。所以一般人都认为记日记是学习写作的切实的手段。

日记的材料是个人每天的见闻、行事或感想。我们日常的生活，普通平板单调的居多，如果一一照样写记，不特不胜其烦，也毫无趣味。日记是叙述文，该用叙述文的选材方法，并且要简洁地写。我们写日记，大概只在临睡前或次日清晨的几分钟，时间有限，写作的方法自不得不力求简洁；把认为值得记入的几件事扼要写记，把平板的例定的事件一律舍去。否则不但会把该记的要事反而漏掉，还会叫你不能保持每天记日记的好习惯。

日记有许多种类。商人的商用日记，医生的诊断日记，主妇的家政日记，和普通的所谓日记目标大异：前者实用分子较重，近乎应用文，后者实用分子较轻，近乎普通文。普通的日记包括事务、感想、趣味等复杂的成分。因了作者的种类，所轻重又有不同：学生的日记中事务分子较少，文人的日记中趣味分子较多，就是一个例子。[①]

说日记的门槛最低，是因为日记不注重写作的方法，且长短不限——这是写日记的前期；到了后期，就要有一些属于自己的特色。日记有纪实性、时限性、连续性和综合性的特点，所以，记日记的关键在于真实，嬉笑怒骂、悲欢离合都可以记录下来。记日记需要长久的坚持，三天五天看不出写作的效果，但是三年五年、十年二十年下来，效果自然就很不同。

日记按形式来说，可分为以下几种。

[①] 夏丏尊、叶圣陶著：《七十二堂写作课》，开明出版社2017年版，第39页。

备忘录式：这是用来记事备忘用的，就是叶圣陶先生说的"备查检"。一般都写得比较简单，对某件事的内容、过程作简单的叙述就可以了。这种记日记的方法也可以作为教师进行时间管理的一个模式。我身边常常带着一个"时间计划本"，每天早上安排好当日的工作内容，到了晚上又可以把它当作日记的一个提纲，一物二用。

随笔式：这是以记录自己的感受为主的日记，写下自己对某件事、某个人、某本书的感想。有时候我们读书，模模糊糊会有想写作的冲动，但是又不够清晰，那就先把这个模糊的感觉记录下来，这有助于后续的写作。这一类和教师的专业最相关，比如说专门记录自己的课堂情况，争取在某一个不满意的地方找到改进的策略。

专题式：可以写工作日记，如课堂记录和参加教研会、集体备课记录等。可以写学习日记，教师的学习机会是很多的，如听讲座、看视频、阅读等，我们温州的教师群体中有一个"日读圈"，入圈的老师，每天坚持发阅读记录，这其实也是一种阅读的日记形式——读书日记。我曾经写过一组专题日记——《我班有女初长成》，写的是我带的文科班里的女孩子，那一年的日记有 20 多万字。其他诸如某一个事件在班级的发酵与解决，也可以连续追踪。或者如果你要开设一个课前即兴五分钟演讲的微课程，那么从前面有准备的新闻分享，到抽取题目做有准备的演讲，以及最后的即兴演讲，都可以进行跟踪记录，从中进行反思、改进，既形成了写作的灵感和素材，也可以丰富我们的教学。还可以写生活日记，给自己留一个空间，记录吃喝拉撒睡、亲子、旅行等。还可以写练笔日记——每天坚持写一段话，或者是风景，或者是描摹某个物件，或者是记录一段对话，都可以。

写日记和写其他文章一样，也要注意材料的选择和剪裁，既要写得简洁，又要写得具体形象，写出新意来。每一篇日记都要有一个中心，千万不能把日记写成流水账。鲁迅先生的日记是流水账，因为他不以训练写作为目的。我们如果想借日记这一形式来训练写作，就还是要有一点点不同。

也许有人会说，我又不是名人，记录日记有价值吗？鲁迅的日记，会有人去研究；胡适的日记，会有人去研究；教育界的梅贻琦、郑天挺这些大家的日记，也会有人去研究。我们写日记，会有人关注吗？前面说过，写日志贵在长久坚持，只要你养成记录的习惯，你写的东西不可能没有价值。

温州有一位老教师，叫张棡，他写日记，什么都记，上至国家大事，下至家庭柴米油盐酱醋茶、银钱进出，统统记下来，直至辞世前一个月还在写日记。记了五十三年，写了270多万字，展现了近半个世纪瑞安的风土人情和社会风貌，堪称"半部温州近代社会史""浙南百科全书"。他的日记里记录的大多数是他在温州的生活经历，尤其是他看戏的经历。他教过一个非常有名的学生，词学大师夏承焘。他的日记，是研究夏承焘也是研究温州地方教育和经济、文化不可或缺的重要史料。

坚持写日记确实会有困难，但是不妨设置闹钟，用手机写作。比如每天晚上十点半开始，写作半小时，坚持三个月五个月，就会慢慢形成习惯。我从来不相信所谓的二十一天习惯养成说，习惯的养成，需要很久很久，并且需要融入到生活的方方面面。

还有一个方法，也能让自己坚持下来，找到一个写日记的团队或者榜样。我写日记，一是受到我的老师影响，他写了四十年。告诉我他写四十年的时候，他是云淡风轻的，其实他不知道我受到的震撼，就像五脏六腑被一个武侠高手震得肝胆俱裂一样。我的身边，还有一群写日记的师友。漳州一中的王木春兄长，也记日记十数年。我们交往的事情他也记到日记中，后来他写了一篇关于我的文章，就引用了几年前我们初次相见时他所记的日记。我还有一个"冤种"兄弟曹永健，长沙著名语文教师，天天记日记，记完时不时给我看一看。我一看他记了，就觉得自己也要记，倒不是说在比较，而是在这种师友的影响下，相互鼓励，有助于形成写日记的习惯。

2. 读书札记

读书是我们经常要做的事情，在读书过程中秉承"不动笔墨不读书"的原则，做一些札记——这也是阅读的输出意识。

读书札记，是教师写作的重要起点，也是做学问的重要方式。正如前文所说，读书札记，可以是日记的一种。有的读书人，就是把读书札记当成日记来写，只记录自己的读书情况。

　　显然，要学习读书札记的写法，就要借鉴成熟的读书札记，看看前辈们是怎么写的。我个人以为，有几个人的读书札记写得很好。远一点的，宋人洪迈的《容斋随笔》，是一等一的读书札记；近一点的，明末清初顾炎武的《日知录》，不论长短，随手记录，实实在在；再近一点的，就是号称清朝四大日记之一的《越缦堂日记》，分量很大，后人从日记中分类出《越缦堂读书笔记》和《越缦堂诗话》；现代的，则有钱钟书先生的《管锥编》，钱先生的著作不是现代学术体系中的所谓论文，他采用的就是读书札记的形式。

　　这些书，如果有兴趣，当然都可以去翻一翻，但是难度很大，因为这些大家是用毕生精力在读书，我们即便学他们的样，写了读书札记，也不可能有他们的高度。不过，本着"取法乎上，仅得乎中；取法乎中，仅得乎下"的原则，向他们学习读书札记的形式和写法，而未必进入他们研究的领域，也是可行的。

　　我平时就老老实实地遵循这样的老例，老老实实地写读书札记。我把我的读书札记，通称为"琅嬛白鱼录"，琅嬛是藏书的地方，《天龙八部》里，王语嫣家有一个图书馆——琅嬛玉洞；白鱼就是书虫，又叫蠹虫。我这么给自己的札记取名，就是希望能像书虫那样，徜徉在书海之中。下面是我的一则读书札记。

无日不念阿嫂

　　林黛玉进贾府，是《红楼梦》中的经典片段。王熙凤夸林黛玉："天下真有这样标致的人物，我今儿才算见了！况且这通身的气派，竟不像老祖宗的外孙女儿，竟是个嫡亲的孙女，怨不得老祖宗天天口头心头一时不忘。只可怜我这妹妹这样命苦，怎么姑妈偏就去世了！"这确实是天下一等一的好语言。夸得得体，听的人也觉自然。第一句直接夸黛玉，第二句夸黛玉顺带夸在场的其他贾母的"孙女"，"怨不得"又暗中把贾母不好说的话传递给黛玉，末一句，极有可能是看到了老太太眼睛还通红，一定说起过黛玉之母贾敏。这都是我的揣测与分析。可是，王熙凤真的会这么想吗？当然不一定，但是分析起来有道理即可。王熙凤是理家的一把好手，能说会道是她过人本事的体现，不足为奇。只是不管怎么样，我对一类近乎完美的话，总是喜欢不起来。可能我就是一个没有情商的人——我们总喜欢把会说话说成有情商。

书中还有个人物，她也有情商，可是比王熙凤可爱，我在拙著《红楼教育学》里，大大地"表白"过她，我真觉得她是一个了不得的人。她就是老太太贾母，是贾府中的生活家、审美家。还有一点，我也是只有羡慕的份儿，老太太说话很厉害，还很可爱。但是有一处很得体，说得和王熙凤一样好，却不可爱的地方。元妃省亲的时候，与元妃对话的，现场其实只有三个人，一个是她母亲王夫人，一个是贾政，一个是贾母。贾政夫妻俩的话，跟贾母比起来差得太远了。元妃问："薛姨妈、宝钗、黛玉因何不见？"她这里问的完全是家事，可是王夫人的回答很官方。她说："外眷无职，未敢擅入。"王夫人一点也没有懂女儿的心思。元妃隔着帘子含泪对父亲贾政也说了一番话，这番话说得也比较官方，但却情真意切，表达了自己对骨肉分离的不满和对天伦之乐的向往。当然，作为朝廷臣子的贾政，没办法更改制度。我想，作为父亲的贾政，若是想安慰女儿的话，还是可以说几句的。但他虽然含泪却也只说了一番不痛不痒冠冕堂皇的话，"草莽寒门，鸠群鸦属之中，岂意得征凤鸾之瑞"，"虽肝脑涂地，臣子岂能得报于万一"，"业业兢兢，勤慎恭肃以侍上，庶不负上体贴眷爱如此之隆恩也"。元妃最不想的就是"侍上"，她也从来没有感受到那个男人对她的"体贴眷爱"，碰上这样的爹也是元妃不幸。但是，当元妃问及宝玉的时候，她问了一句贾母："宝玉为何不进见？"她突然间用了"进见"一词，我觉得这个地方的元妃，也少了几分可爱，已经开始叙家礼啊，进什么见。既然你这么问，贾母当然只好用官话回答："无谕，外男不敢擅入。"贾母和王夫人的话，意思一样，却大不相同。王夫人说的"无职"给人一种感觉，似乎在暗示元妃给她们"职"。贾母说的是，没有你的指示，男孩子即便同胞兄弟也不敢擅入，回答得很得体，但不可爱。老太太年轻时恐怕就未必可爱——她喜欢王熙凤，不仅仅是因为她会说话能办事，更重要的原因恐怕是看到了年轻时候的自己。

说话得体，是一件很难的事情，即便是同样的意思，也有细微的差别，这需要很大的功力呢。我想起另一个人物西门庆来，他和贾母比，一点也不可爱，一点也不审美，可是他也有和贾母一样的一桩本事，那就是会说话。西门庆是商人，接触的也是寻常人，说的也是寻常话，有时候甚至俗不可耐，可是第三十六回《翟管家寄书寻女子　蔡状元留饮借盘缠》里和状元郎的对话，什么"蒙二公不弃蜗居，伏乞暂住文筛，少留一饭，以尽芹献之情"，一套一套的，也是典雅的书面语，说得状元郎开心不已。西门庆当然也是商人中的人精，不得不服的。吴月娘平时说话也比较随便，但和乔五太太在一起，立马不同了。她回答乔五太太问及西门庆的时候，也是典雅的文言文，"乃一介乡民，蒙朝廷恩例，实授千户之职，见掌刑名"，反倒觉得有点做作。或许，这就是今人所谓的情商——应对得体。

比得体更难的是什么？是一派天真，是大人说出孩子的话却不觉得幼稚。所以，单单说话，贾母也罢，王熙凤也罢，西门庆也罢，都不如梁山上的鲁莽汉子鲁智深。林冲说起感谢鲁智深相救一事，鲁智深动问道："洒家自与教头别后，无日不念阿嫂，近来有信息否？"他只无日不念阿嫂，真是性情中人，难怪金圣叹说"奇语绝倒，令人闻之，又感又笑"。这就是一派天真。

很显然，读书札记的这种记法，涉及书目众多。它不是一次性记录的，而是一步一步完善的。我们看《管锥编》，就会发现，钱先生有很多补注，这些补注就是他在后期读书时遇到资料然后补充进来的。这意味着写读书札记第一步是做抄录。看到有感觉的文字，先抄录下来，尽管此时算不得读书札记，可是下一次遇见同一题材时，可以合并补充，慢慢地一篇读书札记就形成了。比方说，我还有一篇《吃鱼法》。

吃鱼法

《金瓶梅》第三十四回，应伯爵受韩道国之托，来找西门庆说事。西门庆请他喝木樨荷花酒,吃糟鲥鱼。"恨鲥鱼多刺",据胡文辉先生《拟管锥编》第一篇《恨事》说典出宋人释惠洪的《冷斋夜话》,可见鲥鱼在宋代就是佳肴。《金瓶梅》虽写宋朝事,实则明朝事,那么糟鲥鱼或许在明代为佳品。不过看到"糟",说不定是酒糟鱼的前身也未可知。

应伯爵倒是把西门庆送给他的鲥鱼是怎么吃的说得清清楚楚。两条,一条送给了哥哥,余下一条,"拿刀儿劈开,送了一段与小女,余者打成窄窄的块儿,拿他原旧红糟儿培着,再搅些香油,安放在一个磁罐内,留着我一早一晚吃饭儿,或遇有个客儿来,蒸恁一碟儿上去,也不枉辜负了哥的盛情"。——我读小说,常常觉得帮忙固然难,帮闲也不容易,毕竟要能雅能俗。单说应伯爵这段鲥鱼吃法,复述得就相当有画面感。

兰陵笑笑生应该是吃货无疑。我有理由相信,他不仅坐得了书房,还下得了厨房。根据应伯爵的口述,我猜想笑笑生也读过食谱。单说应伯爵的鲥鱼吃法,与元人食谱中的蒸鲥鱼,就有几分类似。

元人吴瑞《日用本草》、浦江吴氏《中馈录》和元代佚名《居家必用事类全集》中,各有一份关于蒸鲥鱼的菜谱。《居家必用事类全集》蒸鲥鱼谱,甚是全面:去肠不去鳞,糁江茶抹去腥,洗净切作大段,锣盛,先铺蕹叶或菱菜或笋片,酒、醋共一碗,化盐、酱、花椒少许,放滚汤内顿(炖)熟供。或煎食,勿去鳞,少用油,油自出矣。这吃法,是有人间烟火味道的。

梁山好汉吃鱼,印象最深刻的就是吃鲤鱼。吴用去找三阮,开口就是"十四五斤的金色鲤鱼",古代一斤为十六两,我至今没见过这么大的鲤鱼,观赏的倒是见过一些大的,但也不知道它们的真实重量。依我看,胖头鱼越大越好,重在吃头。鲤鱼太大,未必有什么吃头。倒是阮小七说的小活鱼,我挺馋涎。他说:"我的船里有一桶小活鱼,就把来吃酒。"阮小七便去船内取将一桶小鱼上来,约有五七斤,自去灶上安排,盛做三盘,把来放在桌上。阮小七道:"教授,胡乱吃些个。"斤鸡尺鱼百斤猪,是我家乡传统说法。海鱼当然有大的,肉细嫩得多,比水泊里的鱼也好吃。不过想到阮小七打鱼习武玩水,推想他厨艺未必佳,恐怕真的只能"胡乱吃些个",谁叫他们是英雄豪杰呢,哪有心情管这个。

再看鲁迅《狂人日记》中写吃鱼,简直瘆得慌:"陈老五送进饭来,一碗菜,一碗蒸鱼;这鱼的眼睛,白而且硬,张着嘴,同那一伙想吃人的人一样。吃了几筷,滑溜溜的不知是鱼是人,便把他兜肚连肠的吐出。"

阿Q呢,也好不到哪里去,他很鄙薄城里人。城里人做鱼,与未庄不一样。油煎大头鱼,未庄都加上半寸长的葱叶,城里却加上切细的葱丝,他想:这也是错的,可笑!——我做鱼,也在阿Q的嘲笑之列。

还得看温州,还得看林斤澜,看他笔下的鱼饼,"世界上再没有别的地方,吃鱼有这种吃法。本地叫做敲鱼,把肉细肉厚①,最要紧是新鲜的黄鱼、鲈鱼、鳗鱼去皮去骨,蘸点菱粉,用木槌敲成薄片,切成长条",最好有"鱼非鱼小酒家",最好有那样的女老板(《溪鳗》女主角),在灶下添火、灶上添汤,来回走动,腰身灵活,如溪鳗游水中,从容自在。

我给自己的每一则读书札记都取了题目,这是十分重要的——上面所提的日记也是如此。能不能用一个题目归纳,要看材料有没有主线,有没有核心,这是从周振甫先生编辑《谈艺录》的经验中得到的方法。另外,我们不妨把时间也记下来,权当是对过去读书生活的一种留痕吧(在前面两则例子中,我把写作时间抹去了)。

有时候,我喜欢用文言记录,虽然不够典雅,也算是一种文字的训练。我记得《沙坪岁月》中孟志荪先生说过,写日记不妨一日文言一日白话,久而久之,便会见效。当然,刚开始时,我们不必在意语言的形式。

随着时间的推移,很多读书札记是可以成文的。我的《繁简》一文,就是在读书札记的基础上修改而成的。

---

① 肉细肉厚,即把鱼肉敲得细腻厚实。

附录：

繁　简

一

明人冯梦龙的《古今谭概》中记录了这么一个故事，非常有名，全文抄录如下：

> 欧阳公在翰林时，尝与同院出游。有奔马毙犬，公曰："试书其一事。"一曰："有犬卧于通衢，逸马蹄而杀之。"一曰："有马逸街衢，卧犬遭之而毙。"公曰："使子修史，万卷未已也。"曰："内翰云何？"公曰："逸马杀犬于道。"

说的是欧阳修与同僚遇见奔跑的马把狗杀死的事，他要同僚们记录这件事。这个小故事，很有值得分析的意蕴。

从故事里看，记录这件事，有三种方法。第一种，站在狗的立场上写，即把"犬卧于道"放在前面；第二种，站在马的立场上写，把奔跑的马放在前面；第三种，是当时的文坛盟主欧阳修采用的。欧阳修觉得前面两位所说过于繁琐，如果要他们来修撰史书的话，恐怕万卷都写不完。他的叙事只有六个字，"逸马杀犬于道"，比起他的同僚，用字显然少得多了，符合修史需要简洁的要求。但在我看来，他的高明之处不只是简洁，而是比两位更加客观。撰述历史尤其需要客观的态度，这是他比两位同僚更胜一筹的地方。

但从记录的繁简程度上看，欧阳修做到最简洁了吗？显然没有，因为还有第四种写法。谁的？冯梦龙的。他用了四个字——"奔马毙犬"。并且，从态度上看，冯梦龙的文字也很客观。

二

简洁，不管是古典文学还是现代文学，都是必备的优点。但是简洁该到什么程度或者简洁有什么样的标准?

其实,文学没有标准,该简洁的时候就简洁,该繁复的时候就繁复。

朱光潜先生在《咬文嚼字》一文中,举了王若虚改《史记》的例子,说他表面上似乎改得简洁,实际上远不如原文:"'见草中石,以为虎'并非见草中有虎。原文'视之,石也'有发现错误而惊讶的意味,改为'既知其为石'便失去了这样的意味。原文'终不能复入石矣'有失望而放弃得很斩截的意味,'终不能入'便觉索然无味。"朱先生分析得非常准确。但是,朱先生只是把王若虚在《史记辩惑》中的一个差例拿出来分析,是为了《咬文嚼字》写作的需要。但在其他多例中,王若虚却改得恰如其分,试着举几例。《史记辨惑·十三》云:赵襄子灭智伯,豫让曰:"智伯知我,我必为报仇而死,以报智伯,则吾魂魄不愧矣。"王若虚认为"以报智伯"四字就属多余。二十三,《留侯世家》云:良与客狙击秦皇帝,"秦皇帝大怒,大索天下,求贼甚急,为张良故"。很显然,最后四字也是可以删掉的。二十四,《淮阴侯列传》云:汉王欲拜信为大将军,"诸将皆喜,人人各自以为得大将"。"各自"二字也是可以删除的。

这样的例子在《史记辨惑》里其实还有很多,王若虚说的都很有道理。

陈骙在他的《文则》里谈到过一个论点,认为越简洁越好。他说:刘向(《说苑·君道》)载泄冶之言曰,"夫上之化下,犹风靡草(风吹草倒),东风则草靡而西,西风则草靡而东,在风所由(从来),而草为之靡"。

这段文字用了三十二个字,才把意思说清楚。很明显,这个意思来源于《论语·颜渊》"君子之德风,小人之德草,草上之风必偃"。陈骙说,《论语》中才用了十六个字,是上面引文的一半,意思也很清楚。他还说有比《论语》更简洁的,《尚书·君陈》说"尔惟风,下民惟草",字数又少了几个,意思却不少。

那么,问题来了:越简洁就越好吗?显然不是。

三

周振甫先生分析得很到位。

《尚书·君陈》讲的是周公死后，周成王命令大臣君陈代周公办事，君陈原在周公领导下办事。成王对君陈说："凡人未见圣，若不克见，既见圣，亦不克由圣。尔其戒哉。尔惟风，下民惟草。"意思是一般人即便见了圣人，也不能学圣人，这是从教化角度说的。你是大臣，你跟下民的关系，像风跟草。意思即你是大臣，大臣跟圣人不同，大臣有政治权力，所以你对下民，更具有风吹草倒的力量，教化的效果更好。这个意思跟上文讲圣人的话结合起来，君陈一听就明白，所以不用多说。

再看《论语·颜渊》："季康子问政于孔子，曰：'如杀无道以就有道，何如？'孔子对曰：'子为政，焉用杀？子欲善而民善矣。君子之德风，小人之德草，草上之风必偃。'"季康子是主张刑杀的，因此对他不能光讲风吹草倒，因为风吹草倒也可以比喻刑杀，用刑杀可以使民畏伏，所以孔子不能讲"尔惟风，下民惟草"，一定要点明"君子之德""小人之德"，即点明德教不是刑杀，在上的德教也可以使在下的民服从。因为情况不同，不得不多说一些。

再看《说苑·君道》："陈灵公行僻而言失，泄冶曰：'陈其亡矣。吾骤谏君，君不我听而愈失威仪。夫上之化下，犹风靡草，东风则草靡而西，西风则草靡而东，在风所由，而草为之靡。是故人君之动，不可不慎也。'""骤"指屡次，他多次进谏君不听，所以用"陈其亡矣"的危言，让陈灵公所亲信的人听到并去转告灵公。他说得特别详尽，点明"上之化下"，而不提"君子之德"，是因为陈灵公已经谈不上德了。说得这样详细，也是情况的需要。这样看来，《文则》认为文章越简越好的看法是不恰当的，文章要根据情况的需要来确定繁简，繁简是属于风格的繁丰和简约，只要用得合适，都是可以的。像以上三例，都表达得很合适，不能认为越简越好。

四

王若虚在《史记辨惑·三十九》里提到，《史记·司马相如列传》中"司马相如病甚"段，凡用十个"书"字，"何其繁也"，嫌太史公太繁，这话说得很对。但是，《史记》中也有繁得特别好的。

《项羽本纪》:"诸将皆从壁上观,楚战士无不以一当十,楚兵呼声动天,诸侯军无不人人慴恐。于是已破秦军,项羽召见诸侯将,入辕门,无不膝行而前。"《史记会注考证》引用陈仁锡的话说:"叠用三'无不'字,有精神。《汉书》去其二,遂乏气魄。"这是非常有见地的话。《汉书·项籍传》作"楚战士无不以一当十""诸侯军人人慴恐""膝行而前",删除了两个"无不",确实缺乏气魄。钱钟书先生在《管锥编》里点评说,陈仁锡先生的观点很对,还说"数语有如火如荼之观"。钱先生还引用了《水浒传》中的话来证明:贯华堂本《水浒》第四回裴黎见石秀出来,"连忙放茶","连忙问道","连忙道:不敢!不敢","连忙出门去了","连忙走",殆得法于此而踵事增华者欤。又说:马迁行文,深得累叠之妙,如本篇末写项羽"自度不能脱",一则曰"此天之亡我,非战之罪也",再则曰"令诸君知天亡我,非战之罪也",三则曰"天之亡我,我何渡为",心已死而意犹未平,认输而不服气,故言之不足,再三言之也。又如《袁盎晁错列传》记错父曰:"刘氏安矣!晁氏危矣!吾去公归矣!"叠叠三"矣"字,纸上如闻太息,断为三句,削去衔接之词,顿挫而兼急迅错落之致。《汉书》却作:"刘氏安矣而晁氏危,吾去公归矣!"索然有底情味?

这都是《史记》中累叠的好处。

但是,王若虚没有看到、钱钟书先生看到但是没有提到,还有比《司马相如列传》十"书"更繁,并且繁得更好的。《红楼梦》第二十七回《滴翠亭杨妃戏彩蝶　埋香冢飞燕泣残红》中,小红回二奶奶,说了这么一段话:

> 我们奶奶问这里奶奶好。原是我们二爷不在家,虽然迟了两天,只管请奶奶放心。等五奶奶好些,我们奶奶还会了五奶奶来瞧奶奶呢。五奶奶前儿打发了人来说,舅奶奶带了信来了,问奶奶好,还要和这里的姑奶奶寻两丸延年神验万全丹。若有了,奶奶打发人来,只管送在我们奶奶这里。明儿有人去,就顺路给那边舅奶奶带去的。

小红一口气说了十四个"奶奶",这可真称得上是罕见的"繁"——很显然,曹雪芹是有意为之的,为塑造小红这个角色,故意用了这么多"奶奶"来显示她的口才。应该说,小红这样说话很成功。在场的人,有好几个听不懂，唯有王熙凤听懂了。小红成功地给王熙凤留下了深刻的印象，这是她赢得王熙凤好感的第一步。

同样，在《红楼梦》第三十三回《手足耽耽小动唇舌　不肖种种大承笞挞》中，有这么一段：

> 话未说完，把个贾政气得面如金纸，大叫："拿宝玉来！"一面说，一面便往书房去，喝命："今日再有人来劝我，我把这冠带家私，一应就交与他和宝玉过去！我免不得做个罪人，把这几根烦恼鬓毛剃去，寻个干净去处自了，也免得上辱先人、下生逆子之罪！"众门客仆从见贾政这个形景，便知又是为宝玉了，一个个咬指吐舌，连忙退出。贾政喘吁吁直挺挺的坐在椅子上，满面泪痕，一叠连声："拿宝玉来！拿大棍！拿绳来！把门都关上！有人传信到里头去，立刻打死！"众小厮们只得齐齐答应着，有几个来找宝玉。

一连用了两处"拿宝玉来"，并不厌其烦地用了动词"拿"，"拿大棍""拿绳"，把贾政气急败坏的神态表现得淋漓尽致。

张大春在《文章自在》里有一篇《吹毛求字》，引用了一段话，可以作为我这篇文章的总结：

> 文章宜简宜繁？曰：不在繁，不在简，状情写物在辞达，辞达则一二言而非不足，辞未达则千百言而非有余。所以，繁简并无标准。该繁则繁，当简则简。

3. 书　评

阅读笔记，类似于在阅读过程中随手记录的感想。这种记录，是万不可缺少的。周作人先生的《夜读抄》，就是一个例证。

记录下来的文字，过些时日再看或许能引起你的感想，汇聚起来，就能梳理成一篇读书札记。但这还不能称之为书评，书评是整本书读完之后的综合性评论——这也是一种阅读的输出形式。我们可以给自己一些目标，比方说一个月写一篇，慢慢积累，也可以关注一些书评类的公众号——《新京报》的书评就很好，值得我们借鉴。

附录：

万古雁山一片石
——读《开门见山——故乡雁荡杂忆》

一

2021年的第一天，我与恩师傅国涌先生在衢州抱山书院一起跨年，我拿着他的新书《开门见山——故乡雁荡杂忆》请他签名，他在扉页上写了一句话：愿雁荡也成为你精神的源头。除了深切与绵长的期待，一个"也"字，透露出了恩师精神源头的秘密。

当这本书摆在面前时，于我而言，这已不是一本"新书"，而是一本"旧书"。2017年当先生在《老照片》开专栏起，我就开始阅读了。甚至，稿子还没有登上杂志，刚刚从先生的笔底流出，他就转发给我。我的朋友圈中，至今还留存了当时阅读电子稿的记忆：

> 午后老师发来《故乡与诗》，万字长文，洋洋洒洒，气贯长虹，得尽了雁荡灵气、瓯海潮风。韩潮苏海，今日是得见了。与师兄分享，"什么时候我们也能写写如此文章"——一想到此，顿觉"茫然不知所之"。

这篇《故乡与诗》也成了这本书中的附录。

除此之外，更多的"旧"是来源于书中的人物和风景，多数也曾呈现在我的面前。先生的老师吴式南先生、腾万林先生，我都见过，还曾陪同先生登门看望吴式南先生。他的同学、好友，也有许多走进了我的生命。他常常用徐保土老师帮他修改文章的例子跟我说写文章要有"细节的力量，逼近真实的现场感"。他笔下的那些风物，在春日的午后，秋日的早晨，冬季的寒风里，我曾陪同他一次次走过。大龙湫、燕尾瀑、迎客僧、谢公岭、东石梁洞……可以说，都已深深刻进了我的生命。我每次走进雁荡山，几乎都是陪同先生，听他谈古论今，点评人物，那些肆无忌惮的谈论，使我仿若一个口渴的行者在沙漠中遇见了甘泉，怎么也喝不饱。

因此我说，这本"新书"也是我的"旧书"。先生寄望的雁荡精神，也确实成为了我重要的精神源头。

二

这种精神，其实就是石头的精神。

我已经记不清有多少次听先生亲口说过：我就是雁荡的一块石头。

万古雁荡，石头无数。而他这一块，既同千万的雁荡石头一样质朴无华，又自带了他自身的光芒。可以说，他从小是从石头开始阅读的，从石头上知道了沈括、阮元、张元济、康有为、蔡元培……大龙湫众多的摩崖石刻，"活泼泼地"，他后来发现小时候经常看到的"燕尾瀑"出自一位京师大学堂学子之手，对此他念念不忘。

他在书中说："石头中藏着历史。难怪秦始皇喜欢在石头上留下自己的丰功伟绩，许多文人雅士也喜欢在名山的石头上留下到此一游的痕迹。臧克家那些被我们少年时背得烂熟的诗句，就是很好的证明。然而，我还是喜欢那些石头。"

我想补充，石头中不仅藏着历史，还隐含了哲学，暗含了人格。先生把自己当作雁荡的一块石头，就是代表着自身所拥有的原始的不假雕琢的朴素与本真。宋代杜绾的《云林石谱》里说："天地至精之气，结而为石，负土而出，状为奇怪。"石头是对自然造化的最本质言说，它隐藏着宇宙的暗语，包含了过去、现在和未来的秘密。它甚至比时间都要古老，比原始更原始。海德格尔说："石头在言说，痛苦本身有言辞。沉默了很久以后，石头现在对追随陌生的灵魂的漫游者讲说它自己的力量与坚韧。"同时，先生将自己视为石头，也象征着傲岸孤介、卓尔不群的人格追求。"石生而坚，兰生而芳，少有其质，长而愈明。"这种"生而坚"的人格精神，他早已用他大半生最宝贵的年华默证了。

我每看到有关先生的介绍中有"自由撰稿人"几个字，而先生更认可

"独立撰稿人"这个说法。其实,自由与独立都是他毕生追求的,他说自由不是自己能求得的,而是取决于时代环境,独立却是他自己的选择。这些言说总让我联想起石头。没错,石头是自由的,它从不为流俗之见所束缚。石头更是独立的,它自始至终都傲岸独立,与供之高阁的玉完全相反,它既可以默默无闻,也可以为万人仰望。

石是自然的,曹雪芹选择了石;玉是人工的,孔子选择了玉。石是出世的、逍遥的,晋僧竺道生讲《涅槃经》,群石点头,佛选择了石;玉是入世的、媚俗的,子贡选择了玉。石是无为的,"大以大成,小以小成,千态万状,自然之巧";玉是有为的,君子比德于玉,言念君子,温其如玉……而先生这块源于万古雁荡的石头,自然不是子贡口中的"求善贾而沽诸"的美玉,而是苏东坡笔下的"家有粗险石,植之疏竹轩。人皆喜寻玩,吾独思弃捐"的那块怪石,又或者是米芾所拜的那块顽石,曹雪芹口中的"石兄"——它们都不是僵硬冷峻的存在,貌似无情,实则至情。"老可能为竹写真,小坡今与石传神。"先生笔下的石头式人物,也是自己这块石头的投射。

不仅如此,先生开门所见的这座雁荡山,居然有另外一个名字——雁宕山。先生在书中说,写成"雁荡",是因为山顶的雁湖;写成"雁宕",则是因为满山的石头。我记得,徐霞客的笔下一直是"雁宕"——我更喜欢这个名称,正如《红楼梦》,我更喜欢的却是《石头记》,它们带有天然而纯粹的气质。

三

先生的这种石头气质、石头精神,倒也并非天生,仿佛其来有自——书中那篇写父亲的《石不能言》,就是石头精神的集中体现。先生笔下的父亲,我也曾追随先生看望过——我们什么也没有准备,他却给我们一人塞了一个自己种的南瓜。满庭的兰花陪伴着这位年过九十的老者,他老态龙钟,如石般沉默,也如石般坚强。他一生"在石头世界里求生存,养成了坚韧、沉默的性格,坚韧像石头,沉默也像石头,拥有一块山中普通石头一样的命运,日晒雨淋,风里霜里,无人理会,要靠自己坚强地熬过一天又一天"。他在长达几十年的砌石生涯中，成了"能辨石头雌雄的匠人"。老人家"自幼看着这些石头长大，六十岁以前大半生几乎早已摸透了石头的脾性，他砌的石头，无论房屋、桥梁、水库，大大小小，也都是那么结实、坚固，就像故乡山中那些他见惯了的巨石般，不会轻易动摇。他晚年改为种花种树，说起他种的那些植物，也总是兴致勃勃，一如回忆起砌石头的往事，有着一种单纯的满足感。他已年过九十，依然像坚强的石头一样活着"，就如入山所见的那一块巨石迎客僧。

而作为血脉来源的另一半，先生笔下母亲家族的外公外婆，也仿佛具有石的品性。外公"一生丈量的主要是仙溪一带的山和地，当他晚年，来我们家走十五里山路，算是很远了。他从小没机会接受教育，目不识丁，却是个诚实、勤劳、俭朴而且身强体壮的生产能手。在我大舅舅李一瑾的记忆里，他还乐于助人，只要能力所及，他总是愿意帮助和他一样的穷人"。那位参加过抗日战争、解放战争和抗美援朝的大舅舅，"他从未与我们说起过自己的故事，更没有与我有过什么交流"，只是默默地关心住在偏僻乡村的少年外甥的学习，用寄"印刷品"的方式给予这个少年成长所需要的帮助。哪怕是成了中科院院士的小舅舅，可以说是从雁荡出来的巨子，也依旧带有石头的品质。他说的那些话，写给年少外甥的那些书信里，都有着石头的朴素。

玉与石也并非是天然不融的，玉的本质还是石——但一旦玉与石的双重人格集于一身，必然是悲剧。诚如贾宝玉，这块源于神界的石头，原本是女娲炼石补天遗留的石头，在俗世里却是美玉，所有人给予他玉的呵护，玉的期待，忘记了他石的本质——倘若再往前追溯，先生书中并没有废太多笔墨的章纶，不得不说，在无形中，也成为了万古雁荡的一片石。他与贾宝玉相似，他的本质是雁荡的石，却通过科举仕途，居庙堂之高，成了儒家的玉，悲剧也就在所难免。他用石头般的韧性进谏大明皇帝的"家事"，在奏折中建议恢复沂王的储君地位，"以为天下之本"，"如此则五伦全备而和气充溢于宫廷，万姓爱戴而欢声洋溢于四海，殆见天心自回，灾异自弭而胡虏不足平矣"。大明皇帝朱祁钰读到这里，大为震怒，当即下旨将他打入狱中。但无论怎样严刑拷打，他始终不屈，"濒死无一语"，直到北京城飞沙走石，天地昏暗，白昼如夜，不见五指，审讯官恐惧才罢刑。他在各种骇人听闻的刑罚和一百廷杖之下竟然活了下来，仿佛他的生命就是石头。

四

还有很多很多，难以一一诉尽。先生笔下的父亲是"石不能言"，但先生却是一块能言的石头。通过他，我们认识了更多的具有石头一样品质的人。

"石梁不与人偕老，长伴僧岩亘古留。"《开门见山——故乡雁荡杂忆》中的人物，有的已经作古，有的已经老了，有的正和先生一样年富力壮，他们都如石头一样。"在我们之前，已经有无数的生老病死，在我们之后，还会有许多的生老病死。人无非活在时间的纵深里，暂时地拥有时间，又被时间所吞噬，时间的力量无人能够抵抗，无论老子孔子、苏格拉底，还是秦皇汉武、亚历山大，最终都不免消失在时间中，而时间依然还是时间，如同石头还是石头。"

4. 备课笔记

如果说日记和读书札记的写作，是一种随意性的记录，那么备课笔记的写作，就已经进入到语文教育专业化状态，具有学科科研的性质。只要是在备课中遇见的问题、疑惑，不管有没有解决，都可以记录下来。我甚至觉得，这样的问题、疑惑，越小越有价值。

关于备课笔记的写法，我推荐一本书，是《语文学习》杂志精选的，就叫《备课笔记》。我在阅读过程中，真是受益匪浅。还有两本，叫作《知困录：中学古诗词备课札记》和《知困录：中学文言文备课札记》，作者是沈蘅仲，是语文界很有老先生风范的老师，这两本书资料搜集全面又有自己的札记，既能当作写备课笔记的范本，又能作为我们备课的资料使用，一举两得。

备课时，小到标点符号、一字一句，大到篇章结构，都要认真思考。下面我就根据教材文本来举几个实际的例子。

（1）断句

古代的文章没有标点，但是有断句。

姜夔的《扬州慢》是高中语文教材里的内容，我在阅读《迦陵讲演集·南宋名家词选讲》时，发现叶嘉莹先生对这首词的最后一句的断句有不同意见：

> 这首词还有一个值得注意的地方，就是结尾处标点的问题。这首词上半首结尾处是"渐黄昏、清角吹寒，都在空城"，它的句法是三—四—四的停顿；而下半首结尾处，有人断成"念桥边红药，年年知为谁生"，这是五—六的停顿，我认为，这样断句就缺少了那种一波三折的姿态，所以应该是"念桥边、红药年年，知为谁生？"我曾经给大家举过一个例证，就是王之涣的《凉州词》："黄河远上白云间，一片孤城万仞山。羌笛何须怨杨柳，春风不度玉门关。"你如果给他点破，不让他七个字一句，看看怎么样？"黄河远上，白云（间）一片，孤城万仞山。羌笛何须怨，杨柳春风，不度玉门关"，句读不同，显然姿态就不同了。有很多人说那新诗写得不通，为什么一句话不直接说下来，而是这行写几个字，然后断开再起一行，一句话干嘛总要这么提来提去的呢？其实，他之所以要这样，也是为了要形成一种顿挫、一种姿态，有那种一唱三叹的滋味。[①]

这个说法很新，之前我没有遇到过这样的断句法。不禁要问，叶先生这个说法对不对呢？本来，按照词谱，每首词都有固定的断句法，不是谁都可以更改的。但问题的关键是"扬州慢"这一词牌是姜夔所创，别人很少用到。翻阅中华书局国学文库《姜白石词笺注》，第一首就是《扬州慢》，断句是通常断法。不过叶先生的这个说法，为我们提供了一个课堂讨论的素材。我们可以试着从不同断句方式入手，对这首词进行朗读或者吟诵，看看会有什么样的效果，进而判断两种断句法到底哪种更好。

唐弢《文章修养·六·句读和段落》引用了《礼记》中的一段话，然后

[①] 叶嘉莹著：《迦陵讲演集·南宋名家词选讲》，北京大学出版社2012年版，第148页。

说:"原来连说话里的标点——顿挫,也是不能过于大意的。"① 所以我们在备课古诗文的时候,要重视这个问题。我自己试着点过部分《史记》,深知其中的甘苦,所以有时候会忍不住怀疑起来——"这点的,就是对的么?"② 鲁迅先生在《花边文学》一书里有一篇《点句的难》,文章不长,我全部抄录如下:

> 看了《袁中郎全集校勘记》,想到了几句不关重要的话,是:断句的难。
>
> 前清时代,一个塾师能够不查他的秘本,空手点完了"四书",在乡下就要算一位大学者,这似乎有些可笑,但是很有道理的。常买旧书的人,有时会遇到一部书,开首加过句读,夹些破句,中途却停了笔:他点不下去了。这样的书,价钱可以比干净的本子便宜,但看起来也真教人不舒服。
>
> 标点古书,印了出来,是起于"文学革命"时候的;用标点古文来试验学生,我记得好像是同时开始于北京大学,这真是恶作剧,使"莘莘学子"闹出许多笑话来。
>
> 这时候,只好一任那些反对白话,或并不反对白话而兼长古文的学者们讲风凉话。然而,学者们也要"技痒"的,有时就自己出手。一出手,可就有些糟了,有几句点不断,还有可原,但竟连极平常的句子也点了破句。
>
> 古文本来也常常不容易标点,譬如《孟子》里有一段,我们大概是这样读法的:"有冯妇者,善搏虎,卒为善士。则之野,有众逐虎。虎负嵎,莫之敢撄。望见冯妇,趋而迎之。冯妇攘臂下车,众皆悦之,其为士者笑之。"但也有人说应该断为"卒为善,士则之,野有众逐虎……"的。这"笑"他的"士",就是先前"则"他的"士",要不然,"其为士"就太鹘突了。但也很难决定究竟是那一面对。
>
> 不过倘使是调子有定的词曲,句子相对的骈文,或并不艰深的明人

---

① 唐弢著:《文章修养》,文心出版社2017年版,第68页。
② 同上。

小品，标点者又是名人学士，还要闹出一些破句，可未免令人不遭蚊子叮，也要起疙瘩了。嘴里是白话怎么坏，古文怎么好，一动手，对古文就点了破句，而这古文又是他正在竭力表扬的古文。破句，不就是看不懂的分明的标记么？说好说坏，又从那里来的？标点古文真是一种试金石，只消几点几圈，就把真颜色显出来了。

但这事还是不要多谈好，再谈下去，我怕不久会有更高的议论，说标点是"随波逐流"的玩意，有损"性灵"，应该排斥的。①

施蛰存《为书叹息》中说到标点，也有这么一段话：

排印古书，要加标点，这又是一个问题。从1930年以来，所有的古书排印本，没有标点错误的，恐怕一部也没有。标点错误最多的是引号。古人著书，引用前人的话，往往但凭记忆，很少照原文抄录。引文之下，往往接上自己的话。因此，引文经不起核对，下半个引号不容易落笔。我标点古书，特别是宋元明人的杂著，下半个引号常常不知应当放在哪里。因此，我想建议，标点古书，只要断句，而不用引号。②

鲁迅先生说"断句的难"，施蛰存先生说"没有标点错误的，恐怕一部也没有"，这都是大家的经验和体会之谈，断句上没有权威。

吕叔湘先生在《标点古书评议》中将标点错误分为三十类：

1. 当断不断；
2. 不当断而断；
3. "而"、"以"之前断否不当；
4. 谋事误为成事；
5. 成事误为谋事；
6. 当属上而属下；
7. 当属下而属上；
8. 点断错误以致张冠李戴；
9. 兼承误为单承；

---

① 鲁迅著：《鲁迅全集·花边文学》，人民文学出版社2005年版，第603页。
② 施蛰存著：《北山散文集》第二辑，华东师范大学出版社2010年版，第765页。

10. 贯通误为中断；

11. 插叙误为正文；

12. 层次错乱；

13. 不当用而用引号；

14. 当用引号而不用；

15. 引文上溢；

16. 引文下衍；

17. 引文不足与中断；

18. 当用问号而用句号、叹号；

19. 专名误为非专名；

20. 非专名误为专名；

21. 姓名与封爵、郡望混淆；

22. 因不计人数而误；

23. 因不明地理而误；

24. 因不明物理而误；

25. 因不明制度而误；

26. 因不明词义而误；

27. 因不谙文体而误；

28. 因信任胡注而误；

29. 因只校不改而误；

30. 因失校而误。①

之所以不厌其烦照搬吕叔湘先生发现的规律，实在因为这些就是我们平时在备课过程中需要注意的地方。我身边就有一本书，沈启无先生编选的《近代散文抄》，黄开发先生校订，周作人先生写序。这是民国一部知名的著作，但是很可惜，我手头的这个版本也是标点错误多多，尤其是"当用引号而不用"，多到不可卒读。比如袁伯修的《论文（上）》，引用《方言》中的

---

① 吕叔湘著：《吕叔湘全集·第九卷·标点古书评议》，辽宁教育出版社2002年版，第309—310页。

内容，不加引号。再如《西山五记》，第二篇第一句"自观音堂下穿疏木中"没有在"下"后加逗号，"当断不断"。我没有见到民国本，或许民国本就是如此吧，那就有吕先生说的"只校不改"的毛病了。

（2）主语的省略

古诗中的对话，我们可能一时看不出来。举一个简单的例子，王维的《送元二使安西》：

渭城朝雨浥轻尘，客舍青青柳色新。

劝君更尽一杯酒，西出阳关无故人。

"劝君"后面其实是一句话，这句话是谁对谁说的，诗中并没有说明。因为作者是王维，我们潜意识中会认为是王维"劝"元二，但也有可能是元二"劝"王维：再饮下这杯离别之酒吧，"我"西出阳关就无故人了。① 这就给诗歌的教学带来了多元的参考。

这里又引申出另外一个问题：古诗中省略的主语。我们在上课的时候，往往需要复现主语，才能引导学生更好地理解诗句，这也需要我们备课时注意。下面的例子，就是从我的备课笔记改写而来的。

以李清照《夏日绝句》为例。

此诗收在部编本语文教材四年级上册第七单元，单元导语是"天下兴亡，匹夫有责"。全诗如下：

生当作人杰，死亦为鬼雄。

至今思项羽，不肯过江东。

徐培均先生的《李清照集笺注》中此诗标题叫《乌江》，徐先生在给"至今思项羽，不肯过江东"作注释的时候，先是引用了《史记·项羽本纪》中项羽自刎而死的几句话，后面说到："易安夫妇爱好文物，《金石录》卷七第一千三百二十五曾著录'唐西楚霸王祠颂，贺兰进明撰，贺兰诚书。天宝十

---

① 顾随讲述、叶嘉莹笔记：《顾随讲唐宋诗·上》，河北教育出版社2018年版，第85页。

三载十月',故可推知,清照与明诚曾谒霸王祠,感而赋此诗,以讽喻现实。"①

读到此处,我们会产生一个问题:"讽喻的是什么现实?又是怎么体现出来的?"换一句话说,在教学过程中怎样把这种"讽喻现实"的感觉传递给学生?

《李清照集笺注》中说明:"此诗当作于建炎三年己酉(1129年)四、五月间。据李清照《〈金石录〉后序》载,己酉三月,赵明诚罢(建康),具舟上芜湖,入姑苏,将卜居赣水上。夏五月,至池阳。乌江在今安徽和县东北四十里,位于建康(今南京)、姑苏(今当涂)之间长江北岸,是为清照舟行必经之地。"②

根据以上资料可知,"靖康耻"也就是作此诗前两年的事情。部编本教材中设计的问题是:"说说下列诗句的意思,你从中体会到了什么?"这是一道非常感性的题目,需要作感悟式的回答。其实中国古代诗评,也大多数是三言两语的感悟式批评。但是感悟式批评缺乏逻辑性,不能"以理服人"。复现此句隐匿的主语,就能顺利地找到"理"。且看我的一段课堂实录。

师:是谁"生当作人杰,死亦为鬼雄"呢?

生1(举手迅速):李清照!

师:你认为是李清照生要作杰出的人才,死也要成为鬼中的英雄吗?

生(几乎齐):是的。

师:有没有其他的意见?

生:还有可能是赵明诚。

师:为什么?

生:感觉像是李清照在告诫丈夫生要作杰出的人才——

生:死也要作鬼中的英雄。

师:理解到这里,很不错了。但是,仅仅到这里,怎么理解单元导

---

① 〔宋〕李清照著、徐培均笺注:《李清照集笺注》,上海古籍出版社2002年版,第238页。
② 同上。

语中的"天下兴亡，匹夫有责"呢？

生沉默。

师：那也就是说，是不是还有其他的说法？比如指向国家层面的——

生：噢，老师，还有就是指当时的皇帝。

师：统治者？

生：对。他们不可以逃跑，应该像项羽一样，生要作杰出的人才，死也要作鬼中的英雄。其实，每个人都这样，国家才不会亡，不会有皇帝被抓走的事情发生。

师：这才是——天下兴亡——

生：匹夫有责。

诗歌前两句的主语，概括起来，有以下几项：

A. "我"，李清照本人。

B. 可能是复数"我们"，包括李清照和丈夫赵明诚。

C. 当然可以是项羽，是根据第三句推断的。

D. 赵明诚。因为从创作背景得知，赵明诚和李清照在一起。

此四种可能性，根据课堂实际情况，基本上学生容易得出。但其实还暗藏第五种，那就是"宋朝统治者"。学生根据本单元的导语"天下兴亡，匹夫有责"和课后题目"从'至今思项羽，不肯过江东'中体会到了什么"的提示中，推导出诗歌前两句的主语还可以是"宋朝统治者"，这样就有助于学生理解此诗"讽喻现实"的意义，并能领会到诗中饱含的爱国之情，这一过程足以使学生从感性的体悟上升到理性的呈现。把这些省略的主语恢复过来，还能使学生领略从一元到多元的审辩思维，这也是我们在备课过程中可以记录的。

再比如，唐代诗人刘长卿的《逢雪宿芙蓉山主人》，此诗是经典的五言绝句，是几乎后代所有的唐诗选本都要选的一首诗。

全诗如下：

日暮苍山远，天寒白屋贫。

柴门闻犬吠，风雪夜归人。

传统的感悟式批评，几乎没有点到此诗的重点。《唐诗正声》言"极肖山庄清景，却不寂寞"，《大历诗略》云"宜入宋人团扇小景"，大抵都是隔靴搔痒，未能直抵此诗的意蕴深处。诸如施补华的"较王韦稍浅，其诗清妙自不可废"，简直就是蜻蜓点水似的言一词"清妙"。我以为诗评家所犯的错误在于把诗中主人公仅仅理解为诗人自己，把诗歌局限于诗人在一个黄昏落雪之夜偶宿山家之情形。

这样理解自然可以，只是这样理解还不够。

通过诗歌我们可以发现，第三句"柴门闻犬吠"，是没有主语的。我们可以简单地把主语理解成诗人刘长卿，但最少应该还有另外两种主语。第一种，可以是芙蓉山主人的家人，包括芙蓉山主人本人在内。第二种，可以理解为旅人。但此处的旅人，不仅仅局限于诗人刘长卿自己，一切行走于路上的类似于刘长卿这样的人，都可以囊括。甚至可以这样说，只有"旅人"这一主语的加入，我们才能真正抵达这首诗意蕴的深处。

黑格尔说："有一种最习以为常的自欺欺人的事情，就是在认识的时候先假定某种东西是已经熟知了的，因而就这样地不去管它了。这样的知识，既不知道它是怎么来的，因而无论怎么样说来说去，都不能离开原地而进一步。"[①]

《唐诗鉴赏词典》中收录的陈邦炎先生对此诗的鉴赏就极富理性，对诗中主人公全文皆称"旅客"。[②] 为什么说把第三句的主语理解成旅客的时候，才抵达了此诗的意蕴极深之处？

诗中的两个意象，是不能忽视的所在。第一个是第一句中的"日暮"，也就是黄昏时刻，而"黄昏意象展现着中国诗人们天涯漂泊踽踽独行的心灵疲惫"[③]。太阳的归去与旅人的不归或者不得归、无法归，形成了相反的主题，

---

① 〔德〕黑格尔著，贺麟、王玖兴译：《精神现象学》，商务印书馆1979年版，第20页。

② 萧涤非等撰写：《唐诗鉴赏辞典》，上海辞书出版社1987年版，第404页。

③ 傅道彬著：《晚唐钟声》，东方出版社1996年版，第79页。

传递出羁旅之客的失意悲凉。我们最先想到的可能便是"枯藤老树昏鸦，小桥流水人家，古道西风瘦马。夕阳西下，断肠人在天涯"，这是具有广泛意义的，此诗"更多传达出来的是日暮途远寻求倦懒的知识分子的群体心象"①。

第二个意象是第三句中的"柴门"。"门"同样也是重要的原型意象，"柴门荆扉已成为诗人返归家园的物化符号"②。刘长卿此诗中的"柴门"，俨然隔离了外面的风雪，与门内的温馨形成了鲜明的对比。或许唐人祖咏的《归汝坟山庄留别卢象》中的"对酒鸡黍熟，闭门风雪时"可以作为此诗的补充。也就是说，第三句的主语即便是刘长卿，但也传递出了所有中国古典文学中旅客的心象，羁旅之苦楚，思归之心切，回归之温馨。将一元化的主语变成多元化，将个体变成复数，诗的意韵才呈现出来。

更重要的是，当两种原型意象"黄昏"和"门"相遇的时候，在古典诗词中，仿佛天然有了对"回归"的渴望。王维的《渭川田家》中"斜阳照墟落，穷巷牛羊归。野老念牧童，倚杖候荆扉"，是感人温馨的画面；即便是"山中相送罢，日暮掩柴扉。春草明年绿，王孙归不归"的送别诗，依旧把回归的期盼说得明显极了；闲居辋川送给裴迪的诗中"倚杖柴门外，临风听暮蝉"，依旧有呼唤友人回归田园的意图。其他诸如"纱窗日落渐黄昏，金屋无人见泪痕。寂寞空庭春欲晚，梨花满地不开门""深院闭，小庭空，落花香露红""雨横风狂三月暮，门掩黄昏，无计留春住""欲黄昏，雨打梨花深闭门"等，与其说写的是爱的惆怅凄惶与寂寞孤独，不如说是对回归的热切渴望。

复现主语对教学还有一个帮助：从传统到创新的模式突围。不妨再看一个例子。

回乡偶书

少小离家老大回，乡音无改鬓毛衰；

儿童相见不相识，笑问客从何处来。

这首诗中，后两句的主语是显性的，也就是"儿童"；前两句的主语是隐性的，根据诗歌的大意，我们能断定第一句的主语是"我"，但是我们习惯性

---

① 傅道彬著：《晚唐钟声》，东方出版社1996年版，第79页。

② 同上。

地把第二句的主语也理解成"我"了。查《唐诗鉴赏辞典》、沈祖棻《唐人七绝诗浅释》中都是"我",葛兆光《唐诗选注》更是写道:"贺知章少小离家老大归,只有不相识的儿童惊问他从何处来,则多少有些无家感在其中……凄凉更让人沉吟神思。"①

根据这首诗歌的创作背景,是贺知章退休回到绍兴老家时——并且皇上为他举行了盛大的退休仪式,② 我们得知贺知章是荣归故里,衣锦还乡。既然如此,何来"凄凉"?儿童更不是"惊问",是明显的"笑问"——他的回归可能是有父老乡亲迎接的,那就有可能出现一种情况:贺知章会与乡人对话。那这一句的主语可能就变成了"你"!全诗第一句是说,"我少小离开故乡,年老才回归啊",第二句就变成了乡人的话,"您乡音没有改变,只是两鬓萧疏而已",这完全是说得通的。

另外还有一个理由:一个人乡音的改与不改,自己往往是感知不到的——正如普通话不标准的人,如果没有人告诉他不标准,他是自我感觉不到的。乡音也是如此,只有熟知乡音的人听到人说乡音,才会作出评价。另外,诗中的"相见",并非普通的"见到"。《礼记·王制》说:"六礼:冠、昏、丧、祭、乡、相见。""相见"与前面五种一样是重要的礼仪。"相见的双方根据地位不同,需要行各种不同的礼节,如趋、拜、拱手、作揖、唱喏、鞠躬、长跪等,还需要相互寒暄,问候对方家人。"③ 仅以《唐诗三百首》为例,多有这种情况:

王维《崔九弟欲往南山马上口号与别》:"城隅一分手,几日还相见?"

丘为《寻西山隐者不遇》:"差池不相见,黾勉空仰止。"

白居易《长恨歌》:"但教心似金钿坚,天上人间会相见。"

白居易《琵琶行》:"移船相近邀相见,添酒回灯重开宴。"

司空曙《喜外弟卢纶见宿》:"以我独沉久,愧君相见频。"

温庭筠《送人东游》:"何当重相见,樽酒慰离颜。"

---

① 葛兆光著:《唐诗选注》,中华书局2018年版,第46页。
② 〔元〕辛文房撰、周绍良笺证:《唐才子传笺证》,中华书局2010年版,第418页。
③ 黄理兵著:《唐诗的真相》,重庆出版社2020年版,第7页。

李商隐《无题》："相见时难别亦难，东风无力百花残。"

当诗词中由两句连起来表达一个完整的内容时，不管两句的主语是否相同，均可以同时省略，但是根据诗歌的内容，可以准确理解诗句的主语。在这种情况的基础上，会出现一种相对性主语，也就是说前一句与后一句主语是不同的，是相对的。在唐诗中，还有很多这样的例子。李白《听蜀僧濬弹琴》中"为我一挥手，如听万壑松"，前一句主语为"他"（蜀僧），后一句主语为"我"，都一起省略了。刘禹锡《秋词》中"自古逢秋悲寂寥，我言秋日胜春朝"，前一句主语可以理解成"文人墨客"，后一句是有主语的。北宋词人李之仪《卜算子》中"日日思君不见君，共饮长江水"，两句主语明显不同，一个是"我"，一个是"我们"，也一起省略了。古诗省略主语不是个别现象，对隐性主语进行还原，才会更加贴近诗歌当时的情境。

（3）古文中的对话

古文中的对话，尤其是没有"曰"字的情况下，我们更要留心。

比如《论语·先进篇》中：

11.2 子曰："从我于陈、蔡者，皆不及门也。"

11.3 德行：颜渊，闵子骞，冉伯牛，仲弓。言语：宰我，子贡。政事：冉有，季路。文学：子游，子夏。

钱钟书先生在《管锥编·左传正义·六五·对话省"曰"字》中就谈到：

《论语·先进》之"从我于陈、蔡者"二句与"德行颜渊、闵子骞"四句，是否均为"子曰"，抑后四句为"记者所录"而别成一章，亦以无引号而游移两可耳。①

所以，在备文言文时，我们应当谨记钱先生的警示：

古书无引语符号，着"曰"字则一人自为问答而读者误为两人对话者有之，省"曰"字则两人议论而读者误为一人独白者有之。②

我们在备课中多加留意，就会有一些小发现，这些小发现能给我们一些小小的成就感。把它们写下来，其实也是一种小小的成果。集腋成裘，也是

---

① 钱钟书著：《管锥编》，生活·读书·新知三联书店 2015 年版，第 407 页。

② 同上。

有可为的。

(4) 一字一词

王尚文先生在《语文品质谈》中有这么一段话：

在现实生活中，称呼又往往会偏离称呼者和被称呼者的实际存在的关系，而成为一种交往的策略。①

且看《史记》鸿门宴上刘邦的一段台词：

臣与将军戮力而攻秦，将军战河北，臣战河南，然不自意能先入关破秦，得复见将军于此。今者有小人之言，令将军与臣有郤。

刘邦以"臣"自称，而称项羽为"将军"，这得体吗？项羽这时已经是将军，刘邦称他为将军，符合实际，也颇为合适；但刘邦自称为"臣"，就大有讲究了。此时他已是"沛公"，实际上不是任何人的"臣"，恰恰相反，他有志于要让所有人成为他的"臣"，他的这一心思正所谓"司马昭之心路人皆知"，这时在项羽面前故意自称为"臣"，不是一般所谓的低调或谦虚，而是自我降格，有意表现出自己臣服于项羽的姿态。在短短的两句话里，他反复强调，一而再再而三称自己为"臣"，把项羽哄得舒舒服服，甚至晕头转向，成功地达到了自己的既定目的。此处一个似乎并不起眼的"臣"字，其功劳恐不在千军万马之下。

我在备《鸿门宴》一课的时候，也关注到这个"臣"字的用法，后来又联想到了杜甫的《饮中八仙歌》，觉得非常有意思。

李白一斗诗百篇，长安市上酒家眠，

天子呼来不上船，自称臣是酒中仙。

第三句"天子呼来不上船"，好一个诗仙的气派！但"臣"字是不是也表示李白根本没醉，分得清"君"和"臣"的区别？这让我想到，李白的一生，本质是"仙"的，但他渴望成为"臣"，在做"仙"的过程中，一直忘不了做"臣"，他一生纠结在这两个字里。

再比方说，记得我教高中时，在一个省级高中语文教师群里，有一个名师抛出一个问题：讨论《项脊轩志》中的"借书满架"的"借"字怎么理解。

---

① 王尚文著：《语文品质谈》，华东师范大学出版社2018年版，第63页。

真是一石激起千层浪——归有光出身书香门第，怎么会"借书满架"？把书借过来堆在架子上，这岂不是附庸风雅？这个问题，其实早就有人关注过了。上文提到过的《备课笔记》这本书里就有，闫存林老师的《语文学习任务设计》的附录中也谈过这个问题。这是我们在备课时不大会想到的问题。

最典型的例子莫过于鲁迅《孔乙己》中的"大约"和"的确"，我还真是下了一番功夫，把这个小问题研究了一下。此文较长，附录于下。

附录：

再谈"大约孔乙己的确死了"

鲁迅先生的名篇《孔乙己》中，有一句名言"大约孔乙己的确死了"，引发了不少的争议。

特意翻看了几个语文老师的课例，比如李镇西老师说："紧扣'大约'、'的确'两个词进行分析，就可以从人物性格和社会环境两个方面深刻地理解这部小说。""这个问题有'科研价值'。""这个问题若弄懂了，这篇小说的思想内容、人物形象等方面的问题也就好理解了。"[1]

在课堂的结尾又说："这个'大约'隐含着社会的冷漠，这个'的确'表现了孔乙己死亡的必然。冷漠的社会，造就了孔乙己的悲剧性格，也导致了孔乙己的悲剧命运。"[2]

这是在教师中一种具有代表性的说法。记得我上初中的时候，老师讲这一句时，说"大约"是因为鲁迅先生没有见到孔乙己死；"的确"嘛，显然是孔乙己必死——前面的诸多铺垫，足以证明。这两种说法在中学教育界影响深远。当然，这种解读，或许源于早年间一些学者的支持。

"有人认为对于孔乙己的'死'，既说'的确'，又说'大约'，在逻辑上

---

[1] 李镇西著：《李镇西老师讲课》，华东师范大学出版社2010年版，第3页。
[2] 同上，第9页。

不免自相矛盾。其实并非如此，笔者认为恰恰相反，这一句话不仅是合乎逻辑的断定，而且正是鲁迅独具匠心之处。这匠心之处就在于：'大约'是或然性判断的逻辑标志，在'大约孔乙己的确死了'里作句首状语，修饰'孔乙己的确死了'。由此可知'大约'和'的确'不是同时限制'死'的，从形式逻辑看，'大约孔乙己的确死了'这一判断在逻辑上并不存在什么自相矛盾。"①

略显奇怪的是，现今学者似乎对"大约""的确"的说法，采取一种"视而不见"的态度。钱理群先生《鲁迅作品细读》中，对《孔乙己》的分析，是从美学的角度探讨"看与被看"。②在《鲁迅作品十五讲》中，钱先生也提到了《孔乙己》，着重从看客的角度与《示众》《药》联读，也没有提到"大约""的确"。③张业松先生在《〈孔乙己〉的不朽之处》一文中，从"鲁镇的环境"角度，结合"人被吞噬"的主题思想来分析，也不曾提到"大约""的确"。④

学界还有一种说法，称之为修辞，这种修辞名曰"矛盾格"。

"鲁迅先生将前后矛盾的说法放在一起叙述出来，是为了追求一种矛盾的修辞效果，具体说来，有如下功效：一、设悬念，引发读者想象思考，为什么猜测孔乙己"大约"死了又判断其"的确"死了，收言有尽而意无穷之效。用猜想结尾，留给人们广阔的想象空间，更有无穷的悲剧意味。二、强调，突出孔乙己悲惨命运的必然性。此类句子，虽矛盾两说并列，但细揣句意，实在是重后而轻前。三、收文辞简练含蓄之效，如前述，学生的修改虽自圆其说，明白晓畅，且道出了此句深意，但显得啰嗦累赘、索然寡味，全无原句简洁精练，含蓄蕴藉。"⑤

---

① 秦豪著：《"大约"与"的确"释疑》，载《苏州大学学报·哲学社会科学版》1982年第1期。

② 钱理群著：《鲁迅作品细读》，北京出版社2017年版，第5页。

③ 钱理群著：《鲁迅作品十五讲》，北京大学出版社2011年版，第12页。

④ 张业松著：《鲁迅文学的内面·细读与通讲》，浙江文艺出版社2022年版，第216页。

⑤ 万悦著：《再谈"大约孔乙己的确死了"》，载《现代语文》2011年第1期。

还有一种说法，认为鲁迅先生是"伟人犯错"，"大约""的确"就是逻辑不通。

还有一种说法："'大约的确'与'似乎确凿'其实只是绍兴方言的普通话对译。在绍兴方言里，有一个由四个音节组成的词组，读音是 āng mang zèn dāng。由 āng mang 和 zèn dāng 两个词组成，āng mang 在绍兴方言中是一个表示猜测的词，没有现成的汉字可以表示。如一个人昏过去了，于是绍兴人就会说'（那人）āng mang 死了'，这里的 āng mang 相当于'会不会'的意思，表示自己对这件事情不能确定，只是猜测。āng mang 还可用于对记忆不清的事情的说明，如'那件事 āng mang hāng māo（即指过去的某个时间）你是话（说）过的'。zèn dāng 一词，依照笔者的理解，似乎可以写成'真当'，即相当于普通话里的'当真'，是确定无疑的意思。当 āng mang 和 zèn dāng 两词连用时，则表示一种对可能发生的或已然发生了但记忆不清的事情的猜测，不是确定一个事实，猜测的结果既可以真实发生，也可以没有发生。"①

我以为以上诸种说法都有可能，但是这些说法都还欠缺令人信服的材料，或者直接说，还欠缺足够的"量"。我通读《鲁迅全集》，搜集鲁迅在文中提到的类似说法，以量化方式来反证哪种说法最合理。

鲁迅先生的演说《未有天才之前》："我亲见几个作者，都被他们骂得寒噤了。那些作者大约自然不是天才，然而我的希望是便是常人也留着。"②"大约自然不是天才"的说法，也属于这种情况。

《从百草园到三味书屋》的开头："我家的后面有一个很大的园，相传叫作百草园。现在是早已并屋子一起卖给朱文公的子孙了，连那最末次的相见也已经隔了七八年，其中似乎确凿只有一些野草；但那时却是我的乐园。"③这里的"似乎确凿"当和"大约""的确"是同一种用法，手稿也是如此。

---

① 董水龙著：《"似乎确凿"和"大约的确"》，载《中学语文教学》2006年第12期。
② 鲁迅著：《鲁迅全集·第二卷》，人民文学出版社2005年版，第176页。
③ 同上，第287页。

《朝花夕拾·父亲的病》中，有一句："他大概的确有些特别，据舆论说，用药就与众不同。"①"大概的确"就与"大约""的确"近乎相同。

在杂文《说胡须》中有"大约确乎"的说法："长安的事，已经不很记得清楚了，大约确乎是游历孔庙的时候，其中有一间房子，挂着许多印画，有李二曲像，有历代帝王像，其中有一张是宋太祖或是什么宗，我也记不清楚了，总之是穿一件长袍，而胡子向上翘起的。"②

"大约确乎"与《从百草园到三味书屋》的"似乎确凿"是一样的。

就在同一文中，还有一句："到长安去讲演，大约万料不到我是一个虽对于决无杀身之祸的小事情，也不肯直抒自己的意见，只会'嗡，嗡，对啦'的罢。他们简直是受了骗了。"③

"大约"与"万料不到"连用，同样如此。

在《不懂的音译》中，说到："不料直到光绪末年，在留学生的书报上，说是外国出了一个'柯伯坚'，倘使粗粗一看，大约总不免要疑心他是柯府上的老爷柯仲软的令兄的罢……"④ 其中的"大约总不免"就更像是口头语了。

《阿Q正传》中，就有三处："他大约未必姓赵，即使真姓赵，有赵太爷在这里，也不该如此胡说的。此后便再没有人提起他的氏族来，所以我终于不知道阿Q究竟什么姓。""阿Q在这刹那，便知道大约要打了，赶紧抽紧筋骨，耸了肩膀等候着，果然，拍的一声，似乎确凿打在自己头上了。""大约未必十分错。"⑤

在《花边文学·知了世界》中，有"大约总依旧是咿咿呀呀"⑥，"大约"和"总"，也算是此类。

《南人与北人》一文中："南方人是'群居终日，言不及义'。就有闲阶级

---

① 鲁迅著：《鲁迅全集·第二卷》，人民文学出版社2005年版，第295页。
② 同上，第183页。
③ 同上，第185页。
④ 同上，第417页。
⑤ 同上，第512页。
⑥ 鲁迅著：《鲁迅全集·第五卷》，人民文学出版社2005年版，第540页。

而言，我以为大体是的确的。"①

《集外集拾遗·又是"古已有之"》中："那时大约确乎因为胡适之先生还没有出世的缘故罢，所以诗上都没有用惊叹符号……"②"大约确乎"似乎已是惯常用法了。

就在鲁迅先生去世前的几个月，他给曹靖华写了一封信，信中也有这样的说法。"问历年颇不偷懒，而每逢一有大题目，就常有人要趁这机会把我扼死，真不知何故，大约的确做人太坏了。"③

以上这些，是我在阅读《鲁迅全集》时所作的笔记，统计尚不完全，但是足以说明问题。

这些写法，是否都像《孔乙己》中那么有深意？尤其是鲁迅先生与曹靖华的通信，和《孔乙己》中的"大约""的确"是一样的，鲁迅先生不会把与朋友的书信写成具有深意的文学作品。反过来说，与《孔乙己》中"大约""的确"用法完全相同的书信，其中如果没有深意，是不是反证《孔乙己》中的"大约""的确"也没有深意呢？

从全集中搜集的这么多条类似的用法，是不是也可以证明，既然没有深意，也不会是"伟人的犯错"——一个文学家，屡次犯文法错误，恐怕不能称为文学家。更何况，屡次在同一个问题上"犯错"，就不得不归于一种习惯。从另外一个角度来看，鲁迅先生为文的态度，也能说明问题，"完后至少看两遍，竭力将可有可无的字，句，段删去，毫不可惜"④。

综上所述，似乎"方言对译说"，最为符合实际。打一个比方，老舍在作品中爱用"儿化音"，我们不会单独把"儿"字拿出来作分析，是因为儿化音与普通话关系紧密，被人熟知，而绍兴的方言不像儿化音那样普及而已。一个作家，在写作中常用自己的方言，这是潜意识的事情，尤其是还没有普及普通话的时候，所以，鲁迅先生的这些话，没有我们想象得那么深奥，不要

---

① 鲁迅著：《鲁迅全集·第五卷》，人民文学出版社2005年版，第457页。
② 鲁迅著：《鲁迅全集·第七卷》，人民文学出版社2005年版，第239页。
③ 鲁迅著：《鲁迅全集·第十四卷》，人民文学出版社2005年版，第97页。
④ 鲁迅著：《鲁迅全集·第四卷》，人民文学出版社2005年版，第373页。

再做过多分析了。

5. 课例品析

课例（案例）研究，是教师成长不可缺乏的一个环节。最简单的课例研究，就是研读名师的课堂实录。在研读名师的课堂实录过程中，可以进行专题研读，比如导入专题、提问专题、过渡专题、学生活动专题，最后肯定会形成自己的一些看法——当然，如果在研读过程中不赞同，也可以质疑、思考，久而久之，便能形成一些成果。我在前文提到的对于永正老师课堂实录的读法即是一例。不过，那倾向于阅读，此处所说的课例品析，还可以是听课的。后面的教育叙事中，我还将提到。

其他如论文或者课题写作，都有专业书籍介绍，此处不赘述。

6. 影　评

电影走进教育，是近几年很火的事情。很多老师已经将其开发出课程，我也曾一度非常痴迷电影，尤其是黑白片，看多了就有写作的冲动。我尤其喜欢从其他领域的视角去看电影，比方说心理学。感兴趣的老师可以先找一些这方面的书读一读，会更容易上手。除了熟知的戴锦华等人的电影评论书籍，李孟潮的《在电影院遇见弗洛伊德》、罗青的《罗青看电影》等，算是偏冷门的书，也可以参考。虽然我在这个领域涉猎过一些，但不敢说自己很擅长，就不展开论述。

第五章 一节课的叙事研究点

教师的写作灵感，最可能的来源往往是班级与课堂。一节课虽然只有四十分钟或者四十五分钟，但却包含了好几个部分的生命体。第一部分，文本解读；第二部分，教材解读；第三部分，教学设计；第四部分，课堂生成；第五部分，教后反思。每一部分都有相对的任务，都能成为写作和记录的对象——且不说前面已经提到的备课笔记。

1. 文本解读，占有材料

占有材料有两层意思。

第一，占有文本本身。文本也是材料的一部分，而且是最重要的一部分。解读文本须先占有文本，这是理所当然的事。占有文本的前提是直面文本，这也是解读文本的一个重要方法。陈思和教授在《名著新解》中，就提到了这个方法。[1] 文本解读，要把自己放到文本里面去，融入其中，去获得生命的体验，也就是说，我们和文本之间必须没有隔阂。面对文本，我们要有感知或者感发。这是备课所必备的一种材料，没有这种材料，是不可能上好一堂课的。这种材料要怎样占有呢？最有效的办法是"读"。借用王尚文先生在《语感论》里的话说，是"精读、美读、烂读、泛读"[2]。于永正先生在《于永正：我怎样教语文》一书中，也说过这样的话：

---

[1] 陈思和著：《陈思和文集·名著新解》，广东人民出版社2017年版，第9页。
[2] 王尚文著：《语感论》，上海教育出版社2006年版，第442—445页。

  我每次备课都是先埋头读课文，读呀，想呀，想呀，读呀，什么时候读出门道来了，什么时候兴奋起来了，什么时候才肯罢休。只要我读得有一种兴奋的感觉，有一种豁然开朗的感觉，有一种"柳暗花明又一村"的感觉，那就意味着教学的成功。读到这种程度，即使不写教案，也能把课上得有滋有味。这法那法，读不懂教材就没法。读懂、读出文章的妙处是一个方面，另一个方面要读出感情来。老师绘声绘色的朗读也会使语文教学富有趣味性。范读是我的"绝活"。有的课文我能读得学生眉飞色舞，有的课文我能读得学生潸然泪下。实践证明，声情并茂的朗读会使学生借助听觉形象进入文章的意境，给学生一种美的享受，从而使他们产生学习、探究的需要和兴趣。①

  这种读，不仅仅是嘴巴上的读来读去，而是念兹在兹，心里口里脑里都是这首诗、这首词、这篇文章。这样的备课，特别像是在写文章。有经验的老师都知道，很多文章看似写得很快，其实在成文之前，已经在肚子里酝酿了很久，最后才能水到渠成。古代文学理论中有"伫兴而作"的说法，用在备课上，也是如此。在这种久久的"读"之中，感受文本、领悟文本。占有文本本身，可以理解成"由内而外"的文本解读法。

  第二，占有与文本相关的材料——可以理解成"由外而内"的解读。这是解读文本的一个重要手段，也是很多老师常用的教研方法。名师郭初阳在他的《言说抵抗沉默》的序言中，有一段话，我深有感受：

    有勇气与责任心的教师，会为了一节公开课，搜集资料而皓首穷经，设计环节而殚思极虑，甚至只为一个词语而险觅狂搜。公开课注重无限的细节，更为关键的是，它必须以追求新意为第一要旨：在这节课上，师生共同努力的目标，是对文本作出属于自己的、新鲜而卓越的阐释。②

  显然，这样的方法无法针对每一篇课文。正如我们前面所说的那样，不可能每一篇经典都能给我们提供"新意"。但在公开课上，没有属于自己的新意解读或者新颖设计，就很难有亮点。

---

① 于永正著：《于永正：我怎样教语文》，教育科学出版社2014年版，第67页。
② 郭初阳著：《言说抵抗沉默》，广西师范大学出版社2014年版，第18页。

以我上过的五年级下册《景阳冈》一课为例。

要先占有材料，再解读文本。除了熟读文本之外，还要弄清楚这些内容：第一是作者，第二看文本背景和注解，第三看文本赏析和评价，第四看相关课例。

这类材料，有赖于平时的搜集——材料搜集是教师成长路上很重要的一步。我曾经关注过几位名师的成长经历，这一步可以说他们都曾走过。我自己也有意搜集材料，专门有一个硬盘，用以储存相关电子资料。在空余时间随意浏览，一来可以得知前沿信息；二来可以得知哪些方面曾有人深度发掘过，可以借鉴利用，同时知晓哪些方面是没有人关注到的，可以创新。

第一看作者，《景阳冈》一文的作者是施耐庵——这恰恰又是一个没有办法通过材料弄清的作者，但这不是文本解读中最重要的。解读文本，能搞清楚作者背景当然最好，不清楚也不要紧。第二看文本背景，作者背景和文本背景加起来，就是传统的"知人论世"理论。第三看相关评论，比如专著、点评等。第四看课例文献。这篇课文相关的专著有：

夏志清《中国古典小说》（四大名著皆有，《儒林外史》也有，《水浒传》中有论述鲁达和武松的片段）；

周先慎《中国古典小说的思想与艺术》（《水浒传》两篇，《聊斋志异》较多）；

聂绀弩《中国古典小说论集》（《水浒传》五篇，《聊斋志异》三篇，《三国演义》《红楼梦》各一篇，《金瓶梅》《野叟曝言》各一篇）；

吴组缃《吴组缃小说课》（《聊斋志异》较多，《三国演义》《水浒传》《西游记》《红楼梦》《儒林外史》各一篇）。

其中，《水浒传》的明清点评是最重要的材料，可以分类汇聚，比如根据任务进行分类。点评中，对本课备课最重要的莫过于书中第二十二回的回前总评：

天下莫易于说鬼，而莫难于说虎。无他，鬼无伦次，虎有性情也。说鬼到说不来处，可以意为补接；若说虎到说不来时，真是大段着力不得。所以《水浒》一书，断不肯以一字犯着鬼怪，而写虎则不惟一篇而已，至于再，至于三。盖亦易能之事薄之不为，而难能之事便乐此不疲也。

写虎能写活虎，写活虎能写其搏人，写虎搏人又能写其三搏不中。此皆是异样过人笔力。

吾尝论世人才不才之相去，真非十里、二十里之可计。即如写虎要写活虎，写活虎要写正搏人时，此即聚千人，运千心，伸千手，执千笔，而无一字是虎，则亦终无一字是虎也。独今耐庵乃以一人，一心，一手，一笔，而盈尺之幅，费墨无多，不惟写一虎，兼又写一人，不惟双写一虎一人，且又夹写许多风沙树石，而人是神人，虎是怒虎，风沙树石是真正虎林。此虽令我读之，尚犹目眩心乱，安望令我作之耶！

读打虎一篇，而叹人是神人，虎是怒虎，固已妙不容说矣。乃其尤妙者，则又如读庙门榜文后，欲待转身回来一段；风过虎来时，叫声"阿呀"，翻下青石来一段；大虫第一扑，从半空里撺将下来时，被那一惊，酒都做冷汗出了一段；寻思要拖死虎下去，原来使尽气力，手脚都苏软了，正提不动一段；青石上又坐半歇一段；天色看看黑了，惟恐再跳一只出来，且挣扎下冈子去一段；下冈子走不到半路，枯草丛中钻出两只大虫，叫声"阿呀，今番罢了"一段。皆是写极骇人之事，却尽用极近人之笔，遂与后来沂岭杀虎一篇，更无一笔相犯也。[①]

还有一些材料，是一般人不大注意到的：

【容评】李卓吾曰：人以武松打虎，到底有些怯在，不如李逵勇猛也。此村学究见识，如何读得《水浒传》？不知此正施、罗二公传神处。李是为母报仇，不顾性命者；武乃出于一时，不得不如此耳。俗人何足言此，俗人何足言此！

【袁评】武松视虎如蚁，后来梁山一班好汉，视童蔡辈为虎而冠者也，所以急欲以景阳几拳与之。

【王评】又曰：别宋江，辞柴进，离沧州，抵阳谷，先饮酒，后打虎。雄哉松也！虎搏人，未闻人搏虎；众人打虎，未闻一人打虎；众人

---

① 鲁玉川等辑校：《水浒传会评本》，北京大学出版社1981年版，第415页。

器械打虎，未闻一人拳脚打虎。述虎之势，曰"扑"，曰"掀"，曰"翦"；述打虎之状，曰"闪"，曰"按"，曰"踢"，用拳不用棒。雄哉松也！[①]

这三位点评的是容与堂刻本，第一位点评人是李卓吾，第二位是明朝万历年间学者袁无涯，第三位是清朝醉耕堂王望如。王的点评非常重要，我看过的诸多课例中，几乎没有不引用他这一段点评的，我也不例外。

除此之外，还有文中的夹批和眉批。比如金圣叹对"梢棒"的关注，他在夹批中，把文中提到的梢棒次数和饮酒的量，一一列举，催生了干国祥老师的经典课例。

这些材料不是专门为这节课准备的，而是将《水浒传》有关的材料汇聚在了一起。如果这节课的课题换成《鲁提辖拳打镇关西》，这些材料依旧可以用到。

那么，这些材料会在解读文本或者教学的时候全部用到吗？不一定。但可以肯定的是，前期一定要搜集，一定要汇总，备课前在熟读文本的基础之上浏览，会催生我们文本解读的灵感。

除了这些经典的材料外，我还广泛搜集了与《景阳冈》相关的诸多材料，或来源于书籍，或来源于网络，共计38篇。这些材料的搜集，不是一天两天可以完成的。我想起苏霍姆林斯基在《给教师的建议》中说到的一个案例，真是感慨万分。

一位有30年教龄的历史教师上了一节公开课，课题是《苏联青年的道德理想》。区培训班的学员、区教育局视导员都来听课。课上得非常出色。听课的教师们和视导员本来打算在课堂进行中间写点记录，以便课后提些意见的，可是他们听得入了迷，竟连做记录也忘记了。他们坐在那里，屏息静气地听，完全被讲课吸引住了，就跟自己也变成了学生一样。

课后，邻校的一位教师对这位历史教师说："是的，您把自己的全部心血都倾注给自己的学生了。您的每一句话都具有极大的感染力。不过，

---

① 鲁玉川等辑校：《水浒传会评本》，北京大学出版社1981年版，第430页。

我想请教您：您花了多少时间来备这节课？不止一个小时吧？"

那位历史教师说："对这节课，我准备了一辈子。而且总的来说，对每一节课，我都是用终生的时间来备课的。不过，对这个课题的直接准备，或者说现场准备，只用了大约15分钟。"①

用一辈子的时间备课，这句话，我牢记着。

在熟读文本的过程中，我终于发现了一个老师们容易忽略的问题。

文本中，有这么一段话：

武松走进店里坐下，把梢棒靠在一边，叫道："主人家，快拿酒来吃。"只见店家拿了三只碗，一双筷子，一盘熟菜，放在武松面前，满满筛了一碗酒。武松拿起碗来一饮而尽，叫道："这酒真有气力！主人家，有饱肚的拿些来吃。"店家道："只有熟牛肉。"武松道："好的切二三斤来。"店家切了二斤熟牛肉，装了一大盘子，拿来放在武松面前，再筛一碗酒。武松吃了道："好酒！"店家又筛了一碗。

恰好吃了三碗酒，店家再也不来筛了。武松敲着桌子叫道："店家，怎么不来筛酒？"

在武松说话的提示语中，出现了三次"叫道"。武松吃完酒之后准备上冈，店家阻拦，又出现了两次"叫道"，是店家发出来的。原文是这样的：

店家赶出来叫道："客官哪里去？"武松站住了问道："叫我做什么，我又不少你酒钱！"

店家叫道："我是好意，你回来看看这抄下来的官府的榜文。"

而在武松与虎初遇的时候，有这么一句：

武松叫道：呵呀！

我发现，这几个"叫道"都分布在几个重要的情节之中。虽然店家的"叫道"出现在武松上冈之前，但与"上冈"情节中的武松心理有着密不可分的关系。

于是，我从"叫道"一词入手设计教学，从而抓住武松的形象，让课堂

---

① 〔苏〕苏霍姆林斯基著、杜殿坤编译：《给教师的建议》，教育科学出版社1980年版，第7页。

精准到位。

2. 教材解读，直面学生

前面谈了文本细读，这里再谈教材解读。这两个概念貌似重复，其实不同。王崧舟老师在《诗意语文——王崧舟语文教育七讲》的第四讲中，对这两个概念有着很清晰的解读。

> 文本细读和"钻研教材"来自两个不同的概念系统。它们的语义内涵不仅取决于它们自身的概念存在，更是被它们所由来的观念系统框定的。两者的根本区别在于，在"钻研教材"所置身的话语系统中，语言被指述为工具，因为是工具，因此它是外在于人的生命存在的，语言是语言，内容是内容，于是，钻研教材就是钻研内容。而在"文本细读"的语境中，语言，准确地说应该是"言语"，言语是本体，言语是存在的家，言语性是生命的本质属性、固有属性，而不是外加的。那么它所钻研的不是剥离了语言的内容，而是言语本身。注意，是言语本身！这是第一。第二，钻研教材，意味着教师在细读文本之前，已经有了一个先在的限定：文本是"教材"，文本已经被异化、窄化、浅化为"教材"，教师能读出的不过是文本作为教材的"教学重点"、"教学难点"、"教学特点"和"教学疑点"。其他的，因为跟我的教学无关，于是统统来个"格杀勿论"。而文本细读就不是这样，它要善良得多、细腻得多，它首先让文本返回到原初状态。注意，原初并非仅指开端，原初就是原本、本原、本体。文本细读，就是将文本返回本体。从这个意义上说，作为教材的"文本"是流，作为文本的"文本"才是源啊。你不能本末倒置舍本逐末，你应该正本清源，培根固本。①

我们常说的"文字—文学—文化"，其实就说明，文本解读的过程就是从

---

① 王崧舟著：《诗意语文——王崧舟语文教育七讲》，华东师范大学出版社2009年版，第97页。

文字到文化的发展过程。

我们还可以进一步说，文本解读要读出十分，教材解读也许只用到五分。那么问题是，既然只用到五分，我们为什么还要读其他的五分呢？干国祥老师在《理想课堂的三重境界》中说："作为教师，最好能理解得这么深，甚至更深。只有教师理解正确了，才不至于在课堂教学中出现臆测式的胡乱解读和教学，才能根据学生的理解力，依据课堂的机缘，在不失去这些基本意蕴的前提下，适当地进行教学。"[1]

练过书法的老师一定听过这样一句话："取法乎上，仅得乎中；取法乎中，仅得乎下。"如果我们只是简单地解读教材而不去精深细致地解读文本，即便我们教了五分，学生也不一定学到五分。我们之所以要解读到十分，是为了让学生学到五分，甚至五分之上，这才是课堂的惊喜。所以说，文本解读，是教师自己面对文本和作者；教材解读，则是教师带着学生去面对文本和作者。主体发生了变化。

教材解读与文本解读，有着密不可分的关系，但是又有着明显的区别，文本解读的立场是文学和文化，教材解读的立场是学生和学科（或者说课程）。王荣生教授在《语文课程与教学内容》一书中对文本解读和教材解读的区别也有所表述："文学意义上的作品解读，或文章学意义上的文本解读，要依据文章的体式；教学意义上的课文解读，也就是教学内容的选择，要根据学生的学情。"[2] 格兰特·威金斯等在《追求理解的教学设计》中谈道：

> 如果我们不清楚所追求的特定理解是什么，不知道在实践中这些理解是如何表现的，那我们就不知道如何"为理解而教"，不知道应该采用哪些材料或开展哪些活动。就像导游一样，只有在清楚地知道希望"游客"对文化有哪些特定理解的情况下，我们才可能作出最好的决定：让我们的"游客"游览哪些"景点"，以及让他们在短时间内体验什么特定的"文化"。只有明确知道预期结果，我们才能专注于最有可能实现这些

---

[1] 干国祥著：《理想课堂的三重境界》，漓江出版社2019年版，第10、11页。

[2] 王荣生著：《语文课程与教学内容》，中国人民大学出版社2021年版，第297页。

结果的内容、方法和活动。①

我相信，没有一个导游对自己即将带队前往的景点是不熟悉的，越熟悉、越了解对游客而言就越有帮助。

还以《景阳冈》为例，有几个地方老师们需要特别注意。

要读读单元前的语文要素，看看课后的题目，知晓配套的教材练习本，掌握本文重点的生字生词和单元整理。这五个方面是教材解读中必不可少的。

《景阳冈》所在的五年级下册第二单元，人文要素是"观三国烽烟，识梁山好汉，叹取经艰难，惜红楼梦断"，四大名著，分别用了四个字来概括。具体到梁山好汉的"识"，还是比较粗浅的，相比之下，红楼的"惜"，更注重阅读的主观体验与感受，"识"则在于识形象、识性格。

这一单元的语文要素是"初步学习阅读古典名著的方法"，"学习写读后感"，这些很显然是课文学习的重要目标，但是不得不说，这个要素并不明确，什么叫"初步"？"初"到哪里算是合格？古典小说有没有独特的阅读方法？用在这一堂课上的阅读方法，可以直接照搬到后面的《猴王出世》和《红楼春趣》吗？如果没有独特的方法，那与读其他小说有什么不同？这些都值得备课前深思。顺便说一句，这一单元的编排是难得的文体统一单元，与其他以主题编排的单元不同。所以在课型上，可以考虑与其他单元教学的差异，做足文体教学创新的功夫。

课后题目共有四道。第一道，猜测文中的词语——本单元都是古典小说，生词是非常多的，而《景阳冈》可以说是中国古典小说第一篇正式的选本（《草船借箭》是改编本），学生能否学好这一课，对以后能否好好阅读古典小说，有着很重要的作用。如果学生觉得难，可能就不读了。所以我采用了预习单的方式，先将文中有关的生词汇集在一张作业单上，让学生提前解决。至于效果，可以通过课堂来检验。第一道题目，传递出古典小说阅读的方法之一：不懂的字词可以猜测。第二道题目，是关于小说故事发展顺序的，对于学生把握长文，有相当重要的作用。第三道题目，讲述武松打虎的部分，

---

① 〔美〕格兰特·威金斯、杰伊·麦克泰格著，闫寒冰等译：《追求理解的教学设计》，华东师范大学出版社2017年版，第15页。

属于口语作业，可以在课堂中完成。第四道题目，是对人物形象的探讨。课文中给出了两种不同的形象，这其实已经暗示了武松形象的多元化。

特别值得一提的是，在进行这样的设计之前，我在课堂内曾做过一次实践。我根据武松打虎的几个情节，带学生去分析形象。"吃酒"环节的武松，食量酒量大；"上冈"环节的武松，胆量大；"打虎"环节的武松，力气大、智慧多；"下冈"环节的武松，则结合金圣叹对武松"神人"的评价来展开，在课堂结尾又回归到"人"身上来。在这种教学方法下，我总是拽着学生往我设定的"食量酒量大"或者"胆量大"等方向走。现在反思，觉得还是从"叫道"的角度来展开设计更为合理。

3. 教学设计，寻求方法

文本解读和教材解读如果到位了，教学设计就会变得轻松起来。因为通过文本解读和教材解读，我们已经明白了哪些是要教的，哪些是不需要教的。从此，我们的教学目标也就形成了。

还是以《景阳冈》为例。学生是第一次直面古典小说，文本里很多字词是他们理解的一大障碍。这些字词要不要教？肯定要教，但可以放到课前预习单里，通过学生的预习来解决。

以下是我为这一课写作的教学简案：

《景阳冈》教学简案

五年级语文下册		教师：匡双林
课题：第二单元第6课　课题：景阳冈		课时数：2课时
教学目标	1. 初步学习阅读古典名著的方法	
	2. 多元理解武松形象	
	3. 激发学生阅读《水浒传》的兴趣	
预习作业	预习单	

续表

教学板块	
导入	以表演形式直接考察预习单的掌握情况，以"踉踉跄跄"开头，切入到文本情节
第一板块	探究情节：吃酒，上冈，打虎，下冈
第二板块	吃酒：三个"叫道"——武松反应：笑 预设：豪气（不作限定） 上冈前：两个"叫道"——武松反应：笑 过渡到：胆气 打虎：一个"叫道"——武松的反应：从青石板上翻身下来，害怕 回归到：人（全文寻找）
第三板块	作者写虎的故事，作者介绍，书籍介绍
教学反思	

在设计过程中，教学目标的设置力求与文本相结合。比如第一个教学目标，其实放到《猴王出世》中也可以，但是在本文中，重点在掌握古典白话小说中的词语和短句。基于这个目标，我设计了两个方法。第一个方法是要求学生在课前预习课文；第二个方法是要求学生掌握文中部分字词，在预习单上完成。课堂只需要三步：第一，检查预习情况，看看是否尽如人意，如果不如人意，则再根据不同情况进行调整，如果没有问题，直接归纳和总结。第二，多元理解武松形象，显然这是本节课的重中之重，也是从"叫道"一词切入教学目标。第三，则是课堂的最后一部分，书籍介绍和作者介绍。三个程序，对应三个目标。

4. 课堂生成，不求完美

课堂生成，至少有三处值得我们去好好记录。

第一是教学实录，或者说是课堂实录。从某种程度上说，实录并不是写作，是自然生成，但实录仍是自己的作品。课堂实录有两种方式：一种是原生态记录，清楚呈现；还有一种是叙事记录——这里就有叙事写作的意义，干国祥老师的课堂实录就属于这一类。

第二是课的微艺术。课堂内某个细小的部分，处理得很好，处理得很得意，不妨把它记录下来。

第三是课堂意外。课堂意外，又包含两层意思：一是课堂的失败点，自己预先设计好了，但是没有达到预料的效果，因此需要好好反思；二是课堂惊喜。

在教《最后的常春藤叶》的时候，我遇到过一件"意外"的事情，并将之记录了下来。

这是救人的叶子还是杀人的叶子？

上《最后的常春藤叶》时，我设计了一个问题：你觉得这是一片什么样的叶子？原意是调动一下课堂气氛，并以此作为导入。本就没有什么标准答案，因此特意点了一些不大爱发言的学生回答问题。自然，答案里少不了"充满希望的叶子""永不凋零的叶子""具有人性光辉的叶子""震撼人心的叶子"之类的话。临了，我说，还有最后两个机会，谁来说说。

角落里，举起一只手。

"老师，这是一片救人的叶子！"

"救人"，好懂。贝尔曼画的常春藤叶把琼珊救了，不需要我多解释什么。

右边，靠窗户的角落，微信名叫朱古力的同学也举起了手："老师，这是一片杀人的叶子！"仿佛是针对前面那个发言的同学而来的。然后，全班同学被这一句话带进了短路状态，包括讲台上的我。

为了掩饰我对这个问题从来没有思考过的心虚，我使用了老师的惯用伎俩。第一，先鼓励；第二，把问题抛给其他同学；第三，再听其他同学的理由。

我说:"杀人的叶子?这倒很有意思啊,这角度实在很新颖。实话说,老师备课可从来没有想过这样的问题。其他同学怎么看?"沉默。"朱古力同学提出了大家都回答不了的问题,我建议应该有热烈的掌声。"

"大家好像一时领悟不了这是一片杀人的叶子,朱古力,能不能说说你的理由?"

朱古力清了清嗓子:"老师,大家都只是站在琼珊的立场上想问题,贝尔曼救了琼珊的命,当然是一片救人的叶子。但是,站在贝尔曼的立场上,难道不是这片叶子杀了贝尔曼吗?倘使他不在寒雨夹着雪的夜晚画这片叶子,就不会得肺炎,不得肺炎,当然不会死。得了,他就是被这片叶子杀的。难道非要拿一命去换一命吗?"

这一下,掌声是自发响起来的,比刚才我"建议"的"热烈"还要"热烈"!

朱古力同学刚刚坐下,平时发言不多的小宋站了起来。

"我不同意这种看法。贝尔曼在画常春藤叶之前,其实并不知道自己一定就会得肺炎。"

我赶紧补充:"是啊,对一个画家而言,他不会想到画一幅画会要了自己的命。"

又有一位同学站起来:"老师,我觉得贝尔曼必须死——当然不是肺炎的原因,而是小说本身的需要。如果他不死,那就是一个普普通通的助人为乐的故事,我们读起来也就不会感动了。"

"精彩!这就是所谓的艺术来源于生活,又高于生活。贝尔曼的死,确实是小说艺术本身的需要。贝尔曼不死,小说的主题就不会得到升华,情节也不会逆转。——这个问题,我们在下一节课重点分析。"

课堂突然生发的这一意外,让我特别兴奋,因为我看到了学生在真正地思考问题。

这个意外惊喜似乎在告诉我:文本解读和教材解读是没有止境的。

回到《景阳冈》,我简单地将我的课堂实录,用叙述的文字记录下来。

导入部分,我准备了文中的四个词语:"踉踉跄跄""疏软""三般""请勿自误"，目的是告诉学生，阅读古典名著遇到难词时，可以运用四种方法。"踉踉跄跄"与生活经验或生活实际有关，应该说，这个题目的设计没有问题，但如果给学生一些提示更好，诸如"能否根据生活经验或阅读经验来猜测不懂的字词"，有了这句话，学生就不会凭空猜测。"疏软"，这是书中有注释的词语，学生要学会看注释。"三般"，学生要学会根据上下文来理解不懂的字词。"请勿自误"，这是当时的口头语，我要求学生查阅资料去理解。

此为第一个目标。

在导入之后，文章情节中的四部分自然还是要提，但是我采取的是一种相反的策略，我先把四部分亮出来，再请学生根据这四部分内容来进行复述。这么做的原因在于文章实在太长，如果一点提示没有，对学生来说有难度。根据学生的复述，我再进行"一句话概括"。

这样一来，课堂进入到最重要的文本赏析部分。

在进入"吃酒"环节的赏析时，我给了学生三四分钟时间，先自由朗读第一段。再把武松那三句有"叫道"的话单独呈现，请学生分角色朗读。第一个学生读，平平淡淡，没有味道，经我提示后，加了动作和语气。这个"叫道"，凸显了武松喝酒吃肉时的那种急迫心理，声音要洪大，要体现出武松的不拘小节，甚至有些许鲁莽。

在这一环节中，有一个细节值得注意。武松先要酒，后吃肉。在讲"叫道"的时候，我自己也参与到分角色对读中——这是第三次读了。我在读的过程中故意把武松的第一次"要酒"读成"要肉"。自然，学生很快发现了我的错误。我于是问：武松为什么叫着先要酒后吃肉呢？我还提到，前文的"饥渴"也是先"饥"后"渴"，能不能先吃肉后喝酒？有一个学生说："我妈妈说了，空腹喝酒容易醉。"这是"支持"我的观点的。为什么武松要空腹喝酒呢？这和提示语"叫道"有着一样的效果，强化了武松的形象。

"酒肉"问题是整部《水浒传》中的一个重要问题。我为备课而搜集的材料中，有陈洪、孙勇进合著的《漫说水浒》，其中专门有一章节谈到了"酒肉"问题：

  超凡之量，就是超凡英雄气概的象征。

《水浒》中的大量的饮酒吃肉，并不纯粹是现实的描写，它的确更多的是表现一种梦想，一种社会底层分子对物质丰盈能尽情享受口腹之乐的人生的梦想。①

　　先喝酒再吃肉，也是英雄气概、超凡脱俗的象征。如果先吃肉后喝酒，会变得俗气，只是一个要填饱肚子的庄稼汉而已。

　　所以，喝酒吃肉，连同"叫道"，是武松"豪气"的一种表现。但课堂上学生呈现的回答很多元，有说"武松不够礼貌"的，有说武松"很有英雄气概"的，有说武松"豪迈"的，有说武松"不拘小节"的等等。

　　店家的"叫道"，可以带出店家的形象。如果说，前文武松的"叫道"，是一种想喝酒吃肉的急迫心理，那么店家的"叫道"，是关心过往商客的急迫心理。店家在前面都很平淡，到这里却"叫"了起来。而武松的反应却是笑，反面衬托出他的过度自信、鲁莽和不听人劝。他的鲁莽，在店家相劝时表现得最为突出。课堂上，我追问了一句："武松的这些性格，还和上冈时候的哪些表现是一致的？"这就切入到了上冈时候的心理描写。我预设的归纳是"胆气"。

　　最难处理的是打虎时的一声"叫道"。武松打虎的场景，是文中的精彩部分。我先亮出武松具体打虎的情节，虎"扑、掀、剪"，武松三"闪"，以三个动作对应虎的三个动作，其中体现了"避其锋芒"的兵法智慧。这里着眼的是武松临危不乱、有勇有谋的艺术形象，到了最后，才回归到"叫"上来，使打虎的英雄回归到普通的人。

　　上课前，我在此处纠结了很久。怎样才能从喝酒吃肉时武松的"叫"、店家的"叫"，过渡到打虎时武松的"叫"？后来我想，为什么一定要过渡呢？因此，上课时，分析完前面的"叫"，我就直接说，我们来看看全文最精彩的"打虎"情节吧。

　　讲到这里的时候，我把金圣叹的点评搬了出来：

　　（施）耐庵乃以一人、一心、一手、一笔，而盈尺之幅，费墨无多，不惟写一虎，兼又写一人，不惟双写一虎一人，且又夹写许多风沙树石，

---

① 陈洪、孙勇进著：《漫说水浒》，人民文学出版社2001年版，第103、106页。

而人是神人，虎是怒虎，风沙树石是真正虎林。①

金圣叹在点评中，多次言武松为"天人""神人"，但对打虎的评价，以这一段最为经典。他的点评中，把武松从"神"拉回到了"人"。武松在打虎时是很有"勇气"和"力气"的，但他也有害怕的地方，这可以从最后的这一声"叫"中看出来，其他还有好几处，比如"冷汗"，比如"挨"，都是"人"的正常表现。

还有一个地方值得一说，虽然我在课堂上没有提。

全本《水浒传》中，金圣叹也关注到了施耐庵所谓的"正犯法"：

有正犯法。如武松打虎后，又写李逵杀虎，又写二解争虎；潘金莲偷汉后，又写潘巧云偷汉；江州城劫法场后，又写大名府劫法场；何涛捕盗后，又写黄安捕盗；林冲起解后，又写卢俊义起解；朱仝、雷横放晁盖后，又写朱仝、雷横放宋江等。正是要故意把题目犯了，却有本事出落得无一点一尽相借，以为快乐是也。真是浑身都是方法。②

金圣叹没有提到，全书还有一处和"虎"有关，甚至和武松有密切联系的地方。《水浒传》第一回，金圣叹改为"楔子"，"洪太尉误走妖魔"，谈到洪信到龙虎山宣召，同样见到了一只"吊睛白额锦毛大虫"，洪信的反应是：

又行不到三五十步，掇着肩气喘。只见山凹里起一阵风，风过处，向那松树背后奔雷也似吼一声，扑地跳出一个吊睛白额锦毛大虫来。洪太尉吃了一惊，叫声："阿呀！"③

这一声"叫"，几乎和武松一模一样，这未免"犯"得不佳。当然这是课堂之外的话，但同样是教师写作的一个素材。

在课堂的结尾，说到作者的时候，我特意提到一种说法：施耐庵是罗贯中的老师，但他们也有可能是一人。因为有的《水浒传》版本的作者署名就是"罗贯中施耐庵"，而"施耐庵"可能是"俺乃是"的倒读，连起来就是

---

① 鲁玉川等辑校：《水浒传会评本》，北京大学出版社1981年版，第415页。
② 〔明〕施耐庵著、〔清〕金圣叹批评：《金圣叹批评本水浒传》，岳麓书社2006年版，第1页。
③ 同上，第5页。

"俺乃是罗贯中"。学生听到这个说法，竟欢呼了起来。

最后一个环节是书籍推介，我推介的是宋云彬先生的节选版《水浒传》。至此，第三个教学目标达成。

5. 教后反思，全面完整

《中国教师报·现代课堂》主编褚清源先生在谈到教学反思的写作时，曾说教后反思要坚持三个面向：一是面向整体和系统进行全息反思，二是面向细节和痛点进行切片反思，三是面向其他同类课例进行对比反思。

第一点，面向整体和系统进行反思。我认为视角可大可小。小者，可以指向一篇课文，看看它的目标落实与否，方式恰当与否，感觉顺畅与否。中者，则观察一篇课文在这一单元乃至在这一册中是怎么样的一种地位。《景阳冈》在五年级下册的第二单元中，可以说是最重要的一篇课文。前面的《草船借箭》是改写文本，某种程度上说，还不是真正意义上的古典小说。《景阳冈》课后题目中的"起因经过结果"，则传递出古典小说的阅读方法。而大者，须放眼整个基础教育的语文课程。比如，《景阳冈》选在小学，《鲁提辖拳打镇关西》（部编本已无此篇文章）、《智取生辰纲》选在初中，《林教头风雪山神庙》选在高中，同样是《水浒传》里的文章，定位各不相同。《景阳冈》的学习，若"不懂词语"，可以通过猜测的方法，也就是说可以抓大放小，重点关注故事情节。而初中阶段的《智取生辰纲》，却变成了"比较与现代汉语的不同"。到了高中阶段的《林教头风雪山神庙》，又变成了"小说情节跌宕起伏，张弛有致。阅读时，要理清情节发展的脉络，体会林冲是怎样一步步被'逼上梁山'的。注意小说如何在情节的发展中塑造人物性格，感受和理解自然环境（如风雪）描写渲染气氛、推动情节的作用。窥斑见豹，大致了解《水浒传》的思想艺术成就"。

在小学和初中，文学作品的赏读多少涉及"小说情节发展中塑造的人物性格"，但随着年段的升高，在设置单元大背景和核心要素时，除了不同人物的不同性格之外，也要考虑所选文本主人公性格的深刻性与多样性。比如说，小学只是"初步学习阅读古典名著的方法"，关键词是"初步"；初中则是"抓住小说的主要线索，梳理故事的情节，把握人物形象，探讨其性格形成的原因，了解古代白话小说的艺术特点"；到了高中是"学习本单元，要注意知人论世，在人物与社会环境共生、互动的关系中认识人物性格的形成和发展，关注作品的社会批判性。要了解作者如何运用多种艺术手法实现创作意图，品味小说在形象、情节、语言等方面的独特魅力，欣赏小说不同的风格类型；学习用读书提要或读书笔记记录自己的阅读感受和见解，借鉴小说技法进行创作"。

这么一看，我们就能明白，对小学阶段的《景阳冈》来说，重要的是让学生掌握"初步阅读古典小说的方法"。这里传递出两个信息：一是要了解古代白话小说与现代汉语中词汇的不同含义，并学会猜测，这需要师生在课堂上花一点时间进行梳理。二是要根据情节的发展，梳理出小标题。关于书籍推荐，并不占太多的时间（大概只花了五分钟），但因为从罗贯中和施耐庵的关系入手，某种程度上说既重温了《三国演义》的作者，又强调了《水浒传》的作者。正如前面所说，第一次接触古典小说，不能让学生有畏惧感，考虑到学情，所以我才推荐了宋云彬先生的版本。到了初中，则完全可以用金圣叹的点评本。

王荣生教授在《语文课程与教学内容》里有这样一段话："语文教学，往往变成面面俱到地'教课文'，主要是一篇课文局限语境中的一些具体细节，比如课文中某个人物的动作描写、描写某处景物的比喻句、某个语段中的'好词好句'等。在中小学十二年的语文课上，学生似乎要知道'无限量贩'的具体细节。"[1] 王教授的这段话很值得重视。怎样将语文教学的"教课文"变为"教文学""教文化"，我们需要好好探索。

第二点，面向细节和痛点进行反思。这里的前提是能发现自己的细节和感知自己的痛点。我自己在备《景阳冈》时，就已经拥有诸多痛点。经典文章，貌似能开掘的角度很多，但是已经开掘过的角度也很多。加之我自己渴

---

[1] 王荣生著：《语文课程与教学内容》，中国人民大学出版社2021年版，第84页。

望以核心问题贯穿整堂课的教学,所以在"占有文本"的基础上突出了"叫"字,希望以此"牵一字以动全文",纲举目张。再如关于古代白话词语与现代汉语的差异,文中并没有出现太多的注释,因此我在课堂中用了"猜测""看注释""联系上下文"和"查资料"四种方法。

事实上,几乎所有的课都是有遗憾的,都不可能完美。比如文中的动作描写,我在课堂上就有所舍略,因为确实没办法一一关注。尤其是精彩的"挨"字,也只是在武松"回归"到"人"的过程中,点到为止,未能深挖。

所谓的痛点反思,显然是针对我们失败的地方、不顺的地方、处理不当的地方,尤其是我们设计好了却并不能按照预设进行教学的地方。

第三点,面向其他同类课例进行反思。我想到的是干国祥老师的经典课例。[①] 他从"哨棒"入手,对《景阳冈》进行文本解读。这是金圣叹给他的灵感。金圣叹在点评中,将"哨棒"出现的次数数得清清楚楚,这与后面的潘金莲多次称呼武松"叔叔"如出一辙。

但是,这种反思着实太累,不仅需要宏观的视野,深入的思考,也需要有足够的时间。对整日忙碌于鸡毛蒜皮的班级管理、频繁的会议培训以及家长沟通、心理辅导的教师而言,这样的研究近乎奢侈。但有一种反思,是必须坚持的。面对一篇文章,"我要教什么","我采取什么方式教","我为什么要教这些","我为什么要这么教","这么教和教这些的目的是什么",这些问题不能不思考。第一个问题审视的是教学内容,第二个问题思考的是教学方式,第三、四个问题是对自己所教内容和所采取的方式的学理考量,第五个问题涉及教学的目标。

我想,从这些角度去反思,其成果不仅仅是"有东西可写",更能有效地改进教学。

[①] 干国祥著:《理想课堂的三重境界》,文化艺术出版社 2011 年版,第 88 页。

第六章 教育叙事写作

1. 教育叙事写作的分类

《叙事学习》在一开头就提出：

> 不管愿不愿意，这些故事都在那里，人们没有权利选择是否拥有这些故事。从根本上讲，我们活在故事里，在故事中生活，通过故事去生活。当我们呱呱落地，就进入一个充满故事的世界：故事里有父母、同辈、文化、国家和文明……随着时间的推移，我们开始加入自己的故事，而这可能会改变我们曾被告知的关于我们是谁、我们是什么的故事。当我们逝去的时候，我们的故事在他人的故事中延续。故事使生活充满延续性、持续力和生机。我们在故事中回忆过去、憧憬未来，并借此感知现在。故事让生活有了结构，把生活衔接为连贯的整体，也赋予生活意义。当然，它也会让我们的生活变得复杂、破碎、没有意义。故事不仅是我们认识自己的窗口，在很大程度上，故事就是我们自己。没有故事，我们究竟会在哪里？我们会是什么样的人？[①]

教育叙事说到底，其实就是写故事。而这本《叙事学习》中提出的观点，同样适合教育叙事：我们是否能通过叙事从生活（工作）中学习，并服务于生活（工作）。这和我们现在做的"大概念教学"其实是异曲同工的。刘徽教

[①] 〔英〕艾沃·古德森著、方玺译：《叙事学习》，北京师范大学出版社2019年版，第1页。

授在《大概念教学》里,就提到"大概念"的特征是"反映专家思维,具有生活价值"①。这句话放到教育叙事写作中来看,就是我们创作的教育叙事,体现的是一个专业教师在处理教育事件时所具备的专家思维,而我们所写的事件,其实就是我们在专业生活中要反复面对的。所以这种教育叙事的写作,是具有生活价值的。

教育叙事的写作具有很大的价值,我有时候觉得,很多教育叙事的价值甚至超过了教育论文。因为论文的写作具有很强的格式化特点,表达的方式倾向于议论,可读性又比不上叙事。而叙事写作在可读性上更接地气,因而越来越受到教育界人士的重视。最重要的是,论文的写作,往往先有问题,再寻对策。教育叙事的写作,往往是处于困境之中,甚至是教育的"顽疾"之中,是通过叙事呈现"顽疾",最终还要回到"顽疾"之中,以自己的实际行动去改变——这是教育的难点,也是痛点。比如说后进生转化,教师或许通过一两年甚至更久的时间才会使之转化过来,但不是说未来的教师生涯中就不会遇见后进生了,这显然是不可能的。但是,对前一个后进生转化的有效策略,在另一个后进生那里未必管用,这就是教育的真实性。所以叙事写作具有反复性。

相比于论文,叙事写作更注重的是故事性——但是故事性不是虚构,而是倾向于表达的叙述。正如有的论者所说,教育叙事是文学的叙事方法在教育研究中的运用。叙事是人类认识世界与自我的途径,它总是与体验联系在一起。故事里有真情,故事里有真理,故事里有真的生命。

从内容上看,教育叙事可以分为以下几类。

(1) 课堂叙事

课堂叙事又可以分为两种:一种是听课叙事,一种是上课叙事。

我们每一个老师都有过听课的经历,听课叙事,简单地说是听完一堂课后做的记录,但这样往往会显得比较单薄,因此需要系列化,使之更有价值。比方说,同一堂课听一个人讲两三遍,或者听两三个人讲同一堂课,肯定会有很多不同的感受。特别值得一说的是,听课叙事与专业的"听评课"不同。

---

① 刘徽著:《大概念教学》,教育科学出版社2022年版,第33页。

专业的听评课，当然有它的价值，但可能需要量化的表格，课前须搭建听评课框架，而听课叙事，更多的是"叙事"，当然，这种叙事也不同于课堂实录。还有，它和课例品析也不同，课例品析更倾向于评论。

从另一方面讲，听课叙事与专业的听评课还是存在着相似的地方，譬如，它们的维度可以是一样的。听评课的维度一般有四个：学生学习的维度，教师教学的维度，课程性质的维度，课堂文化的维度。听课叙事的写作，可以从这些维度中任何一个展开，或者都有涉猎，但要重点突出。

以下是我的一篇听课叙事。

慢下来，才会有教育

一

早在一两个月前，我就和特校黄老师、《鹿城教育》杂志主编尚老师商量，一起做一次关于教育写作的活动，时间定在 12 月 8 日。转瞬间，我就已经坐在特校的教室里。

我听特校的课已经好几次了，所以再次来到，感觉非常熟悉。老师们非常细心，上课之前就给了我们教案。第一堂课是一年级的《太阳和月亮》，课堂设计满满七页。学情分析放在第一页，"障碍"一词，成了学情分析中出现最多的关键词——"智力障碍""双重障碍"比比皆是，这样的课，难度可想而知。

没有铃声，进来八个孩子，由三位老师引领。我后来才知道，除了上课老师，还有一位助教，一位专门引领。孩子们以希沃白板为中心，呈半圆形坐在我们面前。我细细地一一打量，他们几乎和我的儿女一模一样：一样活活泼泼，一样好动，也一样可爱。但我知道，他们坐在这里和我的儿女坐在教室里，还是有不同的地方。他们的目光呆滞，发出的声音不清晰，对我们这群坐在台下的不速之客的来临毫无感觉。

孩子们依旧很雀跃。但此起彼伏的声音，我听得不是很清楚。课前助教老师带领孩子们做口部操，我这才发觉，已经上一年级的孩子，发音却仍有困难，需要不断地训练口部肌肉。希沃白板上播放着视频，是助教老师自己做口部操的示范。助教老师一一指导，指导到第二个，第一个就开始大喊大叫；指导到第三个，第二个又不做了……终于，八个孩子，在各自的节奏中完成了口部操。

二

课堂正式开始。助教老师退回到一个孩子的身边。语文老师朱老师开始给孩子们讲课。

今天的课，是《太阳和月亮》。

朱老师呈现的课件简单素朴，却很见匠心。一轮新月挂在屏幕正中央，朱老师让孩子们来指认，遮住的那一部分月亮，随着手指的移动，慢慢地露出来，越来越多。

"月亮像什么？""眉毛！""香蕉！""月饼！""太阳！"声音一个比一个高昂，一个比一个纯真。孩子们杂乱的声音，总让我想起五岁的儿子。他在圆月之夜，坐在车子的后座，看见月亮后特别兴奋，大喊一声"月亮姐姐"。现在，这些孩子也像我的儿子那样，欢呼雀跃。

这一轮，八个孩子都积极参与。

然而，他们的任务还不仅仅是在老师的带领下认识月亮，还有对于我们而言简单对于他们而言却比较艰难的任务：指认月亮图片。

朱老师精心准备了词卡、图卡，让孩子们配对。但他们更爱的是视频游戏。朱老师请孩子们上台的时候，八只小手举得高高的。视频里出现了各种变形的月亮，偶尔还有太阳，从上一一往下坠落，看谁能够点中。上来的两位孩子，为了抓住时间，有一个干脆踩在白板的架子上。朱老师把他抱了下来。台下六个孩子的加油声一声高过一声，他们并没有急着上台，但都在全身心地为同学呐喊助威。果然，比赛的两个孩子不负众望，都准确无误地点中了"月亮"，最后6比6，战成了平局。

接着，朱老师还要把月亮还原到天空中，让孩子们再一次认识。简单的一句话——"晚上有月亮"，反反复复，来来回回，认识生活中常见的月亮真不容易。而我的脑海里，想到了李白笔下的月亮，想到了苏轼笔下的月亮，想到了蒲松龄笔下的"月明高洁，清光似水"，可这些孩子们，可能很长时间内都没法接触这些知识，他们知道天空中出现的那一轮泛白的星光体是月亮就非常棒了。

"来,跟我来,月——亮——噘起嘴巴——月,月,月……"朱老师不厌其烦也不厌其烦地一遍又一遍地带孩子们读。上课伊始,她就说"今天我们继续上《太阳和月亮》"。我看见她的教案上,《太阳和月亮》需要上三节课。

亲历了特校课堂,才知道老师的耐心是多么宝贵的品质。即便如此,依旧有的孩子发音不清楚。

坐在我对面的孩子,小小的脑袋,黝黑的皮肤,那杨梅头的发型很显眼,每一根头发都很精神,只是眯成缝的眼睛看不到光亮。在学情分析上,我看到他的名字叫贤臣。我能想象得出他父母生他时抱有的期待,希望他有文能治国武能安邦的能力。但或许是某一次发烧、某一次用药错误、某一次不慎的摔跤,破碎了一个家庭的梦。贤臣小朋友是班级里智力障碍最严重的一个学生,他坐在最靠近老师的地方,可是课才过了大概一半,他就已然没有办法坐下去了。地板对他的吸引力更大,他趴在地上,坐在地上,在地上滚,在地上爬。老师一边讲课,一边弯下腰去扶起贤臣。可是,扶起之后,他依旧躺下,双脚在空中乱蹬。当贤臣还躺在地上打滚的时候,助教老师却只能去追另一个离开座位的同学……

我相信,这是特校课堂的常态。

三

下课的时候,我问孩子们今天学到了什么。一个孩子说:"月亮——月亮。"边说边比画。

我不知道专业的特教课堂的教学目标是否达成,但我觉得这已经够了。孩子们学不会,那就用不同的方式,多教教,慢下来教,一个一个教,不着急。

这就是我听完这节课的感触。

长期以来,我们走得太快了,你五步并做四步,我就三步并做两步。你三步并做两步,我就两步并做一步。你比我快,我就比你更快。不知道有多少学生，他们走着走着——不，确切地说，是跑着跑着，就忘记了沿途风景，也忘记了他们想要去的地方。

这一切，都是因为我们要他们快点。

一场场春雨过后，要等到秋天，才能看到果实，这期间还需要夏天的耕耘。教育像极了耕种，除了水分、土壤、空气和农人的付出，还需要等待。老师不着急了，学生才会从容；家长不着急了，孩子才会淡定；家校慢下来了，孩子才会拔节生长。所有的风霜雨露都是他们成长的保障。

教育快不得。慢下来的教育，才是真教育。

这是一篇倾向于学生学习的听课叙事，关注的是课前的观察、课中的学习以及课后的交流。而我们自己上课的叙事写作，比方说公开课，尤其是磨课，则可以称之为教研叙事。

（2）学生转化叙事

这是叙事中写得最多的一类，但也是很难写好的一类。

后进生转化是班主任的一项重要工作，可以说其中充满了艰辛和酸楚，是叙事写作的好题材。但是最有意义的此类叙事，很有点田野调查的味道。因为后进生的转化，不仅仅是班主任一个人的事情，它是一项系统工程，涉及班级文化建设、班级氛围营造、学科老师配合、心理老师介入、家庭支持，甚至还有学校行政的干预，过程非常缓慢。那种谈一次话就转化的孩子，其实不是老师的功劳，也没有教育学的意义。

所以，长期跟踪，理论与实践相结合，就成了转化后进生叙事写作的关键。需要说明的是，理论与实践相结合，不是说先要有写一篇后进生转化叙事的念头，再去做事。恰恰相反，是先去转化学生，觉得在转化的过程中，有记录下来的必要，有"不得不说"的冲动，觉得会对同行产生帮助或者规避不必要的弯路，于是去寻找这一案例背后的理论，在案例基础上形成系统且深入的认知，这才是这一篇学生转化叙事的意义所在。

但是，我也不认为"失败的转化"就一定没有意义。教育叙事当然是指向"问题解决"的写作，然而失败也有它的价值，可以告诉读者，哪些路走错了，哪些路应该重走，哪些路不必走。当然，作者在写"失败的转化"时特别需要有一种反思能力。

（3）班级文化叙事

除了学生转化叙事，班级文化叙事也是教育叙事中的重头戏。班级文化叙事可写的东西非常多，比如班级管理叙事，包括班级活动、班级布置、班级文化、家校沟通等。班级文化活动的开展，同样也是系统工程。前期规划、中期开展、后期复盘与反思，活动开展的目标、实施过程中遭遇的困难等都可以在叙事中记录。以教室布置为例，教室如何布局、如何装饰，往往反映了一个班级的美学追求。有的崇简朴，有的尚华丽，有的偏国风，有的卡通化，这些都可以成为叙事的内容。

（4）课程开发叙事

课程开发，是教师的必备能力之一。开发一门课程过程中的酸甜苦辣、成败得失，是我们进行教育叙事的极好素材。微课程、社团课程、选修课程和基于全校的校本课程等，老师们都十分熟悉。而且，由于课程开发的时间比较久，思考比较全面，因此这样的叙事对教育教学也极有反哺意义。我在做学校文学社的时候，开发了"儿童非虚构读写课程"，前后一年时间，直到结束之后，才将整个过程做了梳理，从前期的教师下水文写作到非虚构范本的选择，再到中期学生创作题目的遴选，过程中的指导和修改等，都纳入文本中，当然这就有赖于平时相关积累的记录。

（5）生命叙事

生命叙事，最早是"新教育"提出来的。他们做得很好。

对于什么是生命叙事，有很学术的说法，我的理解就是个人成长叙事，说得更简单一点，就是个人的成长史。写个人成长史，是不是只有名师才有资格？不是的，任何人都可以写。

生命叙事，从叙事的角度来说，关乎故事本身的意义和张力，以及讲述故事的人的真诚；从内容的角度来说，关乎课堂、书籍、事件、师承等。

根据内容，我们就可以把生命叙事拆散成小专题。因为生命叙事是成长史，既然是"史"，从课堂的角度，就可以分为个人的仿课史、磨课史、公开课史，也可以包括课程开发史。从书籍的角度，可以包括个人的阅读史，也可以包括个人的观影史，尤其值得注意的是，我特别提倡大家写"个人的单本书阅读史"，这一类写作在教育界还不多，可我觉得这是一种非常重要的阅读：精读一本，把一本读通读透。其实很多老师都会有至少一本属于自己的经典，可能是一年一遍或者三五年反反复复地阅读。但是要读懂一本经典，是需要阅读其他很多书籍的，这就形成了一个以经典为核心的阅读圈，自然而然形成了以经典为核心的单本书阅读史。我的《红楼教育学》一万五千字的后记《一生相伴有红楼》即是此类。从事件的角度，有失败事件、意外事件、成功事件，可以是班级管理的，可以是家校沟通的。从师承的角度，可以是"师承史"——就语文老师而言，很多语文老师之所以爱语文，教语文，其实是受到自己的语文老师影响的。

生命叙事，还可以是个人的科研史。从不会写论文的"小白"到发核心期刊的"大伽"，这一条线，肯定也是值得记录的叙事。

这些叙事都是生命叙事的变体，多少带有个人传记的色彩。

在生命叙事写作的过程中，会特别用到日记的形式。平时积累的点点滴滴，在进行生命叙事写作的时候，可以加以整理、排序，使之发挥作用。另外，生命叙事写作和阅读一样，要尽量做到主题化，以社会学田野调查的方式进行跟踪研究，寻找个人成长与教师群体专业发展的内在关系。

（6）整本书教学叙事

整本书阅读课已经成为每一个语文老师要面对的课。学生阅读的过程性评价，也是整本书阅读课的必不可少的部分——我很反对教师在学生阅读过程中过多地干涉，如果我们的课或者评价对学生没有足够的引领作用，不能推动学生向更深层次的问题去思考，那不上也罢，宁可让学生自由阅读，我们创造阅读环境即可。当然，如果我们确实对整本书教学有一些尝试，有一些自己的想法，不妨记录下来。我自己上《城南旧事》，跨度三年，才写了一篇叙事。

（7）项目化叙事

项目化叙事其实是课程开发叙事的一种。

现在项目化教学可谓是雨后春笋，如火如荼。同样，项目化叙事的写作也成为教师写作的热点。因为项目化教学有一些基本步骤，项目化叙事的写作可以根据基本步骤展开叙事。

但是项目化叙事有一些需要注意的地方，不能仅仅只是把项目化叙事写成项目说明书。打个比方，要写一篇煮饭的记叙文，关键是叙事，而不是写一篇煮饭的说明书。这里需要注意表达方式，也需要注意谋篇布局。

我们从上面几大叙事的分类来看，会发现一个很重要的特征：除了课堂叙事外，其他的叙事几乎都是在长时间实践的基础之上才能写就的，这恰恰也是非虚构写作的一个典型特征。教育叙事更倾向于"行动"，它的特殊之处不仅在于写作之前的行动，甚至也延伸到写作之后的行动。

附录：

一个课程的叙事：儿童非虚构的读与写
——温州道尔顿小学"儿童非虚构读写课程"开发

一

近几年非虚构写作在文化界影响很大，一篇《我是范雨素》火爆朋友圈，很多国家级和省级文学纸媒如《人民文学》《钟山》《上海文学》等也开设了非虚构专栏，出现了一大批优秀作品，非虚构已经引起广泛热议。这股热潮也同样波及了教育界，温州教育界就是一个很好的例子。

温州教育界比较重视非虚构写作，市级刊物《学生时代》开设了学生非虚构专栏，并且每年还有非虚构写作比赛。我个人的写作，一言以蔽之，正是非虚构。又基于"一定要突破记叙文、议论文和说明文三模式，让学生在灵活的、具有创造性的作文课中培养写作兴趣，锻炼写作能力"的理念，我总想在写作教学上做一点事情。

正是这些内外因素，促使我思考一个问题：可否开设一门非虚构读写课程呢？

二

课程的开发,当然并非易事。最先摆在我面前的两个问题是:

1. 非虚构作品学生能读、能写吗?
2. 如果小学生写,它与我们成人所理解的非虚构读写有什么不同?

第一个问题,如果放低要求,答案显然是肯定的。但是第二个问题,就比较复杂。

我先理清了几个概念。我把自己开发的课程,名之为"儿童非虚构读写"。"儿童"是读写的主体,"非虚构"是儿童读写的对象。其实,在非虚构写作领域,还有一个与之相关的概念——"非虚构的儿童书写",又称之为"非虚构的童年书写"。这与我的"儿童非虚构读写",是两个完全不同的概念。

非虚构的儿童书写,是成年人将儿童作为非虚构书写的题材,比如《空巢十二月》等相关留守儿童的文学作品。童话作家周锐在《吹鲸哨的孩子》中也是以非虚构手法讲述了一群孤独症孩子及其家人的故事,催人泪下,感人肺腑。殷健灵的《访问童年》是在大量采访的基础上,书写了26个人的童年经历,尤其是有关上海这座城市的记忆,可以说见证了中国近一个世纪的时代变迁,长者有1922年出生的老人,年轻者有2005年出生的孩童。这些都属于非虚构的儿童书写,将儿童作为写作对象。

而我所开发的课程是要儿童去创作属于自己的非虚构作品。

那就产生了第三个问题:到底什么是非虚构?这是必须要跟学生说清楚的。

先下一番理论功夫。真是奥古斯丁回答"时间是什么"的答案:"你不问我,我本来知道它是什么;你问我,我倒觉得茫然了。"非虚构在写作领域,本身就存在诸多的说法。《人民文学》的主编李敬泽说,"何为非虚构?一定要我们说,还真说不清","它肯定不等于一般所说的报告文学或纪实文学……我们其实不能肯定地为非虚构划出界限,我们只是强烈地认为,今天的文学不能局限于那个传统的文类秩序,文学性正在向四面八方蔓延,而文学本身也应容纳多姿多彩的书写活动"。非虚构就是"写你自己的生活、自己的传记。还有诺曼·梅勒、杜鲁门·卡波特所写的那种非虚构小说,还有深入翔实、具有鲜明个人观点和感情的社会调查,大概都是非虚构"。

"不能肯定地为非虚构划出界限""大概都是",说明李敬泽对这个概念的阐释没有十分的把握。总之,"非虚构"这个内涵丰富的概念,包含但又不局限诸多文体,是不言自明的。新闻、报告文学、调查叙事,甚至所有的学术性的理论作品都可以包含在内。但是,基于学情,我们所开发的"儿童非虚构读写课程"中的"写作",更倾向于书信、日记或者小型的回忆录和传记类等散文的创作,我命名为"儿童非虚构叙事创作",是一种基于自身生命又具有一点文学性的创作。

三

学生的记叙文写作,有一部分也是属于非虚构写作范畴的。

它在非虚构内,但不在我所谓的"儿童非虚构叙事创作"范围内——前面说过,具有文学性的非虚构写作,目的就是要摆脱记叙文、说明文、议论文的模式。从大范围来说,这三种文体都可以归纳到非虚构范围内,但我们的非虚构还是具有自身特征,这些特征正是基于学生、非虚构和叙事三者而言的。

从叙事的角度而言,"儿童非虚构叙事创作"的目的,就是为了突破记叙文的模式,我们鼓励学生围绕主题进行有一定时间长度的写作,不再是课堂上可以完成的记叙文写作。

什么叫作"一定时间长度"?很简单,我们不追求一节课完成500字或者600字。但这个时间长度,显然不是拖延,而是与写作本身有关——比方说日记。倘若有一个主题,写一星期,这就是所谓的时间上要有一定的长度。同时,还要有一定的文字长度。小学生写作一般在600字以内,多的可以800字,写1000字是比较罕见的。但我们的非虚构写作,要求在3000字以上。没有一定的文字长度,就不能蕴含一定的深度。鼓励孩子写长文,是写作的重要法门——想得清,想得细,有条理,才能写得出长文。当然,放在班级里做，必须面对的现实是，学生写作水平是参差不齐的。我们选择在文学社团，在六年级中挑选一批读写基础比较好的学生。

从非虚构本身而言，我们的写作强调真实体验。真实是非虚构的生命，没有真实，就没有非虚构，这是所有非虚构写作的重要特征。有一位研究李娟散文的学者说过一句话："非虚构文学以真实为基本原则进行写作，它所强调的是创作者自身的真实体验。"

同时，既然是儿童非虚构读写，它就一定具有儿童性。基于学生的能力、学情，在他们力所能及的范围内，强调儿童通过回忆、查阅、问卷、出游、访问等形式，去完成作品。

四

接下来，进入到实际的课程层面。

既然是读写，所选的"读"的材料，必须与"写"的主题相关。所读既能催生学生敢写的动力，同时也可以成为学生写作的范本。

先定写的专题，再定读的范本。

比如说，要就某一个专题写日记，这既是课程的核心任务，也是课程的目标之一。那我们就根据所要写的专题，寻找相关的样本素材。第一课，我们就定了写日记，寻找到的样本素材有三个。一是古典的《甲行日注》（附有译文），相当于游记式的日记。在有长假的情况下，学生可以以此为范本，进行游记专题的写作。另外，还选择了《拉贝日记》，这是记录历史重大事件的知名日记，小学生当然不会有、当然我们也不愿他们有这样的"历史机遇"，但是作为辅助的阅读材料，对他们的写作是有帮助的。还选择了《安妮日记》，作为儿童创作的日记，自然也有相当的示范作用。

根据"先定写的专题，再定读的范本"的原则，一学期要完成六篇非虚构写作，阅读样本超过30万字，涉猎书籍将近10本。

我们可以通过一张表格来看整个课程：

"儿童非虚构读写课程"设计纲要

	主题	样本素材	教师下水文	教学目标
1	日记	1.《甲行日注》日记七则附译文（古典游记式日记，核心文本） 2.《拉贝日记》 3.《安妮日记》	《我的就医日记》	1. 阅读相关文本，课后自行解决字词。 2. 阅读过程中，注意文本的结构，多从写作的角度阅读，关注事情的细节、开头和结尾等。 3. 阅读过程中，构思写作的选题。 4. 课下完成不少于3000字的文章，一学期不少于1.8万字。
2	我的小学生活	4. 王鼎钧《昨天的云》之《我读小学的时候》（核心文本） 5. 傅国涌编《过去的小学》之周大风《我的母校灵山小学》 6. 傅国涌编《过去的小学》之汪曾祺《我的小学》	《我的小学生活》	
3	我的家乡（习俗、节日、山水、人文等）	7. 王鼎钧《昨天的云》之《吾乡》 8. 琦君《琦君笔下的故乡温州》（核心群文） 9. 傅国涌《开门见山》之《山·水·穷》	《我的家乡》	
4	我的家	10. 王鼎钧《昨天的云》之《吾家》 11. 齐邦媛《巨流河·歌声中的故乡》（铁岭齐家·牧草中的哭声·辞乡，核心群文）	《人生到处知何似》	
5	个人纪实写作	12. 王鼎钧《昨天的云》之《荆石老师千古》并《插柳学诗》（写教师，核心文本） 13. 傅国涌《开门见山》之《石不能言》（写父母） 14. 琦君《老钟与我》（写普通人）	《母亲的最后三日》	
6	社会纪实写作	15. 王鼎钧《昨天的云》之《血和火的洗礼》（核心文本） 16. 齐邦媛《巨流河·血泪流离——八年抗战》	《宅家日记》	

五

通过表格，我们会发现"儿童非虚构读写课程"有几个特征。

第一是读写互促。所选的样本素材，都是经过教师精心删选的经典名著，注重从整本书当中去选择，同时也关注到学生的具体学情。第二，从易到难。第三，非常注重教师的示范，所以都有下水文。

在拥有了课程框架和样本素材的前提下，具体到课堂，教师要解决两个问题。第一是如何处理这样的样本素材。第二，在处理的过程中，如何给学生写作提供最好的支架。

每一组文章都有核心文本。比方说"我的小学生活"，核心文本就是王鼎钧的《我读小学的时候》。学生阅读后，教师帮助学生解决一些基础问题，并在课堂上讨论这一篇的写法。

王鼎钧的《我读小学的时候》所写的事情大致可以概括如下：

1. 王者诗老师对作者的入学测试。

2. 作者写到了他在上学时的糗事，比方说"放学回家途中尿湿了裤子"；另外，还写了他当时读的一年级课文和自己学校的历史。

3. 最重要的是写到两位先生——靳老师和苏老师，受到王姓家族的打压而被迫离校的故事。其中苏老师的写作课堂与作者有比较密切的关系，推荐了《文心》给他。

4. 五姑插班。

5. 影响到作者的一套书——《万有文库》。

6. "小先生制"给作者的影响。

7. 战争来临，被迫停课，慰劳伤兵，收集物资，宣传抗日。

教师通过对范文的梳理，为学生搭建写作的脚手架，学生在此基础上进行一些取舍。

"入学测试"，我校学生与作者有相同的经历。"糗事"则是每一个学生在上学过程中必不可少的一部分。教师的事情，学生也有写作的空间，比如更换教师给学生带来的一些影响。"小先生制"在我校称之为"小导师制"，也可以给学生提供写作素材。另外，影响自己的书籍，学生也比较好写。作者并没有过多写对自己产生积极影响的老师，但是我相信学生在六年的小学生活中，一定遇到过各色各样的老师，都可以成为写作素材——对自己产生积极影响的老师，可以作为一个专题来写。于是，可以形成一张对比表格。如下：

我的小学生活

王鼎钧：我读小学的时候	入班测试	上学糗事	学校教师	插班生	影响自己的书	小先生制
"我"：我的小学生活	入班测试	上学糗事	学校教师	插班生	影响自己的书	小导师制

还有一个问题也是必须要解决的：怎样得知学生已将所有的范文读完，这就涉及到任务群。我还是以"我的小学生活"为例，总任务是完成"我的小学生活"3000字的写作，分为三个子任务。

总任务：完成"我的小学生活"非虚构创作
- 子任务1：给王鼎钧的《我读小学的时候》取小标题
- 子任务2：周大风的《我的母校灵山小学》与你的母校有什么相同点？
- 子任务3：汪曾祺的《我的小学》与其他两篇的写法有什么不同？

特别值得注意的是，在所选的样本素材中，周大风先生的《我的母校灵山小学》中的灵山小学，恰恰就是民国时期实行道尔顿制的学校，学生更有亲切感，也会给写作带来启发。汪曾祺的《我的小学》更多的是写校舍和教材，这是王鼎钧的文章里所没有的。所以，样本素材的选择至关重要。

因为有与之类似的范本借鉴和写作支架，学生很快完成了作品。3000字的目标根本没有问题。写得最多的是陈翔同学，达到6000余字。

让我始料未及的是，学生在写作的过程中，还得到了一种心理上的疗愈。

我们常常以为小学生内心不会有伤痛，其实，当他们真的回顾小学六年生活时（这一届学生全都有转学经历），他们的内心是有复杂情感的。尤其是我允许学生可以写给自己带来不良影响的老师，他们因此得到了一种情感上的宣泄，这是一次难得的心灵疗愈。孩子们的丰富性永远是值得我们关注的，他们并非我们所认定的那样简单和快乐。

再看一个例子。"我的家乡"专题，琦君的回忆性散文成为了核心文本。在《琦君笔下的故乡温州》一书里，选文分为六个部分。其中，四个部分直接和家乡温州有关系，分别是："节庆欢乐篇""佳节随感篇""风土人情篇""家乡饮食篇"——几乎都能成为学生的写作对象。我选择五篇作为范本。第一篇是《春节忆儿时》，本文所写的"宰猪""捣糖糕""祭灶""分岁酒""拜年""迎神提灯"，都极具温州风味。"捣糖糕""分岁酒""拜年"，学生依旧是有切身体会的。第二篇是《粽子里的乡愁》，温州人有自己包粽子的习俗。再加上《压岁钱》《春的喜悦》《团圆饼》，都可以作为写作"我家乡的传统节日"的借鉴。琦君的"家乡饮食篇"，也可以给学生很多灵感，专门写温州的特色美食，诸如小吃或者海鲜。

琦君将很多灵感写成了短文（对学生来说当然不算短），我希望学生将同样的题材写得长一点。

同样，在傅国涌先生的《山·水·穷》中，我们也可以理出相关的写作思路。第一部分写"花木与历史"，第二部分写"山与历史""水与历史"，其实都是扣住"穷"来做文章的。这是故乡人文山水的典范文章。相比于琦君的散文，学生借鉴起来肯定要难得多。

写自己家的故事，很多学生因为家庭有创业史或者迁移史，这为写作提供了相当好的素材。学生除了要研读样本素材，还需要进行一定的调查，教师要协助学生做好调查提纲。为减小难度，调查限于三代最多不超过四代。

以一位学生的写作提纲为例：

  爷爷的创业故事

  爷爷与奶奶的相识

  奶奶生养爸爸

爷爷奶奶迁移到市区

爸爸与妈妈的相识相爱

爸爸妈妈的创业故事

在此基础之上，我们又列出某一个问题的细致调查提纲。

关于家族成员创业、迁居等经历的调查提纲

时间地点	自定
采访对象	爷爷奶奶、爸爸妈妈
采访方式	问答式
采访器材	手机（录音或拍摄视频）、纸笔
采访问题	①爷爷有怎样的童年生活？他的童年与现在孩子的童年有什么不一样？ ②爷爷或者爸爸，是否有过创业失败的经历，请他详细说一说。 ③爷爷或者爸爸创业之前的生活是怎样的？"我"是否去过爷爷小时候生活的地方（老家）？ ④创业或者读书的过程中，爷爷、爸爸最难忘的事情是什么？有过什么样的教训？有什么可以跟"我"分享的道理？ ⑤爸爸小时候有怎样的童年生活？与妈妈是怎么相识的？有什么样的爱情故事或者相亲经历？ ⑥请爸爸妈妈详细说一说"我"出生时候的故事。 ……

我印象特别深刻，我是用调查开启了这堂课。

"记得爸爸妈妈名字的同学请举手。"全部举手。"记得爷爷名字的请举手。"已经有两三位不举手了。"记得奶奶名字的请举手。"已经有三四位不举手了。"记得曾祖父母名字的请举手。"——全班"沦陷"。

多少孩子说起国的历史，侃侃而谈；而对于家的历史，居然如此不知不晓。这个专题的写作是最难的，在六个专题中，也是写的效果最不理想的，但却是家长最欢迎的，因为孩子们回去主动向他们打听长辈的身世，一个孩子开始去了解他们这个家族的来龙去脉，他们深感欣慰。

六

当脑袋里的画面最终变成纸上的文字，这只是完成了写作的第一步，还有一步要走：让更多的读者读到。

我相信，所有的写作都渴望被阅读。于是，持续搭建更多的激励平台，也成了课程必不可少的一部分。

坚持一对一地修改，为完善文本提供更多的帮助——这既是我所在小班化学校提供的可能性，也是写作的内在要求。在班级进行点评和分享，还可以邀请优秀学生上台分享写作体会。在校刊《非常道》上，开设非虚构专栏，刊登学生长达数千字的非虚构叙事作品，并且有稿费有证书，对学生是一种莫大的激励。同时，把学生的作品推到校外，谢佳阳与林优优的《我的小学生活》同时刊登在温州市《小学时代》杂志。当然，比赛也是不可或缺的一个平台，王以琳的作品获得温州市非虚构写作大赛三等奖——她写的正是"我的家"。

七

应该说，这是一次艰难的旅程。

这种艰难，不管是对学生而言还是对老师而言，都是如此。对学生来说，所有要读的样本素材，全部是他们平时阅读范围之外的，所有要写作的文本，不管是长度和难度，都是他们平时所没有遇见过的。这当然是艰难的。

对教师而言，一周一次的课程（一周一小时，一周一个半小时），也碰到很多困难。最初，以为字词是不需要梳理的，但是在真的面临文本的时候，还是有很多需要处理的字词问题。这就让我在后期的备课中，根据学情推测在材料中提前做好简单的注释——这对我自己而言，当然也有很大的帮助，迫使我在阅读过程中必须一丝不苟。

但更艰难的是写作——课上不可能有给学生写作3000字甚至更长文章的时间，课下的跟踪就成了一种必要，而跟踪散落在一个年段各个班级里的学生，自然也成了一种"艰难"。

但回顾这个课程的开发，我依然觉得收获大于艰难。

校长白莉莉女士常常跟我们说，语文教学是"下要保底，上不封顶"，她所谓的"下要保底"就是说最少要完成部编本课程的学习，而文学社的孩子早已经是在课堂上"喂不饱"的那一批，"上不封顶"就给了他们机会。

我自己也常常对学生说，读书要有"三度"：追求阅读的广度，这是量的要求，培养全科的意识；同时也要追求深度，这是阅读质的要求，要把一本书读好；还要追求阅读的高度，要去挑战一些自己觉得有难度的书。

语文，往往是因所读之书、所写之文决定品质，这个课程正是我们追求语文品质的一个体现。

我深知，一个成熟的课程还需要不断迭代，不断完善，根据学生做出调整。毕竟迈开了第一步，希望在后续的更新中做得更好。

——刊于 2023 年 7 月《温州教育》

2. 教育叙事写作的关键词

教育叙事写作，跟散文写作不同。散文写作，可以是虚构的也可以是非虚构的，但是教育叙事写作，一定是非虚构的，即使是作者所经历的心理活动，也必须是非虚构的。另外，教育叙事写作与其他非虚构叙事写作最大的不同，是它所蕴含的教育价值和教学意义。

教育叙事写作的前提是"做"，是"发生"。没有做过的事情，没有发生过的事情，就不能写。正是"做"，才催发了我们对"做得对不对"的思考。这真不是一个小问题，是一个很大的问题，是决定我们叙事文稿成不成的一个最重要的因素。这有点像论文，其中的观点、论点要经得起推敲，否则写出来是没有意义的。我读过不少班主任叙事，有些在处理班级突发情况时，其实是"做得不对"的，反而导致事情往更坏的方向发展。怎么才能保证理念正确呢？我想，最好的办法就是长期浸淫在教育经典和学科经典中，保持足够的教育敏感。同时，我们也应该反思自我。这个反思，很大程度上是教育理念的反思——一个眼里只有应试分数的老师，面对课堂上读武侠小说的学生可能就会暴躁。这时候就需要一种较为痛苦的反思：心智模式的反思。很多名师说过，教育最怕的是一个愚蠢的老师在教一群聪明的学生，或者一个不读书的老师卖力教一群爱读书的学生。我们发现自己不断调整行动策略，甚至觉得自己非常苦闷，感觉付出很多，有时候问题依旧得不到任何解决，这时候我们可能就需要反思自己的心智模式，就要调整自己久已形成的教育观念。这当然是一个痛苦的过程，这意味着自己过往的部分被否定甚至是被全盘否定。当然，不是说我们的大脑"重装系统"以后，就没有问题了，教育是科学，既然是科学，就要承认，无论如何"重装系统"，我们始终会有解决不了的问题，这与教师的能力大小无关。

"做"是"写"的前提。"做得对"是"做得好"的前提。但是，从"做得好"到"写得好"，中间还有两步要走。

第一步是"读得进"。有人开玩笑说，读书有三大难点：第一是"捧起书本来读"，第二是"把它读进去"，第三是"把它读完"。"读"对"做"，有着几方面的作用：第一，通过读，我们能辨别自己做得对不对；第二，优化"做"的行为；第三，给"写"提供灵感。

特别值得一说的是，要想写好教育叙事，往往不能只看教育叙事的范本，而要多留意经典叙事。小说和非虚构都有经典的作品，小说经典不待多言。非虚构作品中，齐邦媛的《巨流河》、何兆武的《上学记》、赵越胜的《燃灯者》、王鼎钧的《昨天的云》都堪称经典。这些经典范本，既有教育的价值，也有文学的价值——假如我给语文教师开必读书目，这些书一定在内。

第二步是"想得清"。在动笔写之前，要把我们想要写的素材想清楚。所谓想清楚，有这么几个过程：首先是明白对错——我们对这件事情的处理，是对的还是错的；其次是梳理逻辑——要写的这件事，前前后后，是否都已经梳理好了；再次是懂得取舍——比如转化后进生是一个系列的过程，可能班主任、科任老师、心理老师、家长都参与了，但在写作的时候，一定要有详有略，要懂得取舍，对于涉及学生隐私的一些问题也要回避。

除此之外，还有下面一些关键词。

我的老师傅国涌先生提过一个他写作的方法,叫作"逼近历史现场",因为他是历史学者。教育叙事写作,改一个词,叫作"逼近教育现场"。教育叙事是我们亲身经历的,但我们没有办法完全复原出来,只能尽我们所能用文字呈现这个"教育现场"。要有现场感,还要有文学性,给人身临其境的感觉,且要呈现我们处理学生问题的智慧。怎么做到"逼近教育现场"呢?细节,细节,细节!重要的事说三遍。这和其他类型的写作并没有多大的区别。但是,有一点值得注意。曾经是"文青"的老师,会有大量的感性阅读或者感性写作的积累。进入教育叙事写作的时候,这种感性的积累可能会成为一种负担。教育叙事表达上不能有过多的抒情,"节制是一种美德",感情需要在字里行间自然流露。"字里行间"这四个字,真的需要经常揣摩。"字"的"里"和"行"的"间",都是空白的,正如"狂人"在"字缝"里看见"吃人",我们也要在"字缝"里看见感情。(顺便一说,狂人在字缝里读到"吃人",也是一等一的读书功力。连朱熹都说:"读书须是看着他那缝罅处,方寻得道理透彻。"[①])但感情不能在字面上表达,而应通过细节传递。

怎么能做到呢?我想还是要研读经典叙事文本。比方说《史记》,司马迁不会明确表示喜欢还是讨厌某个人,但是书中的细节告诉我们,他是多么喜欢项羽、魏公子,多么讨厌汉高祖。

还有一个关键词:密度。我在教自己学生写作的时候,常常跟他们讲"长度",文章没有一定的长度是写不好的,不可能表达清楚。而"密度"这个词,是我的老师告诉我的。台湾著名学者黄永武先生在他的《中国诗学》里,也提到了这个词。他在《谈诗的密度》一篇中,是这么说的:

"密度"一词,起源于物理学,意谓同一体积中,所含质量愈大密度就愈大。现代诗人乃用以解释现代诗,认为现代诗重质不重量,与诗与诗剧等迥然不同,它是必须讲究密度的。

……

前人已有不少诗论,与今人讲究"密度"的技巧类似,如宋代吴沆的《环溪诗话》中,讨论到"一句要言三五事"、"七言句中用四物"则

[①] 〔宋〕朱熹撰:《朱子语类》,中华书局2020年版,第174页。

"健实"，物多则"愈工"，又如明代谢榛在《四溟诗话》里，压缩成一句的"缩银法"。此种理论以及一般诗家所常谈的炼意目的都在求诗意的浓稠，不使诗质稀薄、句法松散。……归纳分析前人的技巧，大凡转折多、层次多，运用逆折、压缩、翻叠等手法，都能使寥寥有限的字句中含意深。[1]

我的老师提到的密度和黄先生提到的密度，据我的理解，有相同的地方也有不同的地方。相同的是，写出来的句子如果"含意深"，有那么点文字下面的意思，不仅仅停留在表面，那就是有密度。不同的是，古代诗歌的特殊形式和字数限制导致对密度有更多的要求，所以前人说的那些方法并不完全适合现代白话文体。

概括起来说，好的教育叙事，其实包含了两方面：一是教育，二是叙事。所谓教育，就是在文中记录的事情是符合教学规律的，具有教育学意义的。所谓叙事，就是文本具有文学性、可读性，有细节有故事有人物，也有真情实感。

3. 教育叙事写作的专业化

教育叙事写作，不能偶一为之，偶一为之就很难坚持，所以需要将其专业化。专业化不是职业化。职业化，可能意味着身份是作家。专业化有两层意思，一是基于教育专业，我们写的是教育叙事，因此必须从教育这个角度展开；二是从叙事的角度来看，我们的文字也必须专业。

就我个人的体会来说，教育叙事写作的专业化，可以从以下五点着手。

第一，珍惜易逝的写作灵感。

在平时的工作过程中，我们可能随时会有记录的冲动。这些冲动，其实就是灵感。我们要牢记这种灵感背后的教育细节，随时随地把它们记录下来，等到有时间的时候，再来完善。要善于利用现代工具。比如手机都有备忘录，

---

[1] 黄永武著：《中国诗学》，新世界出版社2012年版，第66页。

可以随时记录。也可以利用便利贴，记好之后贴在某一个地方，并提醒自己及时完成写作。怎样才能拥有写作的灵感呢？我曾经在一次分享的时候，打过一个比方，写作像极了谈恋爱，我们与灵感的关系，往往像恋爱中的男女关系。恋爱初期的大多数时候，是男追女，写作初期就是我们追着灵感跑。时间久了，灵感也会被我们俘获，我们与灵感并肩而行。长此以往，灵感会倒过来追求我们。所以，前期我们追着灵感跑的时候，是会比较辛苦的。还有，在心理学上有一种效应，叫作"视网膜效应"，当我们自己拥有一件东西或一项特征时，就会比平常人更容易注意到别人是否跟我们一样拥有这件东西或特征。举个例子说，当女人怀孕的时候，她会突然间发现大街上有很多怀孕的女人。同样，当我们有心开始写作的时候，会发现突然间有很多灵感和素材。

第二，要设定具体的写作目标。

所谓具体的写作目标，就是量化。可以是年度的，比如规定自己一年写10万字，再细化到月，每月写作8000多字，再细化到周，一周写作2000字，刚好是一篇。当然，每周要有不同的写作内容。再比如，规定自己一个月一定要写一篇书评，或者写一篇教育叙事。另外，现在发布文章的渠道比以前多，可以开一个属于自己的公众号，坚持去更新，这好比给自己开了一个专栏。目标既要有长期的，也要有短期的。目标还要说出来，贴出来，供师友监督，这样既是动力也是压力。现在也有很多老师加入某个共同体，三五好友，相互监督，有时候甚至可以挑战公众号十日连更或者一月连更。

第三，拥有专门的师法对象。

学习绘画，先要临摹；学习书法，先要描红；学习钢琴，也要先跟着老师学习指法。同样，在写作之前，我们也需要有师法的对象。教育叙事的师法对象，应该是最好的叙事作品。李镇西老师笔下的任安妮，吴非老师笔下的徐海、毕彦波，这样的故事毕竟不是每一个老师都能遇见的。所以，要跳出教育叙事来写教育叙事。

我在《中国教师报》开设的"民国教育家影像"专栏，属于教育史方面的写作，由于是专栏，文字不能过多，每篇2500字左右。我在写这组文章的时候是有师法对象的。我特别欣赏温源宁教授的《不够知己》，也特别喜欢司马迁的"七十列传"，有时候还会模仿他们的开头。在语言上，我曾经刻意模仿过张中行先生的短句写法，写东西都是那种语气。为了更有效，师法对象可以主题化，恩师傅国涌先生的《大商人》①，也是写人的，我学习过。比方说，我们可以专门学习开头的写法，下面是《大商人》的六个开头：

1. 唐闸原叫唐家闸，本来寂寂无名，如果不是1896年张謇选中这块地方办厂，唐闸也不会进入历史。——《天地之大德曰生》

2. 1934年7月4日，是荣氏企业史上最暗淡的一个日子。申新搁浅了。——《衣食上拥有半个中国》

3. 在我的记忆里……——《穆藕初：手散黄金培国士》

4. 永利化学工业公司和《大公报》的发祥地都是天津。1941年12月7日，太平洋战争爆发，香港危在旦夕……——《书生之见vs发财之念》

5. 上海四川中路33号，刘鸿生的8层"企业大楼"曾经是标志性建筑，历经77年的岁月打磨，至今仍是一幅气派而不落伍的写字楼。——《从一个变成两个、三个，越多越好》

6. 1938年9月，入川门户宜昌。——《中国实业上的敦刻尔克》

《大商人》共写了六个人物，每一篇都是两三万字，六篇的开头全然不同，有以时间开头的，有以地点开头的，有从一栋楼写起的，有从一个日子写起的。我们在进行教育叙事写作的时候，也可以这样做。

第四，腾出专门的写作时间。

要想使教育叙事更加专业化，我们的写作就必须在专门的时间进行。到了这个时间，放下一切事情，端坐在电脑前，手机静音或关机，专心写作。在专门的时间段进行写作，刚开始是比较枯燥的，可能就是端坐，感觉自己想好了要写的，却一点也写不出来。这种情况在刚开始时很常见，所以我在前面讲到，要"想得清"，先想清楚，先把材料积累够了，然后才有东西可以写。这样的过程我觉得是不可或缺的。不少老师就是这样日日"爬坡"，规定

---

① 傅国涌著：《大商人》，鹭江出版社2016年版。

自己一天要写多少字。熬过了这个阶段，写作就得心应手了。

第五，要有敬业的写作态度。

显然，做到了前面四点，第五点也就顺理成章了。

第七章　读写结合的体现：文本解读（一）

1. 几个概念

在这一章里，我们将进入到读写结合的阶段。读了，就要写。就语文学科专业而言，这种写，更多的是文本分析。

文本分析有四种不同的叫法，一是"文本分析"，二是"文本解读"，三是"文本细读"，四是"文本传释"。前面三个概念我们比较熟悉，意思也差不多。

福建师范大学教授孙绍振先生的《文学文本解读学》，意欲建立具有中国特色的文本解读学。在这本书中，孙教授批判了西方文论的作者中心论和读者中心论，提出建立以文本为中心的解读方法。但是，经过仔细比较，我发现，"文本分析""文本解读""文本细读"其实还是以读者为中心，"分析"和"解读"和"细读"，都建立在读者立场上。因此，我个人以为，"文本传释"这个概念，相对而言最为合适。

据我所知，最早提出"文本传释"这个概念的是叶维廉教授。为什么说这个概念比较好？上面四个概念，不管哪一个，都包含了"文本"，突出了"文本"。而"传释"之"传"，考虑的是作者在文本中的意图，"释"则是以读者为出发点的"释读"。所以说，文本传释是从作者到文本再到读者的螺旋式上升。

叶维廉《历史、传释与美学》一书第二篇《与作品对话》中有一个说明：

我们不用"诠释"二字,是因为"诠释"往往只从读者的角度出发去了解一篇作品,而未兼顾到作者通过作品传意、读者通过作品释意(诠释),这两轴之间所存在着的种种微妙的问题……我们要探讨的,即是作者传意、读者释意这既合且分、既分且合的整理性活动。①

文本传释这个概念的确立,意义非凡。西方学者提出的所谓"作品一诞生,作者就死了",显然是忽略了作者,把解读的权利给予了读者;而传统中国文论虽然非常重视"知人论世",但显然又太重视作者了。作者、文本和读者,三者缺一不可。文本当然是最重要的,但作者、读者同样不可忽视。许多时候,我们常常觉得有些作品有没有作者,并不影响我们对它的释读,但是,有作者肯定要比没作者更有释读的空间和切入口,利多于弊。

事实上,文本传释的概念,在中国传统文论中是出现过的:

故说《诗》者,不以文害辞,不以辞害志;以意逆志,是为得之。②

以"读者"之意,通过"文本(《诗》)""逆"作者之"志",从某种意义上说,这就是文本传释。但是,因为目前在语文界,大家更愿意提"文本解读",我们就暂且以这个概念在下文中行文,这样会方便读者的阅读。

2. 文本解读的方法

王荣生教授在《语文课程与教学内容·导论》中,将文本按功能分为四种:定篇、例文、样本、用件。而文本解读常常是针对"定篇"而言的。为什么是定篇?

我们在说方法之前,很有必要思考一个问题:当面对经过了时间检验的经典作品,无数解读者为之孜孜不倦,穷尽心力,我们还有解读的空间吗?这个问题,又暗含了另一个问题:我们的后代在将来还要解读这些文本,他们的空间是不是更小?

---

① 叶维廉著:《历史、传释与美学》,台湾东大图书公司2002年版,第17页。
② 杨伯峻译注:《孟子译注·万章章句上》,中华书局2012年版,第166页。

这两个问题，我觉得在谈文本解读方法前解答，有利于我们从真正意义上去理解文本，乃至理解我们自己。

第一个问题答案很显然，有没有空间是由我们自己决定的。当我们觉得空间很小的时候，有两种可能，一是我们尚未找到与它对话的桥梁；二是我们有一个误会——常常把解读的过程理解成去注释一个人人承认且可再次证明的词语或者典故。"黄河之水天上来，奔流到海不复回"，解读这句诗肯定不是要去看一个关于"黄河"的注释。因为这个注释，是一个属于自然科学的概念，它可以来源于权威的辞典，这是不会有争议的，人人会承认的，也是一个可以再次证明的知识点。很显然，这个关于"黄河"的注释，同样可以出现在"九曲黄河万里沙"里，出现在一切中国古代写黄河的诗歌里。我们不会把它当作文本解读——虽然文本解读离不开注释，但这还只是通往文本解读的路途，不是终点。

那我们诠释这句"黄河之水天上来，奔流到海不复回"的终点是什么呢？我想，应该是基于自身生命体悟的新义。《红楼梦》中香菱论王维的几首诗歌，从这个角度去看很是耐人寻味。她说：

> 我看他《塞上》一首，那一联云："大漠孤烟直，长河落日圆。"想来烟如何直？日自然是圆的。这"直"字似无理，"圆"字似太俗。合上书一想，倒像是见了这景的。若说再找两个字换这两个，竟再找不出两个字来。再还有"日落江湖白，潮来天地青"，这"白""青"两个字也似无理。想来，必得这两个字才形容得尽，念在嘴里倒像有几千斤重的一个橄榄。还有"渡头馀落日，墟里上孤烟"，这"馀"字和"上"字，难为他怎么想来！我们那年上京来，那日下晚便湾住船，岸上又没有人，只有几棵树，远远的几家人家作晚饭，那个烟竟是碧青，连云直上。谁知我昨日晚上读了这两句，倒像我又到了那个地方去了。

这些诗歌，唤醒的是香菱真实的生命体验。这样的阅读体验，其实在古人那里是很多的。宋人周紫芝就曾记载了自己的一段体验：

> 余顷年游蒋山，夜上宝公塔，时天已昏黑，而月犹未出，前临大江，下视佛屋峥嵘，时闻风铃，铿然有声。忽记杜少陵诗："夜深殿突兀，风

动金琅珰",恍然已语也。又尝独行山谷间,古木夹道交阴,唯闻子规相应木间,乃知"两边山木合,终日子规啼"之为佳句也。又暑中濒溪,与客纳凉,时夕阳在山,蝉声满树,观二人洗马于溪中,曰:此杜少陵所谓"晚凉看洗马,森木乱鸣蝉"者也。此诗平日诵之,不见其工,惟当所见处,乃始知其妙。作诗正要写所见尔,不必过为奇险也。①

所以,文本解读不仅仅是一种自身知识积淀后的感悟,还有一种自身生命体验后的所得。如伽达默尔在《真理与方法》中所宣称的那样,要想得到作品的真理,就要得到它的新义——换一句话说,就是作品的人文精神。

李白的黄河,就是李白的黄河,而不是别的什么人的黄河,它极具李白的个性,正如王之涣的"黄河远上白云间",即便与"黄河之水天上来"有异曲同工之妙,也只能是王之涣的黄河。李白笔下的极具个性的黄河,来自高远浩渺的苍穹,去往深不可测的大海。这一条黄河,给读者呈现的是一条全新的黄河。这条黄河是"属于"李白的,可是这条黄河又带给了读者以极大冲击,让我们认识了一条从未见过的黄河。它仿佛象征着这个世界,象征着我们诸多无法解决的难题:不知道来自何处,不知道去往何方,永远流淌,永远变动。面对它,我们无可奈何,不知所措。同样,毛泽东的"大河上下,顿失滔滔",也只能是属于毛泽东的黄河,是万万不能改为"黄河上下,顿失滔滔"的。于是,那条原本"属于"诗人的充满个性的黄河,似乎我们在吟咏、阅读的时候也"属于"我们了。每一条诗人笔下极具个性的"黄河""更新"了一个又一个"我",唤醒了我们不同的人生体悟,带给了我们一种全新的东西,我们又会以过往的人生阅历去"更新"黄河。于是,我们会明白,苏子笔下的"大江东去,浪淘尽,千古风流人物"与杨慎笔下的"滚滚长江东逝水,浪花淘尽英雄",即便意思如此相近,但依旧不可以把苏子的"大江"换成"长江",杨慎的"长江"换成"大江",它们是现实世界里的同一条江,但在诗人的笔下,在艺术世界里,又不是同一条江。

我们相信,经典的文本也会给后世子孙带去新的东西。这个新的东西,极有可能与带给我们的还不一样。但不管是什么,可以肯定的是,永远不会

---

① 〔清〕何文焕辑:《历代诗话·竹坡诗话》,中华书局2004年版,第343页。

是一成不变的物质结构、化学成分，因为那是属于自然科学的。

所以，经典文本有着永恒的解读空间。然而，根据伽达默尔的理论，诠释与方法互不相容。用在文本解读上，似乎也是如此。因为方法是我们人为归纳甚至设计出来的，一旦我们用一成不变的方法去面对文本，这些方法就有可能限制我们的思考，束缚我们与文本的坦诚对话与交流，文本所呈现的极有可能只是方法下的一部分。

这又产生了一个问题：那岂不是人人可以对文本有自己的解读？解读岂不是没有了对错？并不是。一千个读者心中有一千个哈姆雷特，即便是一千个哈姆雷特，但毕竟还是哈姆雷特，而不是其他别的"雷特"。我们一直说与文本对话，是将文本视为有生命的个体。简单地说，如果解读一旦有误，文本自身可能会呈现无法自圆其说的观点和结论，它的全部或者整体呈现的意义，会让我们放弃有误的解读，不断地修正下去。作为教师的我们，需要的并不是一个冷漠的宣称：文本解读没有方法，我们需要的恰恰是可以拿来付诸实践的方法。这简直是一个悖论。但是，经过上面的解释，我想最少可以说明一点，接下来要提到的所有方法，都不是可以随便套用到所有文本上去的。

3. 从题目入手

第一个方法是从题目入手解读文本。我们从一个熟知的故事开始。

郑谷在袁州，齐己因携所为诗往谒焉。有《早梅》诗曰："前村深雪里，昨夜数枝开。"谷笑曰："'数枝'非早也，不若'一枝'则佳。"齐己矍然，不觉兼三衣叩地膜拜。自是士林以谷为齐己一字之师。

这个故事太有名了，也太能给人启发了。齐己看到的，一定是"数"，而不是"一"，倘若是"一"，他就写成"一"了。但是，郑谷为什么要将"数"改为"一"呢？显然，郑谷扣住了"早"字。"数"当然也是早，但是，比之于"一"，就要迟一点。于是，题目成了解读文本的方法。

还记得韩愈的《早春呈水部张十八员外》吗？韩愈又是从哪个角度去写"早"的呢？还有，杜审言的《和晋陵陆丞早春游望》又是如何体现"早"的呢？这与李白的《早发白帝城》中的"早"一样吗？抓住了题目，或许就能找到解读文本的一把钥匙。托尔斯泰的《穷人》，一个"穷"字，可以充分诠释社会环境在一篇小说中所起到的作用，同时对人物形象的塑造也有着重要的作用。解读沈括的《活板》就完全可以从"活"字入手，分析"活"在何处。王崧舟在《诗意语文——王崧舟语文教育七讲》中解读《小珊迪》，抓住了一个"小"字来做文章……

这都是从题目入手解读文本的好例子。

那好，杨万里的《晓出净慈寺送林子方》，哪里体现了"晓"呢？没有。不仅没有体现"晓"，连"送"也没体现——当我们用第一个方法解读这样的诗歌，就会手足无措了。

是的，杨万里的诗题中，"晓"只不过是送别友人的时间，他着眼的全是西湖的美景：

　　毕竟西湖六月中，风光不与四时同。
　　接天莲叶无穷碧，映日荷花别样红。

没有"执手相看泪眼，竟无语凝噎"的柔婉，也没有"海内存知己，天涯若比邻"的豪迈。可以将诗题改为"西湖荷花"吗？显然不能，诗题依旧是我们解读这首诗歌的关键。韩愈的《早春呈水部张十八员外》，同样是不能省掉诗题中的"呈水部张十八员外"的，因为韩愈写这首诗的真正用意，正是要告诉与自己约定同往踏青但最后却被放鸽子的同僚一个信息：早春景色多好啊，你没来，后悔了吧？杨万里的用意与之相似：西湖的六月，美景如斯，你怎能舍弃这天赐美景呢？别走了吧，留下一起欣赏这西湖的荷花吧。挽留之意，见于言外。

"六月"难道不在"四时"里吗？这显然的"矛盾"，又成为了解读文本的第二个方法——这个方法，我们会在下面细说。

4. 矛盾法

在小学语文教材中，除了古诗，还有一些文章也几乎不做改动，比如鲁迅的文章。这意味着，这些文本是真文本，不能从"改动"这个角度进行解读。但我们依旧可以从文本内部的对比中找到切入口，这就是孙绍振教授所说的"矛盾法"，这种方法是最实用的解读方法。

比如鲁迅先生的《好的故事》，首先是梦境与现实的对比，然后是记忆与梦境的对比。这两种对比，都是通过意象来衔接的。先说记忆与梦境的对比。这一点很多人没有关注到，但我认为相当重要，不可忽略。

文中第五、六段写的是水中风景：

> 我仿佛记得曾坐小船经过山阴道，两岸边的乌桕，新禾，野花，鸡，狗，丛树和枯树，茅屋，塔，伽蓝，农夫和村妇，村女，晒着的衣裳，和尚，蓑笠，天，云，竹，……都倒影在澄碧的小河中，随着每一打桨，各各夹带了闪烁的日光，并水里的萍藻游鱼，一同荡漾。诸影诸物，无不解散，而且摇动，扩大，互相融和；刚一融和，却又退缩，复近于原形。边缘都参差如夏云头，镶着日光，发出水银色焰。凡是我所经过的河，都是如此。

> 现在我所见的故事也如此。水中的青天的底子，一切事物统在上面交错，织成一篇，永是生动，永是展开，我看不见这一篇的结束。

第五段的开头"记得"一词，需要细品。"记得"的情形，并非是梦中的情形，而是记忆中的情形。第七段才是梦中的情形。何以见得？第六段的第一句是非常重要的过渡句，"现在我所见的故事也如此"，在这句话之后，作者描写的才是"梦境"或者"好的故事"：

> 河边枯柳树下的几株瘦削的一丈红，该是村女种的罢。大红花和斑红花，都在水里面浮动，忽而碎散，拉长了，如缕缕的胭脂水，然而没有晕。茅屋，狗，塔，村女，云，……也都浮动着。大红花一朵朵全被

拉长了,这时是泼剌奔迸的红锦带。带织入狗中,狗织入白云中,白云织入村女中……。在一瞬间,他们又将退缩了。但斑红花影也已碎散,伸长,就要织进塔,村女,狗,茅屋,云里去。

记忆中的情形和梦中的情形,都有双重视角。记忆中的情形,是借助"水"这一意象看到的。梦中的情形,也是通过"水"实现的。

细看这两段故事,有许多相似的地方。第一,都很美丽,都很优雅。第二,都是坐在船上看到的。第三,都借助了"水"这一意象去看,也就是说,描写的都是倒影。倒影意味着什么?倒影不管多么美好,一定是伴随着投射出它的主体而生的,必然是短暂的。梦境与记忆还有相同的一点是消逝得很快。记忆中的情形"刚一融和,却又退缩,复近于原形";梦境中"我正要凝视他们时,骤然一惊,睁开眼,云锦也已皱蹙,凌乱,仿佛有谁掷一块大石下河水中,水波陡然起立,将整篇的影子撕成片片了。我无意识地赶忙捏住几乎坠地的《初学记》,眼前还剩着几点虹霓色的碎影"。

不同的是,"我所见的故事"更具有色彩感。"一丈红""大红花""斑红花""胭脂水""红锦带",这些都"统"在水中青天的底子上,"永是生动,永是展开"。这说明,梦境中的"好的故事",是生动的,变化的,是永远没有终结的。而记忆中的情形,"凡是我所经过的河,都是如此",说明恰恰是不变的。在梦境中三次提到的"村女",以及"茅屋、狗、塔、云……"都是"美的人和美的事",正是从"蒙眬"到"清楚"的过程,并且在"美丽,幽雅,有趣"之外,更加"分明"了。

那么,梦境与现实这二者之间的对比是怎样的呢?现实世界是"灯火渐渐地缩小了","灯罩很昏暗","昏沉的夜"。"从表面上看,昏沉的夜,指的是作者写作的夜晚时分,其实另有深意,暗指中国的黑暗社会。鲁迅后来回忆当年在北京生活的感受,说'实在黑暗得可以',其时正值北洋军阀统治,政治混乱,民生凋敝,身处其中的正直知识分子倍感压抑。……文中梦境里的美好幻象则象征着遥不可及的梦想。"[①] 这种解读或许有它的理由,但却经

---

① 小学语文课程教材开发中心编:《教师教学用书》,人民教育出版社 2019 年版,第 219 页。

不起推敲。联系整个《野草》的写作，鲁迅不再是金刚怒目式的战士形象，从主观上说，不需要以这样的象征方式去讽喻当时的黑暗——他的杂文本身就是最好的武器。另外，从文本上说，鲁迅所希望的愿景，难道仅仅只是"茅屋、狗、塔、村女、云……"这些听起来"美的人和美的事"吗？

我们不妨把鲁迅写梦中情形的文字再读一遍：

> 河边枯柳树下的几株瘦削的一丈红，该是村女种的罢。大红花和斑红花，都在水里面浮动，忽而碎散，拉长了，如缕缕的胭脂水，然而没有晕。茅屋，狗，塔，村女，云，……也都浮动着。大红花一朵朵全被拉长了，这时是泼剌奔迸的红锦带。带织入狗中，狗织入白云中，白云织入村女中……。在一瞬间，他们又将退缩了。但斑红花影也已碎散，伸长，就要织进塔，村女，狗，茅屋，云里去。

这显然是一个非常明丽温馨的画面。要理解梦境所传递出来的象征意味，就不能忽略其中提到的一个意象——《初学记》。

《初学记》在文中一共出现了三次。第一次是"捏着《初学记》的手搁在膝髁上"，表示在进入梦境之前，"我"正在读这本书。第二次是"我无意识地赶忙捏住几乎坠地的《初学记》，眼前还剩着几点虹霓色的碎影"。第三次是"我抛了书，欠身伸手去取笔"。《初学记》，是唐代徐坚撰写的综合性类书，共三十卷，分二十三部，取材于群经诸子、历代诗赋及唐初诸家作品，保存了很多古代典籍的零篇单句。问题是，《初学记》与"好的故事"到底有什么样的关联？孙歌教授在《绝望与希望之外》中指出：

> 第一次是捏着《初学记》的手搁在膝盖上，他还是握得很牢的，我们甚至可以推测，鲁迅捏着的这本《初学记》大概是30卷里面关于诗词、民间生活的部分，比如它可能是很美丽的诗词歌赋，当然也可能是对于民间生活某一些侧面的记述。到了作品结尾处第二次出现《初学记》的时候，却是另一个意象："我无意识地赶忙捏住几乎坠地的《初学记》。"《初学记》要掉下去，这是一个隐喻。如果大家接受我的过度诠释的话，这也许意味着鲁迅试图要抓住已经逝去的、不可简单地用原来的

方式再复制和持续的传统生活里的某一些要素。①

这一解读，应该说非常到位。

写《野草》的鲁迅，写《朝花夕拾》的鲁迅与写杂文的鲁迅，应该不是同一个鲁迅。任何一个人都有他的多面性。鲁迅不是时时刻刻都在批判黑暗的斗士战士，他也有柔软的地方。

但这并不是说鲁迅对过往怀着沉醉与留恋，恰恰相反，他深知传统社会的弊端，因此用文字进行批判。孙歌教授说的"某一些要素"，不正是他所描绘的梦境里的温馨吗？"茅屋、狗、塔、村女、云……"不正是传统社会所拥有的那些要素吗？

5. 比较法

比较法，源于二元对立思维，而二元对立思维在我国的传统文化中渊源有自。老子在《道德经》里就提到过"天下皆知美之为美，斯恶已；皆知善之为善，斯不善已。故有无相生，难易相成，长短相形，高下相倾，音声相和，前后相随"。刘勰《文心雕龙》里，也有"造化赋形，支体必双，神理为用，事不孤立。夫心生文辞，运裁百虑，高下相倾，自然成对"，"故丽辞之体，凡有四对：言对为易，事对为难，反对为优，正对为劣。言对者，双比空辞者也；事对者，并举人验者也；反对者，理殊趣合者也；正对者，事异义同者也"② 的说法。先贤很早就发现了这种对立的现象。著名汉学家浦安迪指出，阴阳互补的"二元对立"的思维模式是中国传统思维方式的原型之一。

朱熹提到过用比较的方法读书，"读《论语》，须将《精义》看。先看一段，次看第二段，将两段比较孰得孰失，孰是孰非。又将第三段比较如前。

---

① 孙歌著：《绝望与希望之外》，生活·读书·新知三联书店 2020 年版，第 149 页。
② 〔南朝〕刘勰著、黄叔琳注：《增订文心雕龙校注》，中华书局 2012 年版，第 451 页。

又总一章之说而尽比较之。其间须有一说合圣人之意，或有两说，有三说，有四五说皆是，又就其中比较疏密。如此，便是格物。及看得此一章透彻，则知便至"①，《朱子语类》此一卷全用比较论述《论语》《孟子》的读法。到了明清，小说盛行，作家在叙事中的比较手法被批评家们发现并道破。张竹坡将这种比较法称之为"两对章法"，金圣叹有"对锁"章法、"正犯""略犯"之称，清代话石主人称之为"复笔"。

将对比用得出神入化的当属毛宗岗。他的《三国》批注全用此法，对我影响很深。毛宗岗在论述《三国》的比较叙事时，得出"四对"：

  《三国》一书，有奇峰对插，锦屏对峙之妙。其对之法，有正对者，有反对者，有一卷之中为对者，有隔数十卷而遥为对者。②

毛宗岗的"正对、反对、自对、遥对"，受金圣叹的"正犯、略犯"的影响。这种读书方法，其实也是文本解读的方法。

（1）比较"伪文本"与"真文本"

陈思和教授在《文本细读的几个前提》中，说过这么一段话：

  解读文本的第一个前提，就是你要相信，文本是真实的。从理论上说，任何一部文学作品，都可能有一个写得最好、尽善尽美的标准，实际上是做不到的。但你要相信它，相信艺术真实。文本解读就是建立在对艺术真实的信任上进行的，最大障碍就是你认为一切创作本来就是假的，是作者虚构出来的。如果这样想，所有文学作品都不用讨论了。文本细读就是要像真的一样，要相信这个作品的背后应该有一个绝对完美的小说文本，那个文本就是艺术真实。《雷雨》文本背后有一个绝对真实的《雷雨》，《红楼梦》文本背后也有一个绝对真实的《红楼梦》。但这个"真实"不是我们通常说的"生活真实"，而是我们经常在文艺理论中讨论的"艺术真实"。③

---

① 〔宋〕朱熹撰：《朱子语类》，中华书局2020年版，第474、464页。
② 〔明〕罗贯中著，〔清〕毛宗岗评：《毛宗岗批评本三国演义》，岳麓书社2006年版，第9页。
③ 陈思和著：《文本细读的几个前提》，载《南方文坛》2016年第3期。

陈教授提到的"真文本"是基于艺术真实而言的,而我这里提到的"伪文本",是针对作者而言的。简单地说,就是这个文本因为被修改过多,可能已面目全非,甚至偏离了作者的原意。改得太多的文本,不管改得好还是不好,对于作者而言,都已是不完全属于他的了。当然,编者进行修改,肯定有他的意图,有一些意图很明显(比方说人教版小学语文教材五年级《窃读记》里去掉了"三阳春的招牌",可能是因为感觉有一点广告的意味,到了部编本七年级语文教材则恢复了原貌),有一些则不明显。这也可能成为教师与编者对话的一个切入点。同时,正是这些修改,给教师提供了一个文本解读的渠道和路径,那就是找出原始文本,对照修改的地方,揣摩出编者修改的意图。

我们以《桂花雨》为例,[①] 此文收在部编本语文教材五年级上册,是琦君的一篇著名散文。散文的解读与教学,实在是语文教学中的一大难点。王荣生教授在《散文教学教什么》一书中,提出过散文教学的问题主要是"两个向外跑",或者叫"走到课文和作者之外"去。"两个向外跑",第一个是"走到课文之外",也就是走到语文之外,把语文上成非语文,抛弃了作者的语文经验,把作者的言语表达当跳板,或者仅仅关注其所指,而忽视了作者独抒机心的章法、个性化的表达方式、袒露心扉的语句,跑到概念化、抽象化的"思想""精神"上去;另一个是"走到作者之外",也就是说走到了人文之外,把作者细腻、复杂的人生经验,剥离为概念化、抽象化的"思想""精神",脱离作者进行空洞的分析。"实际上是丢弃语文经验,抽空人生经验。"[②] 让我们回到《桂花雨》文本,全文最关键的句子是:

杭州的桂花再香,还是比不得家乡旧宅院子里的金桂。

这句话在教材中,"杭州"二字变成了"这里"。

到底是"杭州"好呢,还是"这里"好?孙绍振先生在《文学文本解读学》第十四章里进行"隐性矛盾的分析"时,提到了"作品本身关键语句的

---

① 琦君著:《桂花雨》,江苏文艺出版社2010年版。课文源于部编本教材。
② 王荣生主编:《散文教学教什么》,华东师范大学出版社2015年版,第11、12页。

矛盾",[①]《桂花雨》这篇文本，也有"关键语句的矛盾"，矛盾之处就在于——家乡的桂花真的比杭州的香吗？

要回答这个问题，就要找出文本中写到桂花香的句子。其实，原文写到了三个地方的桂花：杭州，故乡，台湾。可是到了教材中，台湾的桂花没有了。

文中第一段就提到了台湾的桂花：

> 桂花有两种，月月开的称木樨，花朵较细小，呈淡黄色，台湾好像也有，我曾在走过人家围墙外时闻到这股香味，一闻到就会引起乡愁。另一种称金桂，只有秋天才开，花朵较大，呈金黄色。我家的大宅院中，前后两大片广场，沿着围墙，种的全是金桂。唯有正屋大厅前的庭院中，种着两株木樨、两株绣球。还有父亲书房的廊檐下，是几盆茶花与木樨相间。

这一段也被删掉了。写故乡桂花之香，有很多句子：

"桂花的香气味，真是迷人。"

"开得最茂盛之时，不说香闻十里，至少前后左右十几家邻居，没有不浸在桂花香里的。"

"啊！真像下雨，好香的雨啊！"

"全年，整个村庄，都沉浸在桂花香中。"

而写到杭州的桂花："一座小小山坞，全是桂花，花开时那才是香闻十里。""不说香闻十里"和"那才是香闻十里"，其实就是对比，对比故乡与杭州的桂花香味。

其中呈现了一种矛盾，即明明杭州的桂花比故乡的桂花更香，甚至杭州的桂花栗子羹那股子"雅淡清香是无论如何没有字眼形容的"，可母亲为何还说杭州的桂花比不得家乡旧院子里的金桂呢？

这是一层显性的矛盾，还有一层隐性的矛盾。在课文中，母亲说"这里的桂花再香，也比不上家乡院子里的桂花"，这句话的提示语中，有一个表频

[①] 孙绍振、孙彦君著：《文学文本解读学》，北京大学出版社2015年版，第398页。

率的副词"常常",但是也被编者删掉了。这个词实在太重要了,说明母亲每逢秋季桂花飘香的时候都会提起"杭州的桂花比不得家乡旧院子里的金桂",我们不禁要问,这个说法,是母亲一个人的吗?琦君赞同吗?不把这些问题解决,这篇文章的教学,很有可能会跑到课文之外或者作者之外。

孙绍振先生说:"客体的特征是显性的,而主体情感特征则渗透在意象之内,是隐性的。"[1] 不管是台湾、杭州,还是故乡,桂花的特征都是"香",而作者的情感,都渗透在桂花的不同的"香"里。所以,尽管杭州的桂花比故乡的香,但是,一提到故乡的桂花,其中饱含的浓情就非杭州的桂花可比。写"摇桂花"时,就更加不节制,"真像下雨,好香的雨啊!"不管台湾的桂花还是杭州的桂花,都没有故乡的悠远长久,"没有不浸在桂花香里的","全年,整个村庄,都沉浸在桂花香中"。两次用到"浸",不仅仅说明了故乡桂花的香味迷人,更包含了作者的陶醉之情。

"母亲常常说的",很显然,在母亲眼里,杭州的桂花再香,也比不过故乡的金桂,这本身就体现了一种现实与情感之间的张力。杭州也有金桂,为什么故乡的金桂就比杭州香呢?这不是香味的问题,而是情感的问题。比杭州桂花更香的,是一段浓浓的乡愁。琦君的故乡在温州,可是全文中没有一次出现温州,但三次出现了"故乡",以及母亲口中的一次"家乡"。那么,故乡可以换成像杭州和台湾一样的称呼吗?显然是不可以的,"故乡"一词,包含了浓浓的深情,换成了"温州",反倒缺少了情感的联想。

"台湾"那一段不能删还有一个原因,就是在母亲离开温州到杭州时,尚且有浓浓的乡愁,而到了台湾的琦君,比之于从温州到杭州的母亲,距离更远、时间更久,那么,琦君的乡愁就更甚于母亲了。她用母亲的话传递自己的情感,这也是散文委婉、含蓄和节制所在。

由此,我们也就走向了文本的内部,抵达了作者情感的深处。

(2) 比较残文本与全文本

残文本,是从单篇文章中截取的部分。这一部分当然也可以独立成篇,比如沈从文的《腊八粥》。回归原文,是解读这类文本的重要法门。因为无论

---

[1] 孙绍振、孙彦君著:《文学文本解读学》,北京大学出版社2015年版,第395页。

如何，残文本毕竟是一篇文章中的一部分，再怎么齐全，也只能算是部分。

《少年闰土》是语文教材中长选不衰的名篇，也确实是最适合小学生阅读的鲁迅作品之一，也是鲁迅少有的以明亮的笔调写出明亮的形象的文本之一。除了节选文本两个人物形象的对比（"我"和闰土的对比）之外，少年闰土与老年闰土的对比，更是几乎所有老师都会关注到的一个点。外形上，少年闰土有"紫色的圆脸"，老年闰土的脸色"已经变作灰黄"，"而且加上很深的皱纹"；少年闰土的手是"红活圆实"的，老年闰土的手"又粗又笨而且开裂，像是松树皮"；在言行上，少年闰土说起话来滔滔不绝，"心里有无穷无尽的希奇的事"，对生活充满了情趣，老年闰土讷讷无语，"只是觉得苦，却又形容不出"，"只是摇头"；少年闰土的动作麻利英勇，"手捏一柄钢叉，向一匹猹尽力的刺去"，老年闰土"全然不动，仿佛石像一般"。精神上，少年闰土活泼高兴，没有精神负担，老年闰土相信鬼神，辛苦麻木；少年闰土是一个英武的小英雄，老年闰土苦得像木偶人；少年闰土与"我"有淳朴深厚的友谊，彼此亲密无间，老年闰土却恭敬地喊"我"为"老爷"，彼此隔着一层"厚障壁"，等等。其实，用"老年"两字去形容闰土并不准确，与他的实际年龄不符，但是他的表现确实已经成为"老去麻木"的典型代表。如果放到整篇小说中去看，少年闰土与老年闰土之间，还有一个"中年鲁迅"（作者）。不管是少年闰土还是老年闰土，都是以"中年鲁迅"的视角进行观察的，明亮的少年与衰颓的老年形象其实是同一个人。

当然，在这方面，我们还可以有很多种对比，比如，写少年闰土的文字明亮，透出的是活泼的生机，而母本《故乡》的其他文字，却显得晦暗许多。

(3) 比较改编文本与原始文本

中小学部编本教材中，有一类文章是根据其他文章改写的。之所以要改写，可能是考虑到原文难度比较大，比如文言文，不适合孩子阅读，又确实有教育意义。对这一类文章的改写，我向来觉得应该谨慎。编者的初衷是好的，改了更适合孩子。但是改写容易失去原来语言的味道，得不偿失。

诸如《狐假虎威》《西门豹治邺》《将相和》《扁鹊治病》等，大多数是从文言文改过来的。如果哪篇文章因为难度大而不得不改，那是否应该考虑放弃，另换一篇？我小时候学的《司马光砸缸》，现在是文言文的原文，这样就挺好。再比如《扁鹊治病》，我学的是文言文《扁鹊见蔡桓公》，还是在初中学的。《将相和》，已经在高中语文教材中以《廉颇蔺相如列传》出现了，为什么在五年级里还要有一个儿童化的白话文版本呢？

　　从古代白话小说改写的《草船借箭》，也是传统的名篇，我们不妨以此文为例，谈一谈文章改写的得失。

　　这篇文章改写自《三国演义》第四十六回——《用奇谋孔明借箭　献密计黄盖受刑》。到底是什么时候进入的教材？最少有27年了吧。因为我当初读小学时，我的老师就跟我们讲过这篇文章，那时我上四年级，已经读完了一本没书名、没开头、没结尾的繁体竖排的《三国演义》，我那时自以为《三国》与《三国演义》是两本书，读得津津有味，繁体字不认识就问祖父。我的小学语文老师也是一个"三国迷"，他与祖父同辈，戴着老花镜给我们讲了《草船借箭》，再讲《赤壁之战》，还在黑板上画地图——这是我唯一记得的一堂小学语文课。

　　回到文本。应该说，这篇改写文基本上遵循了母本的原意，主要失败之处在语言的韵味上。

　　开头第一句话"周瑜对诸葛亮心怀嫉妒"，这是改写者加上去的，母本中没有。这句话虽然是在陈述一个事实，但是带有极强的改写者的主观意见，并且放在这里，使得小说中周瑜的形象没有了太多的多元思考的空间，"妒贤嫉能"成了他的标签，这就不符合原文中的事实了。如果是我，则会改成"一场大战即将爆发"，这才有了商议军事、才有了借箭的可能。

　　进入正文后，原文是"次日，聚众将于帐下，请孔明议事。孔明欣然而至"，部编本是"有一天，周瑜请诸葛亮商议军事"，这句话未免寡淡无味些，尤其是"有一天"的时间表达方式，给学生写作提供了很不好的写作模式。原文中的这两句话，真是太重要了。"聚众将于帐下"，说明周瑜即便嫉妒孔明，也是正大光明的，是在众人面前的，不是偷偷摸摸的，并且后面鲁肃的搭话，也显得相当自然——因为他也在"众将"之列。另外，后面的立军令状，也在大庭广众之下。

诸葛亮是什么态度呢？是"欣然而至"——运用孙绍振先生的"矛盾法"来分析，这里就是一处非常重要的矛盾，让读者见识到了诸葛亮一切尽在掌控之中的潇洒。"欣然"这个词，多么好。

第四十五回的结尾是蒋干中计后，曹操误杀了蔡瑁、张允，周瑜担心自己的这一计谋被孔明识破，便要鲁肃去试探——如果改写从鲁肃和孔明见面开始，可能会更好。孔明见了鲁肃，一股脑儿把自己看到的看透的全部说了，周瑜的一切都被他说破了。诸葛亮有句话"恐公瑾心怀嫉妒，又要寻事害亮"，这句话非常重要。第一，为下文的"借箭"做铺垫。第二，诸葛亮明明知道周瑜心怀嫉妒，甚至可能"寻事"害自己，为什么还要对鲁肃说？第三，诸葛亮知道周瑜要害他，但当周瑜找他商议军事时为什么还"欣然而至"？这就是矛盾。因为改写者把上面的信息去掉了，于是在这里也只好把"欣然"去掉——其实，即便没有了上面的信息，这里的"欣然"依旧不能省。

接下来周瑜与诸葛亮正式商议，周瑜说："我们就要跟曹军交战了。水上交战，用什么兵器最好？"诸葛亮说："用弓箭最好。"

这句话，母本中是这样的："坐定，瑜问孔明曰：'即日将与曹军交战，水路交兵，当以何兵器为先？'孔明曰：'大江之上，以弓箭为先。'"

对照改写本与母本，我们会发现，诸葛亮说的话中，少了"大江之上"四个字。改写者也许觉得这四个字多余，认为母本累赘。我赞同这里需要简省，但是删掉什么更好呢？应该删掉周瑜的"水路交兵"，保留诸葛亮的"大江之上"。让诸葛亮说"大江之上"四个字，可以体现诸葛亮对战事预测的智慧，同时与上文"欣然而至"一脉相承，谈吐之间，都是他对战事的知悉和掌控。从赤壁之战的全局来看，周瑜知不知道会在大江之上交战？当然知道，因为长江天险，是东吴屏障，曹操兵多将广，周瑜无意与他登岸对决。由诸葛亮说的那几个字，就说明诸葛亮也知道周瑜内心所想。所以，母本中的"水路交兵"是可删的。但在教材中，被改成"水上交战"，并且"交战"一词居然前后出现了两次，实非风流倜傥的周瑜的风格。关键是，后文中诸葛亮还有一句"既然要交战"，"交战"一词在如此短的篇幅内出现三次，是写作之大忌。母本中诸葛亮的原话是"曹军即日将至"，很好的语言，不知为何

179

改成了"既然要交战"。

在诸葛亮说完"愿立军令状"后,教材中周瑜的反应是:"周瑜很高兴,叫诸葛亮当面立下军令状,又摆了酒席招待他。"

在母本中,还有周瑜的一句话。"待军事毕后,自有酬劳。"教材中没有了这一句。毛宗岗对这一句有夹批:"不说罚,偏说酬,妙,妙。""罚"是谁说的?罚是诸葛亮自己说的:"三日不办,甘当重罚。"毛宗岗也点评说:"受罚不待周瑜说,偏是孔明自说。妙,妙。"[①]

删了周瑜这一句,就缺失了周瑜与诸葛亮"神仙打架"的趣味。诸葛亮自己说罚,体现了他对造办十万支箭的自信。同样,周瑜说酬劳,也是对诸葛亮完不成任务的极端自信——表面说酬劳,其实是"惩罚"。短短一个来回,把周瑜内心不够光明的一面展露无遗。

另外,教材中"叫诸葛亮"之类的语言,也不符合周瑜的身份,既然一口一个"先生",又怎么会"叫诸葛亮当面立下军令状"呢?母本则是"唤军政司当面取了文书",这话就委婉得多了。何不改成"周瑜很高兴,叫军中负责文书的军士当着诸葛亮的面取了军令状",周瑜叫的是"军政司"而不是"诸葛亮",教材曲解了母本。

后文诸葛亮请鲁肃去取箭,鲁肃的问话居然还是"你叫我来做什么",母本是"公召我何意",难道此处的"召"字不比"叫"字好吗?

教材第三段鲁肃与周瑜的对话,改写者在鲁肃的话中,加了一句"十万支箭,三天怎么造得成呢",母本只有一句"此人莫非诈乎"。显然,改写得有点画蛇添足,有后面一句"诸葛亮说的莫不是假话吧"足矣。

母本中的"此人"比教材中的"诸葛亮"如何呢?鲁肃与诸葛亮的关系没有那么亲密,他毕竟和周瑜是一个阵营的。教材改成直呼其名与母本中的"此人",我觉得都可以,都能显示鲁肃和孔明的关系,把"此人"直接翻译成"这个人"或者"诸葛亮",问题不算太大。

教材中周瑜的回答,也与母本不同。教材是这样的,"是他自己说的,我

[①] 〔明〕罗贯中著、〔清〕毛宗岗评:《毛宗岗批评本三国演义》,岳麓书社2006年版,第365页。

可没逼他"。母本中,"他自送死,非我逼他。今明白对众要了文书,他便两胁生翅,也飞不去"。教材中省掉了周瑜的"他自送死,非我逼他",这是教材删得好的地方。"他自送死",这样的语言,未免把周瑜写得太下作了一点,扬孔抑周,实在太过明显,不像"曲有误周郎顾"的那么儒雅文艺的周郎该有的语言。即便说成"他自如此"也要比"他自送死"好啊!更何况,此时还在"聚众",众将士没有散去,说如此话,且不说有损"羽扇纶巾,谈笑间,樯橹灰飞烟灭"的英雄形象,作为赤壁之战胜利一方,且是以少胜多的一方主将,对众将士讲这种话合适吗?所以,这是教材改得好的地方。

还有一点特别重要。周瑜请鲁肃去探听诸葛亮的虚实,母本中对鲁肃的称呼是"公",教材改成了"你"——这两者的区别何其之大。周瑜呼鲁肃为"公",体现了他对鲁肃的尊敬,一来鲁肃的年龄比周瑜要长一些,二来他们都是坚定的主战派。同时,这种称呼还体现了周瑜的修养。我们注意到,他称诸葛亮为"先生",称鲁肃为"公",都是非常有礼貌的。

母本中,诸葛亮当面称呼周瑜为"都督",在鲁肃面前称周瑜的字"公瑾",称呼鲁肃为"子敬"。当面称"字"称"官职",这是尊敬,也是文化。对五年级的孩子而言,这些可以不讲,但这是熏陶,是渗透。鲁肃称呼诸葛亮什么呢?也是"公"。诸葛亮年龄比鲁肃要小,称"公"自然是尊敬与客气。可是,教材通通换成了"你",于"子敬",只不过多一个注释而已。正因如此,后文诸葛亮与鲁肃前往取箭时,诸葛亮说的话"不用问,去了就知道",变得硬邦邦的,因为少了"子敬"的尊称。改写本还把母本中的多处"孔明"换成了"诸葛亮",也令人惋惜。

还有一处,母本中是"肃领命来见孔明",被改写成了"鲁肃见了诸葛亮"。这个"了"是不可以乱加的。毋庸置疑,改写者是缺乏写作训练的人,语感不强。我想,最起码也要改成"鲁肃见到诸葛亮"吧,名字暂且放过不提。关键是结尾处,还有一句"鲁肃见了周瑜",母本是"鲁肃入见周瑜",不管是什么,都通通改成"谁见了谁",未免简单了一点。

见到鲁肃的诸葛亮,母本中说的话是这样的。"孔明曰:'吾曾告子敬,休对公瑾说,他必要害我。不想子敬不肯为我隐讳,今日果然又弄出事来。

三日内如何造得十万箭？子敬只得救我！'"

这句话仔细分析，真是微妙得很。前文诸葛亮对鲁肃说周瑜要害他的话，明明是"恐公瑾心怀嫉妒，又要寻事害我"，所谓"恐"，是不一定，是不确定。但到了这里，诸葛亮换成了"必要害我"。这是一处值得分析的地方。另外，诸葛亮在周瑜面前接受任务时淡定从容，到了这里，似乎有点慌张。再者，诸葛亮的话里，明显有对鲁肃的抱怨情绪，可是抱怨完了，又要请他帮忙。为何要"抱怨"？又是一个值得分析的地方。但是，由于教材删去了之前诸葛亮对鲁肃的话，所以这里自然也删去了"抱怨"。但这个"抱怨"其实是不能删的——诸葛亮之所以能一边抱怨一边说出"子敬只得救我"的话来，就是通过抱怨让鲁肃有"愧悔之意"，鲁肃为减轻愧悔，自然就会帮忙。但是，教材里的话是这样的，"三天之内要造十万支箭，得请你帮帮我的忙"。

鲁肃为什么要帮诸葛亮？凭什么要帮诸葛亮？难道仅仅因为他们是同盟吗？周瑜要通过借箭来害诸葛亮，显然是做好了诸葛亮借不到的准备；诸葛亮肯定有另一手准备，不可能坐等失败。所以，鲁肃没有任何帮诸葛亮的理由。但有了诸葛亮的抱怨之言，则帮忙的理由就相当充分了。更令人不能接受的是，教材里诸葛亮说出的帮忙内容是这样的，"你借给我二十条船，每条船上要三十多名军士"，这哪里是诸葛亮请鲁肃帮忙？这差点就是下命令。原来，改写者把这句话前的一个表达诸葛亮请求之意的"望"字删掉了，于是意思截然不同。不仅如此，删去太多表示委婉语气的句子后，整个文本就不堪卒读了。

教材中，除了"交战""叫"分别重复了三处和两处外，还有一个数量词，也多次在文本中出现，那便是"二十条船"，总共出现了五处。而母本只有三处，教材多的两处恰恰就在结尾，母本相对应的一段一处也没有。"二十条船靠岸的时候"完全可以改为"船靠岸时"；后面"二十条船共有十万多支"中的"二十条船"，同样可删。

另外，教材删去了鲁肃对诸葛亮的评价"先生真神人也"。鲁肃就在船上，他面对诸葛亮如此神勇的做法，不能没有评价。鲁肃居然不说话了，没反应了，这不符合常理。

在对比分析后，我们发现，母本与改写本简直是云泥之别。好在小说中人物说话前的修饰语没有增删，这也是我们教学设计的一个切入点。

我们再来看一组数据，教材中，"诸葛亮说"共计十处，"诸葛亮笑着说"一处，有修饰语；"周瑜说"或者"说"或者"周瑜问"，共计七处，最后一句"长叹道"，一处；鲁肃"对周瑜说""鲁肃说""鲁肃问"共计四处，有修饰语的，也是一处，是"鲁肃吃惊地说"。

三个人物，一个是"笑着说"，一个是"吃惊地说"，一个是"长叹道"，这是三种不同的性格和心理活动：诸葛亮淡定从容而又潇洒自信，鲁肃胆小谨慎而又有大开眼界之感，周瑜愧不如人而又心有不甘。真是跃然纸上。

可惜，这都是母本中所拥有的，并非改写者所创造的。

在文本中还有一点也值得留意——时间。

台湾著名学者金健人在其《小说结构美学》第一章里，提出了"时间也是（小说的）一个角色"[①]的重要论点。就本文而言，时间与文本紧密相连，随着小说的推进，时间越来越紧张，小说节奏越来越紧凑。刚开始，周瑜、孔明商议军事，诸葛亮问："不知十万支箭什么时候要用？"如果我们普通人回答，可能会说两个月三个月甚至更久，但是周瑜偏说十天，而诸葛亮给出的时间，却是三天——时间进一步紧凑。之后，"第一天不见诸葛亮有什么动静，第二天仍然不见诸葛亮有什么动静"，白白错过两天，故事的最高潮被置于第三天，不，确切地说是第三天的"四更"到"五更"时候。待到"日高雾散"，时间就已经走向结束了。

(4) 同类题材的对比细读

对比可以有很多种形式。比如说，同一本书中，可以对相关人物进行对比，金圣叹在这方面可谓炉火纯青。再比如说，同一个人物的不同时空对比，同一件事情不同人物表现的对比（如《水浒传》中的武松打虎和李逵杀虎），还有就是跨出书本进行对比。毛宗岗读《三国演义》的方法，全用比较。不同人比较，相同人不同时空比较，相同人在相同事情的不同阶段比较，非常精彩。甚至，还有更大的对比，比如《红楼梦》创造的艺术形象，只有放到

[①] 金健人著：《小说结构美学》，台湾木铎出版社1988年版，第13页。

整个中国文学史中去看，才能看得出它的伟大，只有放到世界文学史中，和世界一流的文学作品去比，才能看得出它的分量。

以《红楼梦》为例。《红楼梦》作为中国古典文学的巅峰，对前辈的继承，对后世的影响，都意义重大。比方说，拿秦可卿之死与《金瓶梅》中的李瓶儿之死来作对比，我们会发现，曹雪芹在这一点上，几乎没有太多胜出兰陵笑笑生的地方。再拿张爱玲的《金锁记》与《红楼梦》作对比，张爱玲就活在曹雪芹的"阴影"里。

曹七巧是短篇小说《金锁记》中的主人公，在张爱玲塑造的艺术形象长廊里，可以称得上是一个重要的艺术形象。但是，诚如张爱玲自己所说："我唯一的资格实在是熟读《红楼梦》，不同的本子不用留神看稍微眼生点的字自会蹦出来。"[①] 很难说对于一个创作的人来说，这到底是好事还是坏事。所谓好事，毕竟《红楼梦》是经典，受它影响与启发，起点高。所谓坏事，因为受一家影响太深，就会无意间模仿这个范本，字里行间就能看得出来范本的影子，总难有自己的风格，更别提开宗立派。仅以《金锁记》而言，张爱玲是笼罩在《红楼梦》的影子里的，谈不上是"中国从古以来最伟大的中篇小说"[②]。难怪毕飞宇说："无论她多么出色，只要前面还有一个曹雪芹，她就要打折扣。《红楼梦》是一棵树，她就是这棵树上的次生物。"[③]

我仅以《金锁记》中的曹七巧与《红楼梦》中赵姨娘这两个艺术形象展开对比论述，探寻二者之间的异同，尤其是她们的悲剧命运。

首先，曹七巧与赵姨娘的出身与身份非常相似。书中记载小双的原话，提到了曹七巧的出身。

> 小双道："咱们二爷你也见过了，是个残废，做官人家的女儿谁肯给他？老太太没奈何，打算替二爷置一房姨奶奶，做媒的给找了这曹家的，是七月里生的，就叫七巧。"凤箫道："哦，是姨奶奶。"小双道："原来

[①] 张爱玲著：《张爱玲全集·红楼梦魇》，北京十月文艺出版社2019年版，第1页。
[②] 夏志清著：《中国现代小说史》，浙江人民出版社2016年版，第414页。
[③] 毕飞宇、张莉著：《牙齿是检验真理的第二标准》，人民文学出版社2015年版，第214页。

是姨奶奶的，老太太想着，既然不打算替二爷另娶了，二房里没个当家的媳妇，也不是事儿，索性聘了来做正头奶奶，好教她死心塌地服侍二爷。"

这是曹七巧在书中由丫鬟之口而间接地登台亮相。这段话非常值得细读。

第一，很显然的是，在姜家人看来，曹七巧最早是要作为姨奶奶的身份进入姜家的，这就与赵姨娘的身份一样了。这是丫鬟都认可的。但后来曹七巧不是作为姨奶奶而是正头奶奶出现在姜家。第二，小双的一句"索性聘了来做正头奶奶，好教她死心塌地服侍二爷"，这不是丫鬟该有的说话口吻，倒是像极了姜家老太太。这也从侧面说明了曹七巧在姜家的地位。大观园中谁敢这么议论王夫人？但可以这样议论赵姨娘。第三，一个"聘"字，看得出，姜家纳曹七巧，是花了重金的，目的是"好教她死心塌地服侍二爷"。从这里也可以看出来，曹家的地位是比较卑微的。小说中曹七巧的娘家人，也就是曹七巧的哥哥曹大年来姜家打秋风，也可以说明这一点。而《红楼梦》中的赵姨娘，出身也十分卑微，从经济地位上看和曹七巧如出一辙，赵姨娘的兄弟赵国基，是贾府的男仆。在社会地位上，赵姨娘极有可能还不如曹七巧。《红楼梦》第二十五回《魇魔法姊弟逢五鬼　红楼梦通灵遇双真》，贾宝玉受了马道婆的魇镇后，命在旦夕。贾母守在旁边，赵姨娘一句话触怒了她，她有一段话骂贾政和赵姨娘，非常值得玩味：

烂了舌头的混账老婆，谁叫你来多嘴多舌的！你怎么知道他在那世里受罪不安生？怎么见得不中用了？你愿他死了，有什么好处？你别做梦！他死了，我只和你们要命。素日都不是你们调唆着逼他写字念书，把胆子唬破了，见了他老子不像个避猫鼠儿？都不是你们这起淫妇调唆的！这会子逼死了，你们遂了心，我饶那一个！

贾母这段话中，最关键的是"淫妇"二字，这恐怕不仅只是急怒攻心失去理智的话。

其次，二者在母性人格上有着共同的残缺。如果说父性人格教我们独立、承受痛苦、承担命运、创造价值的话，那么母性人格教我们学会爱，建立关系，合作，享受人际关系带来的快乐和温暖。这又恰恰是曹七巧和赵姨娘最缺少的。从她们的子女角度去看，"靠努力换取的爱常常会使人痛苦地感到：我之所以被人爱是因为我使对方快乐，而不是出于我自己的意愿——归根结蒂我不是被人爱，而是被人需要而已。鉴于这种情况，因此我们所有的人，无论是儿童还是成年人，都牢牢地保留着对母爱的渴求，这是不足为奇的。"[①]《金锁记》中曹七巧对待儿女最重要的一个情节，确实如夏志清先生所说，是"全篇小说的高潮"，"充满了戏剧性的紧张刺激"[②]：

> 世舫挪开椅子站起来，鞠了一躬。七巧将手搭在一个佣妇的胳膊上，款款地走了进来，客套了几句，坐下来便敬酒让菜。长白道："妹妹呢？来了客，也不帮着张罗张罗。"七巧道："她再抽两筒就下来了。"世舫吃了一惊，睁眼望着她。七巧忙解释道："这孩子就苦在先天不足，下地就得给她喷烟。后来也是为了病，抽上了这东西。小姐家，够多不方便哪！也不是没戒过，身子又娇，又是由着性儿惯了的，说丢，哪儿就丢得掉呢！戒戒抽抽，这也有十年了。"世舫不由得变了色，七巧有一个疯子的审慎与机智。

这一句杀人不见血的"再抽两筒就下来"的谎言，我们很难想象出自母亲之口。这与《红楼梦》第五十五回《辱亲女愚妾争闲气　欺幼主刁奴蓄险心》也非常相似，一个"辱"字形容事件，一个"愚"字修饰人物，几可两书共用。在对待儿子上，曹七巧也和赵姨娘有相同之处。我们仅举一例子，书中写道：

> 七巧虽然把儿子媳妇描摹成这样热情的一对，长白对于芝寿却不甚中意，芝寿也把长白恨得牙痒痒的。夫妻不和，长白渐渐又往花街柳巷里走动。七巧把一个丫头绢儿给了他做小，还是牢笼不住他。七巧又变着方儿哄他吃烟。长白一向就喜欢玩两口，只是没上瘾，现在吸得多了，也就收了心不大往外跑了，只在家守着母亲和新姨太太。

而赵姨娘对待贾环，拙作《红楼教育学》中有详细分析，此处不再赘述。

第三，二者有着相同的悲剧命运。曹七巧、赵姨娘都是悲剧命运的艺术

---

① 〔美〕弗洛姆著、李健鸣译：《爱的艺术》，上海译文出版社2008年版，第39页。
② 夏志清著：《中国现代小说史》，浙江人民出版社2016年版，第419页。

形象，导致这种悲剧命运的原因也可以说是相同的，最重要的原因当然是经济地位悬殊与传统的婚姻制度。《金锁记》结尾曹七巧回忆自己的青春年华时写道：

> 十八九岁做姑娘的时候，高高挽起了大镶大滚的蓝夏布衫袖，露出一双雪白的手腕，上街买菜去。喜欢她的有肉店里的朝禄，她哥哥的结拜弟兄丁玉根、张少泉，还有沈裁缝的儿子。喜欢她，也许只是喜欢跟她开开玩笑。然而如果她挑中了他们之中的一个，往后日子久了，生了孩子，男人多少对她有点真心。七巧挪了挪头底下的荷叶边小洋枕，凑上脸去揉擦了一下，那一面的一滴眼泪她就懒怠去揩拭，由它挂在腮上，渐渐自己干了。

我们从这里读出曹七巧怨悔的一生，这些喜欢她的男子中，没有姜家二少爷。甚至在二少爷生前与死后，都看不出曹七巧与他的半点温情。由于经济地位卑微，只能通过高攀甚至"卖身"而进入"豪门"，所以她们都是婚姻制度的牺牲品，都是男人的附属品。在这种婚姻制度与经济地位悬殊的背景下，女性必然走向精神与肉体的封闭。姜家二少爷瘫痪与否，都不影响她们精神与肉体的封闭。诚如赵姨娘与王夫人，贾政没有瘫痪在床，她们一个倒向巫术马道婆的怀抱，一个把膝盖献给了佛祖，不可能会有辽阔的精神空间。除非像贾母一样，儿孙满堂，熬到家族的塔尖，才有可能有一个较为舒展的生命。所谓肉体的封闭，就是大家族里一夫一妻多妾的婚姻制度对男性在爱与性方面的包容与庇护，反过来就会导致女性爱与性的缺失与渴望。在这一点上，曹七巧如此，赵姨娘如此，甚至王夫人也是如此——这也是《红楼梦》中那么多女子最终走向悲剧命运的共同原因之一，不死亡不离散，最终她们都会成为令人讨厌的曹七巧或者赵姨娘。

张爱玲塑造的曹七巧与赵姨娘比，当然更加丰富与深刻。曹七巧性格在稳定中又随着外部环境的变化而变化，心理描写之细，人性刻画之深，都是曹雪芹笔下的赵姨娘所不具备的。

其实，《红楼梦》对《三国演义》也有很重要的继承，尤其是人物的出场。书中重要人物的出场，都费了作者很多心血，所谓"批阅十载，增删五次"绝非虚言。书中主要人物的出场集中在第三回《贾雨林夤缘复旧职　林黛玉抛父进京都》(有版本作"荣国府收养林黛玉"),这也是诸多语文教材收入的篇章。小说借林黛玉的眼睛来观察荣国府,并认识荣国府的主要人物。林黛玉进荣国府,除了迎接的丫鬟婆子,她见到的第一个人是贾母。透过林黛玉的眼睛,作者只用了四个字"鬓发如银"来形容贾母,同时用她将林黛玉"搂入怀中"、"'心肝儿肉'叫着大哭起来"的动作和细节来描写刻画。贾母给林黛玉介绍两个舅母邢夫人和王夫人,则一笔带过。脂砚斋在旁边批注:"书中正文之人如此写出,却是天生地设章法,不见一丝勉强。"① 奇怪的是,林黛玉在荣国府最初见到的这三位,都是她的长辈,而且还是荣国府真正的主人,她们在等候着林黛玉的到来,但与林黛玉同辈的三位姐妹,倒没有在等她。贾母吩咐丫鬟将她们唤来与黛玉见面。迎春、探春、惜春的出场,作者开始浓墨重彩,对她们的身形、穿着进行了详细的刻画,作者有意写出她们的不同,所以脂砚斋说:"可笑近之小说中有一百个女子,皆是如花似玉一副脸面。"随着小说主要人物的一一出场,最后剩下的,是小说中最重要的王熙凤和贾宝玉二人。作者按照"颁奖"顺序,一一描写林黛玉生命中重要的人,"冠军"放在最后,"亚军"次之。"亚军"即是王熙凤。王熙凤的出场,"未见其形,先闻其声","另磨新墨,搦锐笔,特独出熙凤一人",被脂砚斋誉为"史公笔力",确实好极了。之后,按照一般逻辑,应该是贾宝玉出场了。可是作者偏不,他接下来采用的是"千呼万唤"和层层渲染的手法。先安排林黛玉去见两个母舅。大舅贾赦以"连日身上不好,不忍相见"为由,拒绝了和林黛玉相见。这样的安排深得脂砚斋的好评,说:"若一见时,不独死板,且大失情理。"为何如此呢?因为在集权和专制时代,男女见面即便是长幼之间,也是有极大约束的。更何况,作者还需要借林黛玉的眼睛去写荣国府的主要布局。如果不去见二舅,就很难写到荣禧堂。再往后,去见二舅贾政,也不在,去斋戒了。行文到这个地方,才有了贾宝玉的出场。

贾宝玉第一次出现在读者面前,是在第二回《贾夫人仙逝扬州城　冷子

---

① 〔清〕曹雪芹著、脂砚斋评:《脂砚斋批评本红楼梦》,岳麓书社2009年版,第26页。本章以下所引脂砚斋批注,皆出于此书,不再一一作注。

兴演说荣国府》。冷子兴在讲论贾府的时候,重点说的就是贾宝玉。"一落胎胞,嘴里便衔下一块五彩晶莹的玉来,上面还有许多字迹,就取名叫作宝玉。"除此之外,他还有板有眼地说:

  因而乃祖母便先爱如珍宝。那年周岁时,政老爹便要试他将来的志向,便将那世上所有之物摆了无数,与他抓取。谁知他一概不取,伸手只把些脂粉钗环抓来。政老爹便大怒了,说:"将来酒色之徒耳!"因此便大不喜悦。独那史老太君还是命根一样。说来又奇,如今长了七八岁,虽然淘气异常,但其聪明乖觉处,百个不及他一个。说起孩子话来也奇怪,他说:"女儿是水作的骨肉,男人是泥作的骨肉。我见了女儿,我便清爽;见了男子,便觉浊臭逼人。"你道好笑不好笑?将来色鬼无疑了!

冷子兴这话有根据吗?有的。因为他所知道的这一切,都是一个重要的人物传递给他的,那就是他的岳母周瑞家的。周瑞家的固然有机会亲见,但也未必事事亲见。冷子兴的话里有他自己的评判——"色鬼无疑"。那问题来了:贾雨村有没有把这话说给林黛玉听过?并没有,何以见得呢?林黛玉面见王夫人的时候,王夫人对宝玉的评判,简单的八个字"孽根祸胎,混世魔王",这算是宝玉第二次在读者面前出现。如果说,冷子兴口中的"色鬼无疑"可能只是旁观者或者吃瓜群众的臆测与猜想,那么,"孽根祸胎,混世魔王"作为贾宝玉亲生母亲的评判,就显得有根有据了。王夫人说完这些的时候,林黛玉想起的是她母亲贾敏的话,"衔玉而诞,顽劣异常,极恶读书,最喜在内帏厮混;外祖母又极溺爱,无人敢管",而不是自己老师的话。

王夫人在下了八个字的评语之后,林黛玉出于客套,回了一句:"在家时亦曾听见母亲常说,这位哥哥比我大一岁,小名就唤宝玉,虽极憨顽,说在姊妹情中极好的。"这句话,明显看得出来是林黛玉自己的评价。因为她的母亲不曾这样说过。她是借母亲之嘴,道自己之看法。所以脂砚斋说:"'虽'字是有情字,宿根而发,勿得泛泛看过。"但这也不是黛玉自己内心真实的看法。当宝玉真正亮相的时候,黛玉心里想的是:这是一个怎样的惫懒人物。王夫人接下来就"孽根祸胎,混世魔王"还有一段阐释:

  他与别人不同,自幼因老太太疼爱,原系同姊妹们一处娇养惯了的。

若姊妹们有日不理他,他倒还安静些,纵然他没趣,不过出了二门,背地里拿着他两个小幺儿出气,咕唧一会子就完了。若这一日姊妹们和他多说一句话,他心里一乐,便生出多少事来。所以嘱咐你别睬他。他嘴里一时甜言蜜语,一时有天无日,一时又疯疯傻傻,只休信他。

行文到此,无论是周瑞家的、冷子兴、贾敏还是王夫人,甚至是林黛玉自己,都对贾宝玉评价不高。贾宝玉的负面形象,可谓是板上钉钉的啦!

透过这条线,宝玉的形象貌似固定了,但毕竟还没有真正亮相。当他真正出现在读者面前的时候,是一番怎样的光景?

  头上戴着束发嵌宝紫金冠,齐眉勒着二龙抢珠金抹额;穿一件二色金百蝶穿花大红箭袖,束着五彩丝攒花结长穗宫绦,外罩石青起花八团倭缎排穗褂;登着青缎粉底小朝靴。面若中秋之月,色如春晓之花,鬓若刀裁,眉如墨画,面如桃瓣,目若秋波。虽怒时而若笑,即瞋视而有情。项上金螭璎珞,又有一根五色丝绦,系着一块美玉。

试问,这样的形象,何以看得出"色鬼无疑"?又何以看得出"憨顽"?原来作者借林黛玉等一众人,使了一招极好的招数——"反转法"!大师就是大师!不按套路出牌,完全让人猜摸不透会怎样谋篇布局。按照通常的逻辑,宝玉既然已经登台亮相,且已被黛玉的眼睛审视了一番,接下来该和黛玉见面了。可是作者偏不,偏偏贾母一句"去见你娘来"就把宝玉打发走了。又给读者留下了一个空旷的舞台,再次期待主人公的登场。果然,在他再次登场的时候,又是一番形象:

  头上周围一转的短发,都结成小辫,红丝结束,共攒至顶中胎发,总编一根大辫,黑亮如漆,从顶至梢,一串四颗大珠,用金八宝坠角;身上穿着银红撒花半旧大袄,仍旧带着项圈、宝玉、寄名锁、护身符等物;下面半露松花撒花绫裤腿,锦边弹墨袜,厚底大红鞋。越显得面如敷粉,唇若施脂,转盼多情,语言常笑。天然一段风骚,全在眉梢;平生万种情思,悉堆眼角。

看其外貌极好,却难知其底细。如果一路反转写下去,未免缺少波澜,少了一些看山不喜平的美感。于是,作者放弃了自己和脂砚斋讨厌的那些俗

套写法,以所谓的"后人有词"的方式,再一次负面评价贾宝玉:

> 无故寻愁觅恨,有时似傻如狂。纵然生得好皮囊,腹内原来草莽。潦倒不通世务,愚顽怕读文章。行为偏僻性乖张,那管世人诽谤! 富贵不知乐业,贫穷难耐凄凉。可怜辜负好韶光,于国于家无望。天下无能第一,古今不肖无双。寄言纨袴与膏粱:莫效此儿形状!

真是一波未平一波又起!值得一说的是,黛玉的穿着,作者始终没有细说,非要通过宝玉的眼睛来写,真是匠心独运。至此,宝玉才真正登上了《红楼梦》的舞台,开始了他的"表演"。

回过头来看,作者的这种设计确实高明,让贾府重要人物的出场尤其是宝黛初会波澜起伏,好看极了。

总结一下,除了"反转法",其实还有"延迟法"。在有众多人物的古典小说里,最重要的人物总是延迟出现,经过层层渲染,待到真的在读者面前亮相的时候,就浓墨重彩,极尽铺排之能事,大写特写。这是古典小说独有的技法。曹雪芹的这种人物出场写法,是不是独创的呢?他有继承,也有创新,继承的是中国另外一本古典文学名著《三国演义》中诸葛亮的出场。对于诸葛亮的出场,毛宗岗的批注里说得非常到位:

> 此卷为玄德访孔明,孔明见玄德作一引子耳。将有南阳诸葛庐,先有南漳水镜庄以引之;将有孔明为军师,先有单福为军师以引之。不特此也,前卷有玉龙、金凤,此卷乃有伏龙、凤雏;前卷有一雀一台,此卷乃有一凤一龙:是前卷又为此卷作引也。究竟一凤一龙,未曾明指其为谁。不但水镜不肯说龙、凤姓名,即单福亦不肯自道其真姓名。"庞统"二字在童子口中轻轻逗出,而玄德却不知此人之即为凤雏;"元直"二字在水镜夜间轻轻逗出,而玄德却不知此人即为单福。隐隐跃跃,如帘内美人,不露全身,只露半面,令人心神慌惚,猜测不定。至于"诸葛亮"三字,通篇更不一露,又如隔墙闻环珮声,并半面亦不得见。纯用虚笔,真绝世妙文![1]

---

[1] 〔明〕罗贯中著、〔清〕毛宗岗评:《毛宗岗批评本三国演义》,岳麓书社 2006 年版,第 273 页。本章节所引毛批,皆出自此书,不再一一作注。

毛宗岗的这段批注，写在第三十五回。这一回回目是《玄德南漳逢隐沦 单福新野遇英主》，所谓的"隐沦"，就是水镜先生司马徽，单福则是徐庶。诸葛亮的名字第一次出现在书中，或者第一次出现在读者面前，是以"伏龙凤雏"的名义一起出现的，这四个字出自水镜先生司马徽之口，评价极高，说的是："伏龙凤雏，两人得一，可安天下。"

但是，司马徽在说这句话之前，还有一句话值得我们留意："今天下之奇才尽在于此，公当往求之。"这个"奇才"，是包括诸葛亮在内的，甚至就是"伏龙凤雏"的另一种普通说法。刘备的反应是"急问"，说完这句后，才有"两人得一，可安天下"的话。

刘备是在什么情况下听到这句话的呢？是在逃难时，极为狼狈的情况下听到的。司马徽直接告诉他，他之所以如此落魄，就是因为缺少人才，然后才把话题引到人才上来。刘备和我们读者一样，也是第一次听到"伏龙凤雏"。

所以，他问水镜先生，其实也是代我们问："伏龙凤雏何人也？"按照常理，司马徽应回答刘备他们姓甚名谁、有什么才能，但司马徽偏不，他只是"抚掌大笑"说了两个字："好！好！"毛宗岗评价说："如此一番跌顿迎纵，说出'伏龙凤雏'四字，却又不明指其姓名，只言'好好'，真绝世妙文。"司马徽笑什么？当然是笑刘备的孤陋，先说了此地有奇才，刘备急问"奇才安在，果系何人"，再说"伏龙凤雏"，刘备又问何人，司马徽于是不言姓名了——因为再说姓名，刘备还是会问："孔明何人也？"那就相当拙劣了。

所以作者宕开一笔："玄德再问时，水镜曰：'天色将晚，将军可于此暂宿一宵，明日当言之。'"留下刘备"寝不成寐"。深夜徐庶来访司马徽，所谈之事刘备都偷听到了。第二天，刘备一问昨夜来访之人的姓名，司马徽笑曰："好！好！"二问"伏龙凤雏果系何人"，司马徽又笑曰："好！好！"作者此时此刻不是在吊刘备的胃口，而是在吊读者的胃口。

这就是《三国演义》不如《红楼梦》的地方，司马徽两次三番以"好！好！"来说伏龙凤雏，未免缺少点新意，《红楼梦》则借众人之口对宝玉进行评价，大家各有各的身份立场，说话符合各自身份，不至于把宝玉的形象写偏。

但是,《三国演义》不同于《红楼梦》处,在于写诸葛亮之前,先写徐庶。所以,罗贯中在大用"延迟法"的时候,还必须用到"插叙法"。插叙徐庶,目的当然还是为了诸葛亮的出场。毛宗岗在批注面对曹仁即将劫寨的徐庶时说"又宛然一武侯小样",写徐庶,是为了写诸葛亮。

刘备想见伏龙凤雏,来的却是徐庶,并且给了徐庶大展才华的机会。吕旷、吕翔,在徐庶的建议下轻而易举被杀,曹仁也被打败,然后才有了诸葛亮的再一次出场。所以,毛宗岗说:

> 孔明乃《三国志》中第一妙人也。读《三国志》者,必贪看孔明之事。乃阅过三十五回,尚不见孔明出现,令人心痒难熬。及水镜说出'伏龙'二字,偏不肯便道姓名,愈令人心痒难熬。至此卷徐庶既去之后,再回身转来,方才说出孔明。读者至此,急欲观其与玄德相遇矣;孰意徐庶往见,而孔明作色,却又落落难合。写来如海上仙山,将近忽远。绝世妙人,须此绝世妙文以副之。

直到徐庶打马回来,诸葛亮才再一次回到读者眼前。徐庶说的是"此间有一奇士……使君可不求之",前面司马徽也说"公宜求之",徐庶再说"使君可亲往求之",并且比司马徽说得更加具体:"若得此人,无异周得吕望,汉得张良也。"他将诸葛亮与自己对比:"以某比之,譬犹驽马并麒麟,寒鸦配鸾凤耳。此人每尝自比管仲、乐毅,以吾观之,管、乐殆不及此人。此人有经天纬地之才,盖天下一人耳。"到这个时候,"诸葛亮"或者"孔明"还没有出现。刘备迫不及待地问,伏龙的姓名才出现。

> 此人乃琅邪阳都人,覆姓诸葛,名亮,字孔明,乃汉司隶校尉诸葛丰之后。其父名珪,字子贡,为泰山郡丞,早卒;亮从其叔玄。玄与荆州刘景升有旧,因往依之,遂家于襄阳。后玄卒,亮与弟诸葛均躬耕于南阳。尝好为《梁父吟》。所居之地有一冈,名卧龙冈,因自号为卧龙先生。此人乃绝代奇才,使君急宜枉驾见之。若此人肯相辅佐,何愁天下不定乎!

我们发现一个细节,前面都是"伏龙凤雏",而在徐庶的介绍里,诸葛亮则自称"卧龙"。这有什么不同呢?"伏龙"是他人的称呼,尤其是朋友诸如司马徽他们的称呼。伏,有潜隐之义。从反面来说,有"出山"之可能。但是"卧龙"不同,"卧"是躺着,有潇洒休闲之意味。从反面来说,最多有"起"之可能。一字之差,足见诸葛亮的自称是有深意的。

我们不禁要问,《三国演义》这个写诸葛亮的法子可不可以用《红楼梦》的写法来写呢?不能。写诸葛亮,不仅仅是写他的形象,还有他治国安邦的谋略,所以才用徐庶来烘托。这是《红楼梦》没有的地方。

也许曹雪芹学了罗贯中,写到最主要的人物出场时,居然都"暂时出现,随即消失"。徐庶在奔赴曹营的时候,诸葛亮有片刻现身,这一段很值得注意。

> 且说徐庶既别玄德,感其留恋之情,恐孔明不肯出山辅之,遂乘马直至卧龙冈下,入草庐见孔明。孔明问其来意,庶曰:"庶本欲事刘豫州,奈老母为曹操所囚,驰书来召,只得舍之而往。临行时,将公荐与玄德。玄德即日将来奉谒,望公勿推阻,即展生平之大才以辅之,幸甚!"孔明闻言作色曰:"君以我为享祭之牺牲乎!"说罢,拂袖而入。庶羞惭而退,上马趱程,赴许昌见母。

徐庶见到孔明,孔明的形象相当模糊。长相如何,穿着如何,一概不写,只留下一句话。这一段话是有好呢还是没有好?会不会影响后文诸葛亮的出场呢?我觉得还是有比没有好。这不仅在写诸葛亮,同时也在写徐庶。徐庶"恐孔明不肯出山辅之",说明他为人忠诚,同时也说明他与司马徽不同。他和诸葛亮不是真正的隐士,他们是胸怀抱负的人,只不过在等待一个机会。徐庶告诉诸葛亮要珍惜这个机会,正因如此,诸葛亮才有了一句"享祭之牺牲乎"的话。这一句话,当然也写出了孔明的清高。

贾宝玉在正式亮相前,也有一次"走台"。刚刚在黛玉心目中留下"倒像在那里见过的一般,何等眼熟到如此"的初步印象的宝玉,因为贾母一句"去见你娘来",又消失了。与诸葛亮出场不同的是,贾宝玉又迅速出场了,没有拖延太久,不需要别人三顾茅庐。

诸葛亮这个人,司马徽推荐过一次,徐庶推荐过一次,司马徽又推荐了一次。这么多次的推荐,很容易给读者造成审美疲劳,除非每一次的推荐都不一样。司马徽的推荐与徐庶的推荐有什么不同呢?毛宗岗说:

> 水镜之荐孔明,与元直之荐孔明,又自不同。元直则相告相嘱,唯恐玄德之无人,唯恐孔明之不出,是极忙极热者也。水镜则自言自语,反以元直之荐为多事,反以孔明之出为可惜,是极闲极冷者也。一则特为荐孔明而返,一则偶因访元直而来。一有心,一无意。写来更无一笔相似,而各各入妙。

司马徽的两次推荐又有什么不同呢?第一次是刘备来访他,第二次是他去访刘备。第一次虽然是刘备来访,但是司马徽主动告知有孔明其人。第二次,虽是司马徽主动去访刘备,却是被动说孔明。可见作者为了避免重复,也是费尽心思。

前面已经是一波三折,后面的三顾茅庐也是好事多磨。但是,作者又换了一副笔墨,着意写刘备,从刘备入手,写出他求贤若渴的态度。

> 玄德望孔明之急,闻水镜而以为孔明,见崔州平而以为孔明,见石广元、孟公威而以为孔明,见诸葛均、黄承彦而又以为孔明。正如永夜望曙者,见灯光而以为曙也,见月光而以为曙也,见星光而又以为曙也;又如旱夜望雨者,听风声而以为雨也,听泉声而以为雨也,听漏声而又以为雨也。《西厢》曲云:"风动竹声,只道金珮响;月移花影,疑是玉人来。"玄德求贤如渴之情,有类此者。孔明即欲不出,安得而不出乎?

终于,孔明即将现出真身了。奇怪的是,孔明再一次露面后,又起身更衣一次,然后再次出现——贾宝玉是不是像极了他?不管怎样,这条"卧龙"终于起来了。玄德见孔明身长八尺,面如冠玉,头戴纶巾,身披鹤氅,飘飘然有神仙之概。然后,才写了孔明不凡的谈吐。一切的一切,全部袒露在读者的面前。

颇可值得一说的是,《三国演义》中同样也有"反转法"。

诸葛亮仿佛一直要做隐士,徐庶来拜访,诸葛亮更是清高到了极点。再加上三顾茅庐时的环境衬托、友人烘染,即便刘备哭求,也遭拒绝,仿佛诸葛亮必不会出山。但是,他会出山的真实想法,已经在细节中体现得淋漓尽致了。第一，隆中对一番谈吐，并非即兴发言，"命童子取出画一轴"，说明准备良久。第二，诸葛亮的话中，"霸业"一词很耐人寻味。不是"王业"，是"霸业"，这不也透露出他即将出山的些许消息吗？

通过对比分析我们会发现，虽然曹雪芹是一代宗师，但师法前贤，是文学创作的不二法门，只是曹雪芹成功迭代了，把有可能出现的审美疲劳，降低在完全可控的范围内，故写得极为精彩。

《三国演义》作为中国文学史上第一部长篇小说，它对后世尤其是古典长篇小说的影响不仅仅是具体的，甚至是结构层面与哲学层面的。比方说，《三国演义》演绎的"分久必合，合久必分"的历史走向，其实是"合—分—合"的螺旋式循环，而《红楼梦》则是"石—玉—石"的螺旋式循环。

同样，《水浒传》和《西游记》也有可对比之处。《水浒传》第四十一回《宋江智取无为军　张顺活捉黄文炳》，江州劫法场后，宋江虽然被救，但很不满意，要找黄文炳复仇。晁盖表示了反对，说："贤弟众人在此，我们众人偷营劫寨，只可使一遍，如何再行得？似此奸贼，已有提备，不若且回山寨去聚起大队人马，一发和学究、公孙二先生，并林冲、秦明都来报仇，也未为晚矣。"但是，宋江不同意。接下来，捉黄文炳的戏码全部由宋江来主演，在李逵、白胜、杜迁等人的协助下，把黄文炳捉了，活土匪李逵拿着尖刀生生割了黄文炳的肉烤着吃。既已如此，晁盖也就无话可说了。这个过程中，晁盖是什么时候出现的呢？"晁盖、宋江等呐声喊杀将入去，众好汉亦各动手，见一个杀一个，见两个杀一双，把黄文炳一门内外大小四五十口尽皆杀了，不留一人，只不见了文炳一个。"是在杀黄文炳家人的时候出现的，但没有说话。晁盖全程被作者施耐庵"禁言"了，也就是说，他是沉默的。这种沉默，耐人寻味。

《西游记》中，也有一段重要的故事，也有一个人物沉默。第二十七回，《尸魔三戏唐三藏　圣僧恨逐美猴王》。沙僧在这一回里，像极了晁盖。纯粹出现名字而已（共出现了11次，其中有两次是在复述之中，"他说两员大将是谁？说是八戒、沙僧。八戒、沙僧虽没甚么大本事"），外加一些简单的动作，"寻些草来"，"搀着长老"。面对八戒在悟空与唐僧之间的挑拨离间，他是沉默的。面对唐僧对悟空训斥、念紧箍咒，他是沉默的。最后悟空"噙泪扣头辞长老，含悲留意嘱沙僧"时，他依旧是沉默的。

晁盖的沉默，有一种无可奈何的味道在里面。但是，沙僧的沉默，恐怕就没有那么简单。

对比，能帮助我们温习之前读过的书，也能帮助我们将现在读的与之前读的连接成一个知识体系。

6. 如何解读翻译文本

不管我们懂不懂外语，翻译文本的教学，还是属于母语教育的范畴。这一点，作家毕飞宇在《小说课》里，有非常清晰的讨论，我们先借他书中的一些例子来说一说。

在《奈保尔，冰与火》里，当谈到《米格尔大街》第六篇《布莱克·沃兹沃斯》中的第三个乞丐的时候，毕飞宇提到两种不同的翻译：

①下午两点，一个盲人由一个男孩引路，来讨他的那分钱。

②下午两点，一个盲人由一个男孩引路，来取走他的那一分钱。

第一种翻译，盲人来讨钱，理所当然，也就没有任何字外的含义。第二种翻译，"来取走""一分钱"，那不是乞讨。诚如毕飞宇说的，这个盲人太逗了。他仿佛来执行公务，不是乞讨。一词之差，乞丐的性格就写出来了。

茨威格的《一个陌生女人的来信》，有一个收信人称呼的问题，其中一个版本是这样翻译的：

你，和我素昧平生的你。

写信人和读信的男人是曾经的情人关系，他们还生了孩子，怎么可能是"素昧平生"呢？毕飞宇记忆中的北京大学张玉书教授的翻译是：

（你）见过多次，却已经不再认识（我）。

孰好孰坏，一目了然。但是，毕飞宇记错了，张玉书先生的翻译是：

你，从来也没认识过我的你啊！

我们不妨再问一句,是张玉书的翻译好呢,还是毕飞宇记忆中的那句翻译好?张玉书的这个翻译好。见过多次,却不再认识,这没有什么奇怪。但是,"你,从来也没认识过我的你啊",单独拎出一个"你"字,后一句还重复一个"你",句中的埋怨来得深沉:我做过你的情人,给你生过孩子,我爱你爱得长久执着,刻骨铭心。"我要让你知道我整个的一生,我的一生一直是属于你的,而你对我的一生却始终一无所知。"你就从来没有认识过我,更不要说理解、尊重我了!

茨威格的小说,张玉书的翻译,真是行云流水,毫无滞碍。两者结合,相得益彰。小说要有诗意,是非常难的。《红楼梦》有,张玉书先生翻译的茨威格小说也有。

美国著名小说家欧·亨利有一篇入选我们高中语文教材的文章——《最后一片常春藤叶》,有的翻译成《最后一片叶子》,哪个好?第一个。

英文原文中到底有没有常春藤呢?没有。英文标题就是 The Last Leaf,"最后一片叶子"的翻译是准确的——翻译的"信达雅",做到了"信"。但是,从母语的角度看,这样的翻译不如"最后一片常春藤叶"。常春藤,给人以春天的希望,给人以生命的希冀,给读者很多积极的联想和感发。所谓"雅",即在于此。但是,常春藤又不是译者随意加的,文中就有"ivy vine",明明确确的常春藤,所以这才是好的翻译。

毛姆是享誉世界的大作家,他的作品中译本也很多。他有一篇短篇小说叫《露易丝》,写一个因为猩红热而心脏不好的女子,总以为自己会因心脏病而去世,便以此为借口拒绝所有不想做的事。她的第一任丈夫因为在海上把被子给她,自己受凉最后死了,留给她一个女儿。后来露易丝再婚,第二任丈夫也死在她的前面。女儿有了男友,露易丝继续以自己的心脏病为借口阻止女儿的婚姻。小说以第一人称的角度进行叙述,露易丝女儿的男友是"我"的朋友,"我"和露易丝也认识了25年,"我"去刺激了她,最后说服她答应了女儿的婚礼。结局想必你已经猜到,就在婚礼当天,露易丝死了。

有一个译本,开头是这么翻译的:

我那时总不理解为什么露易斯老是跟我纠缠不休。①

再来看一个"80后"的翻译,广西师范大学出版社出版的《毛姆短篇小说全集》中,译者陈以侃是这么翻译的:

我一直不明白为什么露易丝不能将我置之脑后。②

我刚才讲到过,小说中的"我"是与露易丝认识25年的朋友,为了铺垫"我"见证了露易丝的自私虚伪,所以安排"我"和她关系的不一般。第一个译本中"纠缠不休"的后面还有"缠着我不放",而在这句话之后却是"经常邀请我吃午饭,一年中还总有一两次请我到她那郊区的别墅去度周末"。"邀请"和"请"是"纠缠不休"吗?

再看这篇小说的结尾,前一位译者是这样翻译的:

她温柔地原谅了艾里斯送走了她的生命。

如果仅仅是"送走",需要原谅女儿吗?陈以侃的翻译则是这样的:

她临终时温柔地原谅了艾丽丝,说她并不怪女儿杀死了她。

高下立判。陈以侃的翻译真是精彩极了!女儿结婚,怎么就变成是"杀死了她"呢?还说是"不怪",其实"很怪"。由"送走"变成"杀死",才是准确的,才是非常毛姆的。再比如"我"去劝露易丝接受女儿的婚礼,陈以侃的翻译是这样的:

我亲爱的露易丝,你已经替两任丈夫办过丧事了,在我看来,你再送走两个也是一点问题都没有的。

前一位译者是这样翻译的:

我亲爱的露易斯,你已经埋葬了两个丈夫,我真不明白你有什么理由起码再去埋葬两个。

"埋葬"定然不如"办过丧事"准确。后面的"埋葬",也不如"送走"委婉。"两个"的"个"也不如"两任"的"任"好。"起码再去埋葬两个",

---

① 〔英〕毛姆著、佟孝功等译:《毛姆短篇小说选》,湖南人民出版社1987年版。《露易斯》为本书第二篇,译者为郑举福。

② 〔英〕毛姆著、陈以侃译:《毛姆短篇小说全集》第一卷,广西师范大学出版社2016年版,第573页。篇名为《露易丝》。

也是问题句子。

在部编本教材中，有一篇微型小说《在柏林》。全文仅仅386个字，但选择的主题却又是小说中常见的宏大主题：战争。要用这么短的篇幅写宏大的主题，必须把"以小见大"发挥到极致。小说的第一段是这样的：

一列火车缓慢地驶出柏林，车厢里尽是妇女和孩子，几乎看不到一个健壮的男子。在一节车厢里，坐着一位头发灰白的战时后备役老兵，坐在他身旁的是个身体虚弱而多病的老妇人。显然她在独自沉思，旅客们听到她在数着"一、二、三"，声音盖过了车轮的咔嚓咔嚓声。停顿了一会儿，她又重复起来。两个小姑娘看到这种奇特的举动，指手画脚，不假思索地嗤笑起来。一个老头狠狠扫了她们一眼，随即车厢里平静了。

第一句，"一列火车缓慢地驶出柏林"，这句话太重要了。毕飞宇在《小说课》里说，有一些句子，有的时候好像没什么特殊的，但是没有的话"天就塌下来啦"。这句话正是这样。

标题"在柏林"，突出城市柏林。作者选择柏林，肯定是有意为之，不选择科隆，不选择慕尼黑，也不选择法兰克福，不仅仅是柏林的名声高于这些城市，重要的是，柏林是德国的首都，它是德国的政治中心，代表着整个德国，而任何德国的其他城市是无法代表德国的。标题"在柏林"换成"在德国"行吗？也不行。第一句话就会踩空，会没有着落。驶出"德国"的列车，去往哪里呢？别忘记文中的老兵是送失去儿子的妻子去往精神病院的。同样，如果把第一句的"驶出柏林"换成"驶出车站"或者是"柏林车站"好不好？车子驶出车站，那完全是符合逻辑的，但如果把"柏林"换成"车站"，这篇小说就完全失败了。"柏林"作为一个城市的名称，相比于一列列车，这中间凸显的是大和小的对比。小说的标题给人的感觉是背景宏大，仿佛站在某个制高点上，俯瞰整个城市，看一列车缓慢驶出城市，这像极了电影中的长镜头。如果换成"驶出车站"，那么视角的出发点是在车上，视角的发出者是车里的乘客，而乘客所能看到的范围是极其有限的。这列列车不是在空白的纸上，它是在一座城市里，它的背景是柏林的整座城市。这是一座怎样的城市？作者没有用一个词来形容，留给读者的是空白，需要读者去想象，想象这座城市。读完了小说，我们可能就知道这是一座怎样的城市了：满是废墟、荒芜、萧条……都有可能。所以，对战争的批判与谴责，体现在细节描写中。不仅被侵略的国家国破家亡，就是战争发动国，也是国破家亡。把"家亡"置于"国破"的大背景中，使得小说在谴责与批判的同时，多了一种悲情。

随着镜头的慢慢推进，蜿蜒行驶的这列列车被锁定。这时候，视觉空间也是由大到小：从柏林到车站（暗含），从车站到列车再到车厢，然后把镜头分配给预备役老兵，最后聚焦到老妇人身上。这就像一个透视点，最后关注的是人。"在一节车厢里，坐着一位头发灰白的战时后备役老兵，坐在他身旁的是个身体虚弱而多病的老妇人"，这句话有点像鲁迅的"两棵枣树"名句，从这里到那里，是目光的转移，是小说中心点的变化。先俯视、后平视，这种空间的位移，与小说主题的"以小见大"相对应。

细读文本的时候，我还有一个小小的发现，再费一点笔墨，于教学设计或许无关。全文中，居然有很多数字。如果有意去掉一些数字——比如"一个健壮的男子"中的"一个"和"在一节车厢里"中的"一节"，好像并不影响读者对句子的理解。但是这些"一"，给了读者极强的数字暗示。叶舒宪先生在《中国古代神秘数字》中对"一"有过这么一句话："'一'在神话思维中绝不仅仅只是一个数字，它作为宇宙万物即'多'的对立面，正是创世之前神秘状态或神秘存在物的象征。"[①] 也就是说，"一"从一开始就已经体现出"多"的含义。

中国人更为熟悉的是用"三"代表"多"，比如《史记·孔子世家》中的"韦编三绝"，《论语》中的"三人行，必有我师焉"。这一点，在汉字的造字法上也得到了体现，比如三"水"为"淼"——《说文解字》曰："淼，大水也。"那么，《在柏林》一文中的"一、二、三"是否也有这个意思？或者说，中国人的这种思维，美国人是否也有？

这一点，也许可以结合人类学来看。列维-布留尔在《原始思维》中谈到："在非常多的原始民族中间（例如在澳大利亚、南美等地），用于单独的名称只有一和二，间或还有三。超过这几个数人们就说'许多'、'很多'，

---

① 叶舒宪著：《中国古代神秘数字》，陕西师范大学出版社2018年版，第19页。

'太多'。"① 他还引述了乌节尼尔和笛尔斯两位学者的研究结论，说："这个数的神秘性质起源于人类社会在计数中不超过三的那个时代。那时，三必定表示一个最后的数，一个绝对的总数，因而它在一个极长的时期中必定占有较发达社会中的无限大所占有的那种地位。""'三等于多'的原则不仅在汉语和汉字中留下不可磨灭的印记，在许多欧洲语言中，'三'这一词汇的构成与'多'之间也存在着语源上的联系。英文的 thrice 和拉丁文的 ter，同样地有双重意义：三倍和许多。拉丁文的 tres（三）和 tran（超过）有着可信的联系，而法文的 très（甚）和 trois（三）也是如此。"这些文化现象不约而同地说明，人类认识发生的过程具有惊人的相似性。老妇人口中的"一、二、三"，不仅指代后文中的三个儿子，更代表着人类千千万万的儿子。

我们接着细读文本。

"指手画脚""不假思索"这两个成语的使用，说明译者对此处的理解欠深入的思考。虽然费尽心思还是没能找到英语原文，但我敢大胆推测，这两个成语的翻译，应该都有可推敲之处——看到老妇人的两个小姑娘可以"指手"，但为什么要"画脚"？还有后文小姑娘的"傻笑"，也大有可推敲之处。她们的笑，不是"傻"，恰恰是真，是天真的，"真诚"的，懵懂无知的笑。她们不懂战争所带来的后果，不明白这列火车将驶往何方，所以，她们才会一而再地"笑"。

这一段里一共出现了三个人物，并对小说情节的推动起到至关重要的作用。没有小姑娘的再一次"笑"，老兵是不会开口说话的。有了这次"笑"，才会有老兵直抵人心的主题话语。一句"一个老头狠狠扫了她们一眼，随即车厢里平静了"，就像房子里的梁柱，登时立起了整栋楼。

就因为这句话，我们发现，小说突然冒出一个新人物来。前面有老兵、老妇人、两个小姑娘，这里又写了"一个老头"，300多字的小说里，出现了五个人物，这是一种多么大的风险啊！写不好是要出问题的。并且这个"老头"只出现在这里，没有后续，没有外貌，没有神情，只有"狠狠"扫视两

---

① 〔法〕路先列维-布留尔著：《原始思维》，转引自叶舒宪《中国古代神秘数字》。下面两段引文同出自此书。

个小姑娘的目光，这太值得我们留意了。我们不禁要问，可不可以去掉这个人物，直接让预备役老兵来"扫"她们一眼？如果这样，这篇小说的价值会大打折扣。

"老头"的出现，再一次印证了车厢里"几乎看不到一个健壮的男子"，同时他的扫视，不仅是对小姑娘的警示，更重要的是，作为老者，他完全理解对面这对老人，明白"战时后备役"意味着什么，也能推测到老妇人可能遭遇了什么。这"狠狠"扫视的目光，非战时后备役老兵之外的人不能发出。不"狠狠"，则不能安静。但如果换作老兵，此处"狠狠"了，下面一段发自灵魂深处的话便不能用特有的语调说出来，小姑娘再笑，他岂不就要发怒？我们还应该注意到，作者在这里第一次写到了"车厢里平静"。上文老妇人的"声音盖过了车轮的咔嚓咔嚓声"，说明车厢虽然"尽是妇女和孩子"，总体还算安静。此处点到的"平静"，既呼应了上文未曾提到的"静"，也是上文车厢氛围的进一步"静"化，从而引出结尾的"静得可怕"。

文章最后，老兵是这样说的：

"小姐，"他说，"当我告诉你们这位可怜的夫人就是我的妻子时，你们大概不会再笑了。我们刚刚失去了三个儿子，他们是在战争中死去的。现在轮到我上前线了。走之前，我总得把他们的母亲送进疯人院啊！"

这和欧·亨利的"情理之中，意料之外"有着异曲同工之妙。上文已经有了足够多的铺垫，"神志不清"为"疯人院"作了铺垫，"一、二、三"为"刚刚失去了三个儿子"作了铺垫，"预备役老兵"为"现在轮到我上前线了"作了铺垫，所有的谜底都在这一瞬间揭开。从艺术上说，真有应接不暇的效果；从心理上说，则有震撼心魂的力量。

最后，小说结尾的"静"，与前文中的"静"，已经有了完全不同的意味。车厢里的寂静，像一记钟声，来得悠远，三日不绝。有了"静的"，也就有了"不静的"——所有听到老兵这句话的人，此时此刻或许在心里已经翻江倒海。车厢里的妇女，可能会思念她们上战场的丈夫和儿子，孩子们可能会思念他们上战场的父亲与兄长；两个小姑娘呢，也会想起她们的父兄。文本的主题，从车厢里的老妇人，蔓延到整个车厢里的人，甚至整个柏林的人，整个德国的人,这又一次体现了小中见大的魅力。

小说以区区300余字,写出了战争所带来的巨大破坏,让读过的人终生难忘。这不禁让我想起了苏联诗人P. 鲍罗杜林的《"刽子手……"》:

> 刽子手……
>
> 充满了绝望神情的眼睛。
>
> 孩子在坑里恳求怜悯:
>
> "叔叔啊,
>
> 别埋得太深,
>
> 要不妈妈会找不到我们。"①

所以说,翻译文本的教学,其实还须基于母语,须看母语的功底。

7. 基于语文要素的文本细读

黑格尔在《小逻辑》中说:"假如一个人能看出当前显而易见的差别,譬如,能区别一支笔和一只骆驼,我们不会说这个人有了不起的聪明。同样,另一方面一个人能比较两个接近的东西,如橡树和槐树、寺庙和教堂,而知其相似,我们也不能说他有很高的能力。我们所要求的,是能看出异中之同和同中之异。"② 从对比的角度去看文本,就是要看到"同中之异"或者"异中之同"。我们以诗歌为例,看看什么是"异中之同"。

部编本教材六年级第六单元,语文要素为"抓住关键句,把握文章的主要观点",乍看以为是议论类的文章单元,但教材中的几篇文章,开头是三首古诗;接下来是《只有一个地球》,是议论文;之后是《青山不老》,属于散文;然后是《三黑和土地》,是新诗。这些文章都是围绕着"青山不老"这个点展开的。我认为这里的语文要素如果改成"抓住关键句,把握文章的主要(中心)意思"可能会更妥帖——因为本单元的习作,恰恰就是"围绕中心意

---

① 王守仁译:《苏联抒情诗选》,湖南人民出版社1984年版,第336页。
② 〔德〕黑格尔著:《小逻辑》,商务印书馆1982年版,第253页。

思去写"。

古诗其实和语文要素关系不是很大,更多的是体现传统文化,但也不完全脱离语文要素。三首古诗都是绝句,都是28个字。从某种程度上说,28个字,无所谓关键句不关键句,字字都关键。正因如此,它体现的,更多的是"把握文章的主要观点"。

换句话说,这三首古诗分别在写什么,是怎么写的,是如何写"主要观点"的,才是我们关注的重点。

接下来,我就语文要素这个点,对三首古诗进行细读。

第一首,是刘禹锡的《浪淘沙》。

> 九曲黄河万里沙,浪淘风簸自天涯。
> 如今直上银河去,同到牵牛织女家。

"浪淘沙",在课文的注释中明确说了是"唐代曲名",相当于音乐中的曲谱,并不是诗歌真正的题目。《唐诗选》的选注者马茂元就说,唐人的"浪淘沙"多作绝句体,到宋后才成词牌名。所以,有的唐宋词选本,也收入刘禹锡的《浪淘沙》,比如龙榆生的《唐宋名家词选》,只是没有收入这首。

通读刘禹锡的九首《浪淘沙》,可以看出,他的诗并非与题目毫无关系,"杂写江河波浪与水边风物,与题意是紧密相关的"[①]。从语文要素的角度看,这首诗好像围绕黄河展开。黄河是中华诗歌的传统母题,写的人多,写出的好诗也多。要怎么写,要怎么写得与众不同,很不容易。因为这首诗诸多选本不选,鉴赏也少,所以给教学带来一定的难度。貌似好懂,其实有几个问题很值得挖掘。

比如"九曲黄河万里沙"是写黄河的泥沙吗?"浪淘风簸自天涯"的"簸"真的是教材中所注释的"颠簸"义吗?"同到牵牛织女家",谁与谁同到?不理清这几个问题,恐怕教学就无法展开。

"九曲黄河",有人说写出了黄河的"气势"与"雄姿",但这只是"赏",没有"析"。刘禹锡写此诗,多数学者认为是在被贬夔州的后期,写的是想象中的黄河,但是刘禹锡生在黄河边,对九曲黄河自然是熟悉的。不过,"九曲

[①] 马茂元选注:《唐诗选》,上海古籍出版社2017年版,第630页。

黄河"还只是一般的直观描写,其实不能体现黄河所谓的"气势""雄姿",反倒是"万里沙"很好地体现了这种气势。但是,如果把"万里沙"理解成黄河里的泥沙,那何来的"气势""雄姿"呢?所以,"万里沙"并非指黄河所带的泥沙,而是指黄河所处的万里风沙的世界。

写万里风沙或者黄沙与天涯相接,不乏例证。比刘禹锡略早一点的诗人刘商就有琴曲歌辞《胡笳十八拍》第十七拍中的"行尽胡天千万里,惟见黄沙白云起",盛唐诗人岑参的《过碛》中有"黄沙碛里客行迷,四望云天直下低"句,最有名的莫过于岑参的"平沙莽莽黄入天",还有晚唐胡曾《咏史》诗中的"漠漠平沙际碧天,问人云此是居延"。可见,"万里"既指风沙之辽阔,与"九曲"相呼应,同时还指风沙之高远。正基于此,下一句"浪淘风簸自天涯"之"浪淘"与万里之"风沙",都来自天涯。不过这么一说,"浪淘"的"淘"就不是动词了,而与"滔"同。"淘淘"作"滔滔"者,有元人张可久的《水仙子·归兴》"浪淘淘扬子江"以及元人陈野云的《乞巧》"淘淘不识是鸿蒙"。而"风簸"正是写"沙"。簸者,上下颠动,不是什么"颠簸"。风簸的,正是万里黄沙。因此,"同到牵牛织女家"的,并不是诗人与黄河,而是九曲黄河与万里风沙。

如此看来,天地混沌融为一体,自地上之黄河至空中之黄沙,再接无边之天涯,同往牵牛织女之家,这样的解析才是合情合理的。

相比第一首,第二首更紧贴语文要素。它的标题是"江南春",本身就说明诗歌的主旨(意思)是描写江南春天的景色。第一次读这首诗,我们不禁要问,江南的春天,有什么样的特征?江南这么大,作者会描写哪些景色?会从什么角度来描写?以小见大还是以点带面?概括成一句话:作者将怎样围绕题目(观点)来写?

我们且看这四句:

千里莺啼绿映红,水村山郭酒旗风。

南朝四百八十寺,多少楼台烟雨中。

课后设置的题目是"想想《江南春》抓住了哪些景物写出了江南春天的特点"。这个题目,如果改成"抓住了哪些景物写出了江南春天的什么样的特点"可能会更加全面。"哪些景物",只是指向诗中所写到的意象。

我们统看这四句,着实句句写景,确实都围绕着江南春天来展开。

起句是"千里",果然大手笔。不是从眼前某一处小景物开始,而是"千里",暗含了"江南"之大。但是,这两个字,引来了一场小小的笔墨官司。①

明朝大才子杨慎,就是写"滚滚长江东逝水,浪花淘尽英雄"的那位,在其《升庵诗话》里认为"千"里的"千"字,应该改为"十",理由是"千里莺啼,谁人听得?千里绿映红,谁人见得?若作十里,则莺啼绿红之景,村郭、楼台、僧寺、酒旗,皆在其中矣"。按照他的逻辑,"十里"就听得见莺啼吗?显然也是听不见的。更何况,"四百八十寺",难道杜牧数过吗?哪会这么准确?杨慎犯的毛病是"不懂得艺术形象可以而且应当从个别中见一般"②。果然,何文焕在《历代诗话考索》里就反驳他:"即作十里,亦未必听得着,看得见。"还说:"江南方广千里,千里之中,莺啼而绿映焉,水村山郭无处无酒旗,四百八十寺楼台多在烟雨中也。此诗之意既广,不得专指一处,故总而命曰《江南春》,诗家善立题者也。"这一段话,是很符合语文要素的。杜牧只是听见耳边的莺啼,便推测江南千里的莺啼,看见眼前的绿映红,便推想江南千里的绿映红。他是紧紧扣住题目来写,这才叫关键句。

如果把这首诗描绘的风景比作一幅画,那第一句"千里莺啼绿映红"是这幅画的大背景,极具空间的纵深感,又兼视觉、听觉效果,色彩也极具江南意味。"千里"扣题中的"江南","莺啼""绿映红"扣题中的"春"。这一句,不妨与杜甫的"两个黄鹂鸣翠柳"对照来看,因为杜甫也写到了听觉和视觉。杜甫是先看到翠柳,再听到黄鹂鸣叫,寻声才发现是"两只"。是眼前实景,耳边实声。杜牧则耳听莺啼,眼见红绿相映,并推测江南千里皆如此。次一句"水村山郭酒旗风",也是在这千里之中呈现的。临水的是村庄,依山的是城郭,在水村山郭上临风招展的是招徕顾客的酒旗。于是,水村也有江南韵味了。自然,酒旗之下,暗含了喝酒之人。这是诗歌留给我们的空白

---

① 陈一琴选辑、孙绍振评说:《聚讼·诗话词话·中编·千里岂可闻莺见花》,上海三联书店2012年版,第353页。本篇下文所引有关诗话皆出于此。

② 沈祖棻著:《唐人七绝浅释》,中华书局2012年版,第273页。

——四句诗中,表面都无人,其实满是人。有人无人以及有什么人,其实很重要。钱穆先生在《中国文学论丛·谈诗》中谈到《红楼梦》里引用的陆游句"重帘不卷留香久,古砚微凹聚墨多"时就说到,"背后没有人",或者说"却教什么人来当都可以,此人并不具有特殊的意境,特殊的情趣"[①]。钱先生谈的只是这一联诗,放到杜牧的这首《江南春》里,背后是不是"什么人来当都可以"呢?也不是,至少不能是"欲断魂"的路上行人,不能是"对愁眠"的落榜举子,自然也不能是连喝十八碗的武松。诗写的是广阔的天地,人当然也该是一群人,从全诗营造的氛围来看,颇有几分朱自清笔下《春》中的感觉:"乡下去,小路上,石桥边,有撑起伞慢慢走着的人;地里还有工作的农民,披着蓑戴着笠,他们的房屋稀稀疏疏的,在雨里静默着。"景中有人。

到第三句,诗歌的空间由远到近,由纵深到广袤。从千里的怡红快绿,到水村山郭酒旗,再到具体的寺庙,不再是首句虚设的"千里",而是"四百八十寺",这就有点近乎实指的味道。据《南史·郭祖深传》,当时"都下佛寺,五百余所,穷极宏丽,僧尼十余万,资产丰沃,所在郡县,不可胜言"。"四百八十"之说,就不是一般的虚指了,是贴着江南来说的,与起句的"千里"遥相呼应。没有千里之广阔,又如何容纳得下"四百八十寺"呢?单从数字上看,这四百八十寺仿佛与"江南"挨不着,可这寺庙是南朝所留,南朝宋、齐、梁、陈四代,定都南京,十足的江南之地。

但是,作者明明知道"南朝四百八十寺",怎么结句又问"多少楼台烟雨中"呢?这一问,真有余音绕梁之效。如果说一、二句是"以面带点",到这里又"以点带面":除了四百八十寺外,不知道还有多少其他楼台也在烟雨之中,给读者留下了很大的想象空间。一、二句颜色明丽,三、四句水墨丹青,而且扣紧江南"黄梅时节家家雨"之多雨特征来状写,可谓字字句句,都是扣着主要观点(意思或者题目)来写的。

第三首是宋诗《书湖阴先生壁》,王安石的名篇佳作。

[①] 钱穆著:《钱穆先生全集(新校本)·中国文学论丛·谈诗》,九州出版社 2012 年版,第 116 页。

茅檐长扫净无苔，花木成畦手自栽。

一水护田将绿绕，两山排闼送青来。

第二首诗歌，根据题目，我们很快就知道是围绕"江南春"来展开描写的。但是这一首呢，题目很直白，只表示书写在湖阴先生的墙壁上。《题西林壁》也是写在墙壁上的，《题临安邸》也是写在墙壁上的，但是所表现的内容全然不同。所以，这样的题目有什么"中心意思"呢？不大看得出来，需要在诗歌内容中去探寻。

起句，作者以"茅檐"入手，这是非常具有隐士特征的一个意象。"茅檐""茅屋""茅斋""茅亭""茅庵""茅堂""茅宇"都是唐宋诗中比较常见的意象，其中，"茅檐"只是作为"庭院"的代表，有指代的意思在里头。"长扫"的并不是屋檐，因为屋檐是没有办法长扫的。所以，屋檐指代的是整个庭院，我们于是可以推知，湖阴先生的整个庭院具有高士的几分雅气。写庭院的干净，作者选择的是"无苔"。这个着眼点实在很高妙。"无苔"其实暗含了一层意思，那就是应该有苔，只是因为主人"长扫"，它才"无苔"。此诗是王安石在变法失败后退居金陵（今南京）时写的。第二句中的"花木成畦"，指代江南的春天，而江南的春天梅雨连绵，是很容易生长青苔的，"无苔"传递的是庭院主人的性情。成畦的花木，是主人亲手栽种的，表层是在写景，实际上还是在写人，写主人的为人。"茅檐"看得出隐士的高雅，"无苔"看得出主人的勤奋，"花木"看得出主人的审美，"手栽"看得出主人的情趣。字字句句写景，字字句句又在写人。

后两句，"一水护田将绿绕，两山排闼送青来"，被誉为写景的千古名句，课后题目要学生注意到这两句的对仗关系。对仗，杜甫最为精熟。沈祖棻在《唐人七绝浅释》中谈到杜甫的《绝句四首·其一》时说：

常用偶句，也是杜甫绝句的艺术特色之一。有的前两句散行，后两句对偶，或者反过来，先偶后散，还有通篇用两联对偶写成，如《解闷》中的"侧生野岸"一首，《存殁口号》二首及这《绝句四首》都是。用偶句写绝句诗，一般说来，由于十分整齐，容易失之板滞，不如散句之流动宛转，跌宕多姿，能以风神取胜。但对技巧熟练，工力深厚的作者说来，还是能够运用自如，从偶句中体现散句的长处，不至于相形见绌。①

王安石此诗，正是先散后偶。除此之外，句中尚有两处也值得一说。一是拟人修辞手法的运用。一水"护田"，两山"排闼"，把水和山写得活灵活现。尤其值得称道的是，"护田""排闼"是典故，却用得不着痕迹。钱钟书先生在《宋诗选注》里，就对王安石用典而不着痕迹的手段给予了赞誉，他说：

> 写到各种事物，只要他想"以故事记实事"——萧子显所谓"借古语申今情"，他都办得到。他还有他的理论，所谓"用事"不是"编事"，"须自出己意，借事以相发明"；这也许正是唐代皎然所说"用事不直"，的确就是后来杨万里所称赞黄庭坚的"妙法"，"备用古人语而不用其意"。②

钱先生还特意提到此诗，说："《书湖阴先生壁》里把两个人事上的古典成语来描写青山绿水的姿态，可以作为'借事发明'的例证。"

如果我们把整首诗的四句联系起来看，就会发现，前面两句的景色，是出于主人主观所得，也就是说是主人努力营造的；而后两句呢，恰恰相反，是山水自己送来的。水送来的是绿，山送来的是青。主人是被动接受的。那我们不禁要问，山水送来青绿，难道和主人没有关系吗？有关系，还很大。前两句正是山水送来青绿的原因所在。正是因为有了爱干净、勤打扫、懂情趣、爱花木的主人，山水送来的青绿才锦上添花。所以，整首诗还是围绕着主人在写。

这正是分析《书湖阴先生壁》时的要诀，也就是钱穆先生文章里谈到的"诗中有人"。但是这首诗中的"诗中有人"与《江南春》中的"诗中有人"有什么不同呢？杜诗的人物，类似于山水画中的点景，不能说可有可无，还是很重要的。但是，王安石诗中的人物，是藏在景色背后，藏在画面背后的，是"深山藏古刹"的一个檐角，藏在葱茏蓊蔚的一片森林里。

---

① 沈祖棻著：《唐人七绝浅释》，中华书局2012年版，第129页。
② 钱钟书著：《钱钟书集·宋诗选注》，生活·读书·新知三联书店2001年版，第76页。

部编本教材四年级第三单元也有三首古诗，语文要素是"体会文章准确生动的表达，感受作者连续细致的观察"，与六年级这一单元所选诗歌有点类似。其中第一首白居易的《暮江吟》，可以放到六年级去学；六年级本单元的《江南春》，也可以放到四年级去学，不能说《江南春》里就没有生动准确的表达和连续细致的观察。白居易的《暮江吟》，同样也是围绕着"暮江"二字展开来写的，第一句的"残阳""水中"为点题之词。这三首诗歌都能体现语文要素。

另外，六年级第六单元尚有人文主题"我们是大地的一部分，大地也是我们的一部分"。但是第一首诗歌《浪淘沙》在这方面并不能很好地体现。

对比的方法，是最好的一把阅读刀，舞得好，可以生风。

第八章 读写结合的体现：文本解读（二）

在上一章的分析中，我们用到了一些文本解读的策略。事实上，世上并不存在拿起来就能用的文本解读的方法。最近一两年，我有一个很深刻的体会，我们说文本解读的时候，常常关注的是方法，其实，文本解读最重要的是文本，或者说是解读者腹中的文本数量与质量。如果腹中没有几部大经大典，即便有一堆方法，也是不管用的。

某种程度上说，阅读首先是一种个人化的行为。文本的唯一性，决定了解读的独一性。伽达默尔在《诠释学Ⅰ：真理与方法》的导言中说道：

> 诠释学现象本来就不是一个方法论问题，它并不涉及那种使文本像所有其他经验对象那样承受科学探究的理解方法，而且一般来说，它根本就不是为了构造一种能满足科学方法论理想的确切知识，它在这里也涉及知识和真理。在对传承物的理解中，不仅文本被理解了，而且见解也被获得了，真理也被认识了。[1]

在之前的叙述中，我们说过，没有好的文本分析，就不会有真正意义上的好课堂。好的文本分析，能够将语文深入到文学的广度、历史的深度、哲学的高度。但是文本分析并不容易，我借用几句有名的诗歌，来谈一谈文本分析的几个境界。

---

[1] 〔德〕伽达默尔著、洪汉鼎译：《诠释学Ⅰ：真理与方法》，商务印书馆2021年版，第3页。

1. 第一重境界：千磨万击还坚劲，任尔东西南北风

这是郑板桥的名句，原意是歌颂竹子的。我这里借用过来，是想说明我们花了很多时间，很多精力，对文本千磨万击，但它依旧岿然不动。这是为什么呢？可能有很多原因，比方说：自己功力不足，太过依赖教材和教参，脑袋里有很多成见等等。

怎么破解这种困局？搜集资料是重要方法之一。举个例子。部编本四年级语文教材上册第21课《古诗三首》中的《凉州词》，是唐诗中的名篇佳作，绝大多数唐诗选本都会选它。这首诗的文字很简单：

葡萄美酒夜光杯，欲饮琵琶马上催。

醉卧沙场君莫笑，古来征战几人回？

教材对第二句的注释是："正要举杯痛饮，却听到马上弹起琵琶的声音，在催人出发了。"这个注释对不对，是值得思考的。它不是教材编者做的，而是另有来源。翻看《中国历代诗歌选》，这句话的注释是这样的："'欲饮'句：是说正要举杯痛饮，却听到马上弹起琵琶的声音，在催人出发了。"[①]

这正是教材注释的来源。按照这种解释，这是一场为行将出发的人举办的欢送宴，出发的目的地是生死未卜的"沙场"。诗歌字里行间洋溢着的豪迈，似乎与这种情境有着冲突和矛盾。酒是名贵的葡萄酒，杯是名贵的夜光杯，这么高端，用在行将出征的酒宴上，有点别扭。另外，句中这个"催"的解释对不对呢？

不妨参考其他注本。著名学者马茂元在《唐诗选》中的注释是这样的："'欲饮'句：意谓正当想喝酒的时候，听到马上弹奏琵琶声，更增加了酒兴，故下文写痛饮尽醉。琵琶马上，马上琵琶的倒文。琵琶是马上之乐。"[②] 马茂元没有明确说明"催"字的意思，但是从"更增加了酒兴"一句可以推测出

[①] 林庚、冯沅君主编：《中国历代诗歌选》，人民文学出版社1983年版，第306页。

[②] 马茂元选注：《唐诗选》，上海古籍出版社2017年版，第80页。

"催"有"劝酒"之意，或者是"催人喝酒"，而不是教材中的"催人出发"。马茂元在点评中还有"矛盾"一词，值得我们关注，他说："这是一首反映边地将士矛盾心情的诗。语调豪迈，高唱入云，而悲慨之意自见。""矛盾"在何处呢？马先生并没有说。富寿荪《千首唐人绝句》对第二句的注释："谓欲饮之际，闻马上弹奏琵琶劝酒。"之后还有一段非常重要的文字：

  催，唐诗宋词中有用作劝酒之意者，如李白《襄阳歌》："车旁侧挂一壶酒，凤笙龙管行相催。"韩翃《赠张千牛》："急管昼催平乐酒。"刘禹锡《洛中送韩七中丞之吴兴口号》："今朝无意诉（诉，辞也）离杯，何况清弦急管催。"李商隐《杏花》："终应催竹叶。"晏殊《清平乐》："劝君绿酒金杯，莫嫌丝管声催。"黄庭坚《南乡子》："催酒莫迟留，酒味今秋似去秋。"①

用唐宋诗歌中大量的例子来证明"催"的劝酒之意，令人信服。

再看《霍松林选评唐诗360首》中的注释："'欲饮'句：欲饮之际，闻马上乐伎奏琵琶催饮、助兴。"②另外，中国社会科学院文学研究所编《唐诗选》中的注释是："'催'，指催饮。"③还是劝酒的意思。金性尧先生在《唐诗二百首新注》中说："这里是说，正要饮酒时，琵琶却在催征人上马，但他还是喝着，故下云醉卧沙场。"④"催人上马"也有催人出发的意思。但是，金先生这个说法有一个问题：将军会允许自己的战士喝得酩酊大醉上战场甚至是醉卧沙场吗？显然于理不合。

葛兆光先生在《唐诗选注》中，对这个问题做了总结：

  "催"有两种解释：一说是以音乐劝人饮酒，相当于"侑"，李白《襄阳歌》"车旁侧挂一壶酒，凤笙龙管行相催"，韩翃《赠张千牛》"急管昼催平乐酒"，这两个"催"字都是这个意思；一说是催人出征，就像王昌龄《从军行》"琵琶起舞换新声"、李颀《古塞下曲》"琵琶出塞曲"

---

① 富寿荪选注：《千首唐人绝句》，上海古籍出版社2017年版，第35页。
② 霍松林著：《霍松林选评唐诗360首》，陕西师范大学出版总社2017年版，第97页。
③ 中国社会科学院文学研究所编：《唐诗选》，人民文学出版社1981年版，第84页。
④ 金性尧注：《唐诗三百首新注》，上海古籍出版社2014年版，第438页。

里的琵琶声一样,使将士感到战争迫近;但是这里的"催"字并不需要这样寻根究底的解释,"催"字本身就有弹奏的意思,李白《前有一尊酒行》之二"催弦拂柱与君饮"中的"催"字即拨弦弹奏,军士们刚捧起酒杯,就听到马上琵琶声,这琵琶声是凄楚的塞下曲在催人出征,还是欢快的劝酒歌在促人痛饮,这都无关紧要,反正后两句那种悲凉中带豪爽的无可奈何的情调已经定下了这乐声与酒味的基调:乐声有如项羽垓下之战时的《力拔山操》,酒味有如项羽与虞姬对饮时的美酒,前者豪放而又悲凉,后者甘醇而又苦涩,清人施补华《岘佣说诗》说"作悲伤语读便浅,作谐谑语读便妙,在学人领悟"。不过,这里应当补充的是,这"谐谑"绝不是兴冲冲时的调侃,而是怀着必死之心时的自我解嘲与自我宣泄。①

葛先生把"催"字的三个意思——"劝酒""催发""弹奏"做了总结,并说怎么解释"不重要",但其实很重要,因为必然只有一个意思是对的。选择哪一个,关乎到整首诗歌的解读。字词解释虽然并不是鉴赏本身,但是基础如果出了问题,那鉴赏的大厦定然轰然倒塌。

葡萄酒,虽然汉朝时已由张骞带入中原,但是到唐朝时还是非常名贵的酒。章雪峰的《唐诗现场》中专门有一章《那些年,唐朝人喝过的酒》,把唐朝的名酒排了个序,其中葡萄酒位列倒数第十,这说明它还是名酒。夜光杯,自然也是名杯,虽然未必是夜里发光的酒杯。

那么,什么情况下喝名贵的酒,用名贵的杯子呢?身在沙场的战士,会随身带着葡萄酒、夜光杯吗?会有马上琵琶的伴奏作乐吗?这些问题,略有生活经验者都可以作答,因为答案显然都是否定的——这里我们也用到了孙绍振先生的"还原法",还原作者笔下的情境,我们就能明白这个"催发"的解释是说不通的。

那么"劝酒"解释得通吗?"醉卧沙场"四个字是诗中原文,又作何解?酒肯定是在沙场喝——我们所理解的沙场,应该是有变化的,不一定是正在进行战争的战场,它还可以是静态化的战场,比方说营地。

---

① 葛兆光著:《唐诗选注》,中华书局 2018 年版,第 63 页。

那么，为什么在营地用夜光杯喝名贵的葡萄酒呢？只有一个解释：这是一场庆功宴。打了胜仗，在营地大摆筵席，马上琵琶作乐佐酒，将士一心，放开豪饮。"醉卧沙场"又有什么关系呢？不看看古往今来征战的有几个回来了？正是基于此，《唐诗鉴赏辞典》说：

> 让我们再回过头去看看那欢宴的场面吧：耳听着阵阵欢快、激越的琵琶声，将士们真是兴致飞扬，你斟我酌，一阵痛饮之后，便醉意微微了。也许有人想放杯了吧，这时座中便有人高叫：怕什么，醉就醉吧，就是醉卧沙场，也请诸位莫笑，"古来征战几人回"，我们不是早将生死置之度外了吗？可见这三、四两句正是席间的劝酒之词，而并不是什么悲伤之情，它虽有几分"谐谑"，却也为尽情酣醉寻得了最具有环境和性格特征的"理由"。"醉卧沙场"，表现出来的不仅是豪放、开朗、兴奋的感情，而且还有着视死如归的勇气，这和豪华的筵席所显示的热烈气氛是一致的。这是一个欢乐的盛宴，那场面和意境绝不是一两个人在那儿浅斟低酌借酒浇愁。它那明快的语言、跳动跌宕的节奏所反映出来的情绪是奔放的，狂热的。[①]

这才真正把握住了这首诗所营造的氛围。

钱钟书先生在《谈艺录》中，有这么一段话：

> 以注对质本文，若听讼之两造然；时复检阅所引书，验其是非。欲从而体察属词比事之惨淡经营，资吾操觚自运之助。渐悟宗派判分，体裁别异，甚且言语悬殊，封疆阻绝，而诗眼文心，往往莫逆冥契。至于作者之身世交游，相形抑末，余力旁及而已。孤往冥行，未得谓得。[②]

这是钱先生在回忆自己读《山谷集》《后山集》时说的话。周振甫先生说，这就像用法官断案的眼光，把作者和注者看作两造——法院里诉讼的两方，看注释是否符合作者的原意，用老吏断狱的方法来作判断。所谓老吏断

---

① 萧涤非等撰写：《唐诗鉴赏辞典》，上海辞书出版社1988年版，第375页。本文作者赵其钧。

② 周振甫、冀勤编著：《钱钟书〈谈艺录〉读本》，上海教育出版社1992年版，第3页。

狱,就是在众多材料当中对比选择,然后断定对错。周先生还解释说:

> 通过这样的研究,懂得作者怎样形成各个流派,具有怎样不同的风格,甚至用词造句也有不同,从而探索到作者的诗眼文心,诗眼即作者在用词上的惨淡经营,文心即作者在表达情意上的用心。这样的研究,就接触到刘勰讲的"擘肌分理",对作品的词语结构作细致分析,得出他所要表达的情意和所运用的艺术技巧。也像严羽说的"取心析骨","取心"即指探索作者的灵魂,"析骨"即指分析作者的文词。

尤其是一首诗中的关键字句,一旦注解有误,那么解读与鉴赏必然就会反其道而行。所以说,文本解读的第一重境界,关键是"千磨万击"。这种历练很重要,是一种基本功,需要不断搜集资料。

从前文解读《凉州词》中可以看出来,如果没有一些工具书,只有注释,那是远远不够的。有了工具书,就有了参考。教材注释和教参,也是重要的工具。但只有这两个工具,显然是不够的。所以,拥有一些重要的工具书,是解读文本的一个制胜法宝。

这一类书籍,在古典诗词方面,有上海辞书出版社出版的唐诗宋词鉴赏辞典等系列图书,其中不乏萧涤非、程千帆、周汝昌等大家的赏析文字,虽不能说篇篇到位,很多还是有独到解读的。还有"跟着名家读经典"系列,也还可以。在专业书籍和专业文献方面,我们应该有相当量的储备,这对我们的专业提升会有很大帮助。

2. 第二重境界:男儿何不带吴钩,收取关山五十州

要想攻破文本,得有"吴钩"这样的工具,才能"收取关山五十州"。

在第一重境界,没有资料搜集的话,说得难听一点,我们是暴虎冯河;说得中性一点,是赤手空拳。在资料搜集之余,我们不妨再给自己准备些"吴钩"。手里有了工具,就好办事。这里的"吴钩"指的是文学理论。

当代著名学者李欧梵在《世纪末的反思》中有一段话:

话说后现代某地有一城堡，无以为名，世称"文本"，数年来各路英雄好汉闻风而来，欲将此城堡据为己有，遂调兵遣将把此城堡团团围住，但屡攻不下。

从城墙开眼看去，但见各派人马旗帜鲜明，符旨符征样样具备，各自列出阵来，计有：武当结构派、少林解构派、黄山现象派、渤海读者反应派，把持四方，更有"新马"师门四宗、拉康弟子八人、新批评六将及其接班人耶鲁四人帮等等，真可谓洋洋大观。

文本形势险恶，关节重重，数年前曾有独行侠罗兰·巴特探其幽径，画出四十八节机关图，巴特大侠在图中饮酒高歌，自得其乐，但不幸酒后不适，突然暴毙。武当结构掌门人观其图后叹曰："此人原属本门弟子，惜其放浪形骸，武功未练成就私自出山，不胜可惜。依本门师宗真传秘诀，应先探其深层结构，机关再险，其建构原理仍基于二极重组之原则。以此招式深入虎穴，当可一举而攻下。"

但少林帮主听后大笑不止，看法恰相反，认为城堡结构实属幻象，深不如浅，前巴特所测浮面之图，自有其道理，但巴特不知前景不如后迹，应以倒置招式寻迹而"解"之，城堡当可不攻而自破。但黄山现象大师摇头叹曰："孺子所见差矣！攻家与堡主，实则一体两面，堡后阴阳二气必先相融，否则谈何攻城阵式？"渤海派各师击掌称善，继曰："攻者即读者，未读而攻乃愚勇也，应以奇招读之，查其机关密码后即可攻破。"

新马四宗门人大怒，曰："此等奇招怪式，实不足训，吾门祖师有言：山外有山，城外有城，文本非独立城堡，其后自有境界……"言尚未止，突见身后一批人马簇拥而来，前锋手执大旗，上写"昆仑柏克莱新历史派"，后有数将，声势壮大。此军刚到，另有三支娘子军杀将过来，各以其身祭其女性符徵，大呼："汝等鲁男子所见差也，待我英雄愿以崭新攻城之法……"话未说完，各路人马早已在城堡前混战起来，各露其招，互相残杀，人仰马翻，如此三天三夜而后止，待尘埃落定后，众英雄（雌）不禁大惊，文本城堡竟然屹立无恙，理论破而城堡在，谢天谢地。①

李欧梵先生想说的是,文学批评或者鉴赏的专家学者,拿了一堆理论,并没能攻克城堡。孙绍振先生在他的书里多次引用了这个"故事",也是借此说明文学理论的普遍性难以适用于文学文本的唯一性。

但我认为,这个问题得辩证看待。

文学理论是来源于文学文本的,或者是从大量文本的共同性中归纳出来的,这就说明理论要滞后于文学实践。李欧梵先生提出的是"后现代"背景下文学理论的尴尬,也就是说,文学实践在多变、多创新的时代里,面对新的文本,会有束手无策的时候。这好比我们不能拿着古典诗话来评判现代诗歌,否则定然会发现它的许多不足。这一点上,学者叶维廉先生就看得很清楚,他在《历史、传释与美学》一书的第一篇中写道:

> 一个真知灼见的理论家应该心里明白他理论正反的两面,当他肯定他理论中心性的同时,他已暴露了他理论的负面性。他的理论,不过沧海一粟,是永远不能称为绝对的、权威的或最终的。它最终将被视为一种讨论上的方便而设的、暂行的理念,甚至只是一种假设,是源自全面美感活动中的一种(只是一种)取向而已。②

但是,有的理论家走向了这个层面的极端,他们发现,这世上并没有普遍的方法,因此走向了一种虚无。孙绍振先生在《文学文本解读学》第三次印刷前言中引用了美国解构主义著名学者、"耶鲁四君子"之首 J. 希利斯·米勒的一段话:

> 您问我是否相信有一套"系统完整的批评方法,可以为一般的文学批评提供具有普遍意义的指导",我的回答是,在西方有很多套此类的批评方法存在,其中也包括解构主义。但是,没有一套方法能够提供"普遍意义的指导"。不存在任何理论范式可以保证你在竭力尽可能好地阅读特定文本时,帮助你有心理准备地接受你所找到的内容。因此,我的结

---

① 转引自孙绍振、孙彦君著:《文学文本解读学》,北京大学出版社 2015 年版,第 68、69 页。

② 叶维廉著:《历史、传释与美学》,台湾东大图书公司 2002 年版,第 1 页。

论是，理论与阅读之间是不相容的。①

这种结论难免给人一种虚无感。但是，从反面看，得出这种结论，不也说明理论家对文本解读所持理论的一种谨慎态度吗？叶舒宪教授在《原型批评的理论与方法》中，对他所研究的原型批评理论也有过这样的一段话：

> 他（读者）可以不再跟在作者后面亦步亦趋，他可以同作者分享对作品的解释权，甚至站在文学和文化传统的制高点上，用强大的理性之光照亮作者本人无意识地或不自觉地表达出来的东西……然而，问题也就在这里，即系统方法在文学研究中的适用限度问题。前面所说的棋盘之喻实际上已暗示了原型批评方法中潜伏着的重大缺陷：文学系统与科学系统毕竟不同，它的单个对象——作品是独特的生命存在，一旦把它们处理成彼此雷同的棋子，就会有使之丧失艺术生命力的危险。如果像荣格和弗莱那样过分强调集体无意识与文学传统，把艺术家当成它们借以显现的被动媒介，将鲜活的艺术品一味地还原为种种原型模式中的实例，那么，不仅批评面临着贬值的危机，文学艺术的特性也可能随之荡然无存了。②

真正的理论家对自己的理论都会保持足够的谨慎和相当的谦虚。我想，我们应该谨记伽达默尔在《诠释学Ⅰ：真理与方法》导论中的教导：

> 在现代科学范围内抵制科学方法的普遍要求，……在经验所及并且可以追问其合法性的一切地方，去探寻那种超出科学方法论控制范围的对真理的经验。这样，精神科学就与那些处于科学之外的种种经验与方式接近了，即与哲学的经验、艺术的经验和历史本身的经验接近了，所有这些都是不能用科学方法论手段加以证实的真理借以显示自身的经验方式。③

---

① 孙绍振、孙彦君著：《文学文本解读学》，北京大学出版社2015年版，第1页。

② 叶舒宪著：《原型批评的理论与方法》，陕西师范大学出版社2018年版，第147页。

③ 〔德〕伽达默尔著、洪汉鼎译：《诠释学Ⅰ：真理与方法》，商务印书馆2021年版，第4页。

我们不能指望拥有一种永恒不变的方法去解读多变的文本，而必须调动自己的艺术、哲学和历史经验以及自身阅历，使之成为文本解读不可或缺的经验——这正是中国古典传统文论中的"秘响旁通"。我们所阅读的每一篇文章，都是解读另一篇文章的千万经验中的一部分。从某种意义上讲，文本解读最重要的方法是学科的综合素养以及丰厚的人生阅历。

作为语文教师，我们在课堂中几乎不需要面对"后现代"文本，我们面对的文本都比较经典，比较传统。但我还是认为，中小学语文教师有必要掌握几种东西方文学理论，这对于攻克文本城堡是非常有用的。

比方说，文本细读中的"细读"，本身就是一种流行于 20 世纪欧美的新批评理论术语，对文本解读产生了深远的影响。我们可以从赵毅衡先生的《新批评文集》中窥得门径。这一流派的几大宗师，有兰瑟姆（也有的译作"兰色姆"）、瑞恰慈等，其中瑞恰慈的《文学批评原理》在 20 世纪 90 年代就已经在中国出版。另外，他的学生燕卜荪，著有《含混的七种类型》，抗战期间还到过中国教学。布鲁克斯的《精致的瓮》，也是这一派的代表作。其他如奥斯丁·沃伦的《文学理论》，也属于这一流派。

细读是新批评的主要方法，最早针对的是诗歌，简单说是从文本中挖掘不易被人发觉的细微意义以加深理解。

> 因为诗歌中词汇的含混意味，一首好的诗歌所传达的意义往往丰富而复杂，好的诗人可以巧妙地将词汇进行组合，放置到某种语境中，从而产生新的意义和引申。
>
> 细读法能够发掘出诗歌中被压缩的意义，解析出抽象的意象与诗人有意为之的复义等，并进而呈现出诗歌中浓缩的思想与感情。可以说，诗歌中的语义、语气、语法、意象、比喻、象征、音步、格律、态度以及情绪等，都是细读法进行分析的目标，通过辨认诗歌中含混、张力、自否和反讽等特性，揭示作品的内在结构和含义。

新批评对诗歌的细读做出了许多精彩的篇章论述，布鲁克斯和沃伦以海明威的《杀人者》为例，说明细读法同样适用于小说的分析。海明威的这部小说几乎没有什么故事情节。布鲁克斯和沃伦运用细读法，从事件之间的联系和人物的不同态度入手,将小说结构剖析得淋漓尽致,将"作品讲的是什么"这一问题步步引申,转到"作品讲的是谁",最后到达真正的主题——发现邪恶。在细读法的分析下,小说的场景、角度、主线与支线呈现出丝丝入扣的关联,也更突出地表现出作品的主题。[①]

毕飞宇先生在他的《小说课》中的很多读法,其实也是新批评的读法。第一篇是蒲松龄《促织》,对这篇1700字的小说,毕飞宇有非常高的评价——但我觉得还有很大的解读空间——看,即便被学者解读得很细致的文本,依旧还是有解读空间。

我们就以细读的方式,重读一遍《促织》。从"宣德间,宫中尚促织之戏"开始,毕飞宇就说蒲松龄"有踏空的危险性",因为这个开头太大了。毕飞宇说"宣德间"是否尚促织至之戏正史无明确记载,但野史有载。明朝沈德符《万历野获编》卷二四《斗物》:"我朝宣宗最娴此戏,曾诏苏州知府况钟进千个。一时语云:'促织瞿瞿叫,宣德皇帝要。'此语至今犹传。"既然历史有记录,那么蒲松龄的这个开头也就符合历史的真相,"岁征民间"就变成了一种必然。

但毕飞宇说的"从天上拽进人间",不是突然的,是有迹可循的。如果我们从下往上说,从"民"到"里正",从"里正"到"华阴令",再到"上官",之后,可能还有上官的上官,最后才是"宫"。

"此物故非西产",这句话被毕飞宇看成是小说开头的亮点。在我看来,不如说这是蒲松龄给自己挖的坑,一个巨大的坑。当然,大作家在作品里给自己挖坑,是因为他们相当自信,他们相信自己能够把这个坑填好,并且让读者感知不到此处曾经挖过坑。这句话也让小说有了荒诞的色彩:主人公成名出生在"没有蟋蟀的地方,偏偏出现了关于蟋蟀的悲剧"。不过,我觉得这句话里面最重要的是"故"字。

"故"是"原来"意思,可是不以蟋蟀为特产的陕西,偏偏"有华阴令欲媚上官,以一头进",这个一头(蟋蟀),不是普通的蟋蟀,而是能赢得上官

[①] 乔国强、薛春霞著:《什么是新批评》,上海外语教育出版社2022年版,第125页。

好感的优质蟋蟀。于是就出现了"要命"的矛盾：既然蟋蟀不是陕西特产，那么华阴令的这一头取得上官欢心的优质蟋蟀来自哪里？不解决这个疑问，小说是没有办法读下去的。

正是因为有了"故"字，华阴令进贡的这一头蟋蟀，就不一定产在华阴、产在陕西，也正是如此，华阴令的"欲媚"奴性才被刻画出来。华阴令的上官，不也在陕西吗？没有蟋蟀或者缺少蟋蟀的地方，要得到蟋蟀，很不容易。可是官员自有办法，"假此科敛丁口"，把需要进贡蟋蟀的费用，摊派到每家每户每丁，这不正说明了优质蟋蟀的来源吗？收取摊派费用，购买优质蟋蟀，进贡宫廷。

除此之外，谁还有办法搞到蟋蟀？游侠儿！一来是奇货可居；二来是他们横行乡里，不务正业，并有足够的空闲时间去鼓捣这件事。但是，对于普通人而言，要想得到一只蟋蟀，绝非易事。成名去寻找蟋蟀，能不能找到？能，只不过是"劣弱不中于款"。因为"此物故非西产"，成名不可能找得到让上官满意的蟋蟀，"忧闷欲死"就成了他的心理状态。"忧闷欲死"，不是主观想去寻死，而是有外在的逼迫，是"欲死"，被逼无奈的结果。小说行文到此，已经把主人公逼到了一个绝境。他该怎么往前走？

此时此刻，给成名以希望的是妻子，她告诉他"死何裨益？不如自行搜觅，冀有万一之得"。说白了，百分之一的希望，要用百分之百的努力。成名必须要出去搜寻，不然不符合小说的逻辑——最起码要对得起读者的追问，你不去试试怎么知道没有呢？可事实情况是：不可能有，因为"此物故非西产"。那明明知道没有，为什么还是要去？还是"故"字，也就是说，原本就不是陕西特产，找到的只不过是"劣弱不中于款"。成名第二次陷入了绝境，这一次与第一次完全不同。第一次陷入绝境时，成名还抱着出外寻找的渺茫希望。这一次，连这个渺茫的希望都破灭了。从"忧闷欲死"到"惟思自尽"，成名有了主观上寻死的想法。

这个时候，往往特别考验作家。作家不断制造矛盾，牵扯读者的心，可是能不能很好地解决矛盾，就要看作家的手笔。如果我们是第一次读这篇小说，不妨按住不往下读，试着想一想，成名该怎么办。

我想过很多办法，比如，倾家荡产去买蟋蟀？可人家不一定有，有了也不一定卖给你，何况成名也未必有钱买。再比如，逃离此地？且不说古代背井离乡是多么不容易的一件事，更何况，普天之下莫非王土，又能逃到哪里去？人在走投无路的时候，最常见的就是求神拜佛。蒲松龄就想到了这个办法。

于是，他安排了一个驼背巫，并且，在1700字的篇幅内，居然非常大气地给了驼背巫一段文字。第一句话就是"时村中来一驼背巫"，这话很普通，很不显眼，我们一不小心就会溜过去。可这句话实在精彩，实在重要，真的就是小说的好语言。

因为蟋蟀不是陕西特产，成名必然找不到优质蟋蟀。可是，根据剧情，成名又必须找到一只蟋蟀。于是，作为小说最重要的一个道具，也就是这只蟋蟀是要上场的，因为它即将成为成名儿子死亡的导火线。

为什么说求神拜佛是最好的方式？第一，借助神巫的力量，可以把不可能的事变成可能的事。一个"时"字，轻轻松松就把成名的绝境化解了。只要读到这一句话，读者就能明白，成名还有希望，还有救，读者就会放心。第二，是"来"了一驼背巫，不是"有"一驼背巫。这两个字天差地别。如果蒲松龄写的是"有"，那这篇小说的逻辑立马崩塌，经不起考验。毕飞宇说，好的小说语言有它不一定有多美妙，没有它天就塌下来。我要比他说得更激进，好的小说语言，有时候只在一个字。换了一个字，少了一个字，就天崩地裂了。

如果是"有"，那就表示驼背巫一直生活在村里。可是，他自己的蟋蟀上交里正了吗？如果上交了，他再提醒成名有这么一只优质的蟋蟀，岂不是说明这个地方的优质蟋蟀还不少？立马就与"此物故非西产"矛盾了。如果是"有"，成名的儿子就不会死，成名的儿子完全可以把"怒索儿"的成名怼回去：死了一只蟋蟀，有什么大不了，再去问一下驼背巫嘛。如果是"有"，即便成名的儿子死了，成名夫妻也完全可以尽情悲痛，悲痛完了，再去找驼背巫就是了。可是是"来"，说明他不是本村人，是外地人。既然如此，他来无影去无踪，随时来也可能随时消失。成名的妻子"纳钱案上，焚拜如前人"，驼背巫给她一个非字而画的纸团,上面画着像寺庙一样的殿阁,还有一只蟋蟀。成名依图找到了蟋蟀。这只蟋蟀一旦死了,就不容易找到其他的了。最最重要的是,也只有这样,这只蟋蟀上场亮相的时候才可以神乎其神,"巨身修尾,青项金翅。大喜,笼归,举家庆贺,虽连城拱璧不啻也"。这是驼背巫指示成名获得的第一只蟋蟀。我们不禁要问,为什么它要神乎其神地亮相呢?很简单,因为第二只蟋蟀亮相的时候,凡乎其凡,前后形成了强烈的对比。只有这样,才可以把第二只蟋蟀的特殊性写出来。

第二只蟋蟀的出场太突然。成名的儿子死了,成名夫妻准备埋葬他,可是又发现他有一些微弱的气息。经过一夜的守候,夫妻二人"自昏达曙,目不交睫"。太阳出来了,然后第二只蟋蟀出场了。它的出现,突然得让我们有些错愕。如果说第一只蟋蟀出场像诸葛亮出场——先由水镜先生司马徽介绍,再由徐庶介绍,然后再是刘备的一顾二顾三顾,把诸葛亮的形象写得光辉极了——它是由驼背巫指示得来的。那么,第二只蟋蟀出场,就像《红楼梦》中的史湘云出场一样,一不小心,就会忽略过去。啊,史湘云出来了吗?什么时候出来的?仅仅只是一句话"史大姑娘来了",一不小心就会溜过去。

但这是不能溜过去的。这只蟋蟀为什么会来得这么突然?不是说"此物故非西产"吗?为什么会有一只蟋蟀出现在了成名的面前?

小说读到这里,读者已经有了一连串的疑惑。归纳起来,第一只蟋蟀毕竟是在驼背巫的指示下在野外获得的,它很特殊;第二只蟋蟀,却更特殊。我们不能忘了,当初成名花了很多精力找到的蟋蟀,"劣弱不中于款"。因此第二只蟋蟀的出场既在意料之外,又在情理之中。意料之外,是因为来得突然;情理之中,是因为它属于劣质的外形,不是那种借助神巫力量寻找得来的"巨身修尾,青项金翅"的促织。面对这只"短小,黑赤色"的蟋蟀,成名是什么态度?先是"喜而捕之",再"喜而收之"。

第二只蟋蟀正式亮相以后,由于体型与第一只差距太大,要体现好斗的不同凡响,须有一个循序渐进的过程。于是,一步一步,从与村中少年的"蟹壳青"相斗开始,到与公鸡斗,最后被进呈上官。蒲松龄写到这里,并没有忘记成名的儿子。但是,不能直接去写,但凡直接写了,就失败了。不写,就是要留给读者自己去思考,去咀嚼。可是,在写蟋蟀的时候,必须有所暗示,有所透露,比如"似报主知",这是一种铺垫。

如此往下,小说出现了一个见仁见智的结尾。在蒲松龄的手稿本中,并没有很多通行本里的"后岁余,成子精神复旧,自言身化促织,轻捷善斗,今始苏耳"这句话。

从作者的角度而言,这不是他写的,当然就不能有。蒲松龄的手稿本才是真正意义上的原作,是任何人不能改动的。这一点,马瑞芳教授在她的《马瑞芳品读聊斋志异》中说得很清楚,她之所以反对青柯亭本的改动,有以下理由:

第一,"魂化促织"使《聊斋》本来具有深刻内涵的艺术构思变得笨拙而缺少意趣。"幻由人生"是《聊斋》艺术构思的基本特点,是蒲松龄赋予寻常生物神奇的力量,不是小说人物变形起到的作用,《聊斋》中的神鬼狐妖因人的翘盼出现,是作者的心灵和意识在生物身上的展开,而非小说人物变形。第二,"魂化促织"把短篇小说的人物关系本末倒置了。蒲松龄手稿本《促织》中成名始终是绝对的主角:成名因捉不到蟋蟀被打;成名这个成年读书人像顽童般捉蟋蟀,捉到后全家庆贺;成名先因儿子误杀蟋蟀发怒,后因儿子自杀悲哀;成名跟小伙子斗蟋蟀,而且在斗蟋蟀的过程中神情非常投入;成名因为蟋蟀得到巡抚的欣赏,从而一人得道,鸡犬升天。成名的儿子起到的作用非常小。青柯亭本将小说原文窜改成了"魂化促织",让成名的儿子越俎代庖,这不符合短篇小说要始终围绕主人公、忌旁枝斜出、忌喧宾夺主的构思要义。第三,"魂化促织"严重扭曲了主人公成名的个性。成名善良忠厚,又有点儿木讷,他不忍心向乡亲催税,把自己家产垫光。蟋蟀被儿子失手弄死后,成名的妻子说:"而翁归,自与汝复算耳。"成名跟儿子算账,顶多打几下屁股,不会有更严重的惩罚。儿子为了一只小蟋蟀自杀,对成名来说才是塌天之祸。手稿本写成名在儿子自杀又苏醒后的表现是:"夫妇心稍慰。但蟋蟀笼虚,顾之则气断声吞,亦不敢复究儿。"看到儿子苏醒,夫妻感到安慰。成名看到空空的蟋蟀笼,明知自己将会再次受到责打,但是他闭口不言，因为他仍然心疼儿子，不敢再向刚自杀过的儿子发脾气，也不想再去和儿子追究弄死蟋蟀的事。这样的舐犊之情，多么动人啊！这才符合成名笃实的个性基调。而青柯亭本把成名在儿子自杀复苏后的表现窜改为："夫妇心稍慰，但儿神气痴木，奄奄思睡。成顾蟋蟀笼虚，则气断声吞，亦不复以儿为念。"为了一只小蟋蟀，成名竟然不把似乎已变呆、变傻的儿子放在心上，这合乎情理吗？岂不是歪曲了蒲松龄精心创造的人物个性？[①]

马先生的这一说法是有说服力的，但青柯亭本的改动也并非一无是处。青柯亭本的编者之所以这么改，最少有一个好处：一个原本就不产蟋蟀的地方，怎么会出现这么一只神奇的蟋蟀？更何况成名也不是养蟋蟀的高手。青柯亭本的改法，有助于解决这个问题。这当然是见仁见智，但不影响我们对文本的细读。

文学文本的细读理论，其实在中国也有。王先霈教授的《文学文本细读讲演录》第一讲《文学文本细读的多种范式》中，就归纳出了文本细读的几种方式：第一，汉儒经生的文本细读——微言大义与穿凿附会；第二，六朝文士品诗评文的印象主义细读；第三，明清点评式细读。[②]

陶渊明的读书方法，就属于典型的印象主义细读。"好读书，不求甚解"，并不是真的"不求甚解"，而是相对于汉儒经生的穿凿附会而言。明代的杨慎说得很对："《晋书》云，陶渊明读书不求甚解，此语俗世之见，后世不晓也。余思其故，自两汉以来，训诂盛行，说五字之文至于二三万言，陶心知厌之，故超然真见，独契古初，而晚废训诂，俗士不达，便谓其不求甚解也！"[③]

陶渊明的《读〈山海经〉》一诗表述了他的阅读方法：

> 孟夏草木长，绕屋树扶疏。众鸟欣有托，吾亦爱吾庐。
> 既耕亦已种，时还读我书。穷巷隔深辙，颇回故人车。

[①] 马瑞芳著：《马瑞芳品读聊斋志异·人卷》，天地出版社2023年版，第145页。
[②] 王先霈著：《文学文本细读讲演录》，广西师范大学出版社2006年版，第10—24页。
[③] 转引自王先霈著：《文学文本细读讲演录》，广西师范大学出版社2006年版，第18页。

欢言酌春酒，摘我园中蔬。微雨从东来，好风与之俱。

泛览《周王传》，流观《山海图》。俯仰终宇宙，不乐复何如？

所以，王先霈教授说，印象主义细读，不是站在外面端详，而是把自己摆进去体验。这样的细读，有三个要领：第一，少看熟读，不可贪多；第二，反复体验，钻研和体验是两种不同的思维方式，印象主义首要的是体验，体验作品的风神韵味；第三，虚心静气，不求速效。

印象主义细读，对后世影响深远。但是由于点到为止，无招胜有招，难免被后世的劣徒们照猫画虎，糊弄世人。

明清点评式细读，代表人物有金圣叹、脂砚斋，以及毛宗岗、张竹坡、李卓吾等人。

金圣叹在点评《水浒传》时说："吾最恨人家子弟，凡遇读书，都不理会文字，只记得若干事迹，便算读过一部书了。"[①]

他是真正读懂读透了。假使精研金圣叹点评的《水浒传》，我们就能明显体悟到他的这一读书理念。金圣叹说："《水浒传》方法，都从《史记》出来，却有许多胜似《史记》处。若《史记》妙处，《水浒传》已是件件有。"[②]

那我们就要问了："《史记》的什么好处被《水浒传》学来了？"最典型的就是《史记》的诸多细节描写，施耐庵确实是司马迁最"得意"的学生之一。《水浒传》武松见武大郎的时候，哥、嫂、弟三人坐下吃饭，书中是这么写的：

> 武大自去央了间壁王婆，安排端正了，都搬上楼来，摆在桌子上，无非是些鱼肉果菜之类。随即烫酒上来，武大叫妇人坐了主位，武松对席，武大打横。（金圣叹评：坐得绝倒。只一坐法，写武大混沌，武二直性，妇人心邪，色色都有。）三个人坐下，武大筛酒在各人面前。那妇人拿起酒来道："叔叔（"叔叔"十七。旁批：一路"叔叔"之声多于"嫂嫂"，读之真欲绝倒。）休怪，没甚管待，请酒一杯。"武松道："感谢嫂

---

① 〔明〕施耐庵著、〔清〕金圣叹批评：《金圣叹批评本水浒传》，岳麓书社 2006 年版，第 4 页。

② 同上，第 1 页。

228

嫂，休这般说。"①

这其中的座位安排写得这么细，让我联想到《史记·项羽本纪》鸿门宴里的座位，这里暂且不提。

潘金莲这个"叔叔"的称呼，其实也和《史记》有渊源。《史记》中有一篇有名的文章——《魏公子列传》，通篇洋溢着司马迁对信陵君的敬慕、赞叹和惋惜之情，是列传中唯一一篇直呼其为"公子"的，文中称"公子"有一百四十七次，所谓"无限唱叹、无限低徊"。这种反复称呼，貌似无意，实则有情。把"无限唱叹、无限低徊"的评价变一下，即是潘金莲的"无限下作、无限淫荡"。再联系《武松打虎》的"哨棒"，我们就会明白为什么金圣叹说《史记》的"妙处"《水浒传》"件件有"。

与孙绍振教授的态度不同，陈思和教授比较重视西方文论。他在《中国现当代文学名篇十五讲》中，一开始就谈到了文本细读的方法，其中第四种方法是"关注原型"，认为知名的电视连续剧《渴望》的原型模式，就来源于《赵氏孤儿》。②

原型理论，又叫作神话原型批评理论，看得出来，这种理论与"神话"有着密切关系。这种理论的来源是弗雷泽的《金枝》、卡希尔的符号象征主义和荣格的集体潜意识。加拿大学者弗莱的《批评的解剖》，是这一理论的集大成之作。国内也有不少名师根据原型批评解读文本，如郭初阳老师的《项链》。

原型批评理论对于解读古典诗歌和小说具有很大的作用，即便在小学语文教学中也用得着。部编本教材小学六年级上册《古诗三首》中的第一首，是唐代诗人孟浩然的《宿建德江》。可以说，除了《春晓》外，这是不大擅长写绝句的孟浩然的非常有名的一首五言绝句，同时也是唐诗史上非常有名的五言绝句之一。全诗如下：

---

① 〔明〕施耐庵著、〔清〕金圣叹批评：《金圣叹批评本水浒传》，岳麓书社2006年版，第262页。

② 陈思和著：《中国现当代文学名篇十五讲》，北京大学出版社2012年版，第15页。

> 移舟泊烟渚，日暮客愁新。
>
> 野旷天低树，江清月近人。

这首诗写于何时何地？所写时候诗人的心情如何？写作的地点明白清楚，就在建德江边，也就是如今钱塘江所在的建德市境内。根据陈贻焮先生《唐诗论丛》中的《孟浩然事迹考辨》可以得知，孟浩然是在长安考试和献赋都失败的情况下南归的。回到故乡襄阳以后，再北上洛阳，然后"自洛之越"（孟浩然诗名）。就在《自洛之越》的诗中，孟浩然说：

> 遑遑三十载，书剑两无成。山水寻吴越，风尘厌洛京。
>
> 扁舟泛湖海，长揖谢公卿。且乐杯中酒，谁论世上名。

孟浩然并不是真的厌弃洛京的风尘，恰恰是想得而得不到，才将失意的心情寄托于吴越山水。就是带着这种心情，他来到了浙江的建德江。开头第一句，"移舟泊烟渚"，"移"字真好，不着痕迹，说明舟泊岸的过程很缓慢。汪曾祺对阿城《溜索》中的"那只大鹰在瘦小汉子身下十余丈处移来移去"很是赞赏，不知道是否与孟浩然的这句诗有关联。"渚"，水中的小陆地，还没到岸边，说明作者还在小舟上，再联系题目中的"宿"字，看来作者没有下船的意思，要在小舟上过夜。

古人作诗，讲究起承转合。第一句起句，非常平淡，但是这句诗暗含了非常重要的一点"归意"。也就是说，作者"移舟泊烟渚"的原因是他要归去了，要日落而息了。所以，第二句才点出了时间"日暮"，与第一句紧密相扣。"客愁"二字，是全诗的诗眼。"客"，就是指诗人自己。孟浩然的故乡在湖北襄阳，浪迹吴越，自然有漂泊他乡之感，所以自称"客"。"愁"，又是什么呢？《唐诗鉴赏辞典》中赵其钧先生赏析此诗，劈头第一句就是"这是一首写羁旅之思的诗"，如果改"思"作"愁"，似乎更贴切、更恰当。

那么，"愁新"又作何理解呢？诸多选本并没有注释这个"新"字。霍松林的《霍松林选评唐诗360首》、富寿荪选注的《千首唐人绝句》、中国社会科学院文学研究所编的《唐诗选》及马茂元选注的《唐诗选》都是如此。倒是金性尧先生的《唐诗三百首新注》中有注释：又新添了客中的愁思。[①] 将

---

① 金性尧注：《唐诗三百首新注》，上海古籍出版社2014年版，第388页。

"新"注释成动词"新添",那这句诗就成了"日暮新客愁",于是又产生了两个问题:第一,日暮为什么会新添作者的愁思呢?第二,作者新添的这份愁思具体是什么呢?这是解读这首诗歌的关键。"日暮新添愁思"这句话,赵其钧先生引用了《诗经》中的一首来说明①:

> 君子于役,不知其期,曷至哉?鸡栖于埘,日之夕矣,羊牛下来。
> 君子于役,如之何勿思?

思妇见鸡儿归窠、牛羊下山坡,而引发了丈夫还没回归的感慨。这就是所谓的"兴"。可是,思妇是因为见到归来的鸡、牛、羊而联想到丈夫,而孟浩然见到所归之物了吗?见到了。孟浩然见到的正是日暮本身。在中国神话中,太阳也是有家的(《山海经·大荒经》)。日暮,也就是太阳落山,意味着太阳的归程。当然,诗中所选取的,只是日暮这一意象,未选取的可能还有翩翩飞鸟、寂寂白云、归家渔樵,甚至有和《诗经》中一样的"穷巷牛羊归"。我们来看《水浒传》第八回,一段文字归纳了几乎所有典型的黄昏意象:

> 红轮低坠,玉镜将明。遥观樵子归来,近睹柴门半掩。僧投古寺,疏林穰穰鸦飞;客奔孤村,断岸嗷嗷犬吠。佳人秉烛归房,渔父收纶罢钓。唧唧乱蛩鸣腐草,纷纷宿鹭下莎汀。②

所以,孟浩然"移舟泊烟渚"的归程之意,与其身在他乡的羁旅身份,形成了巨大的反差。"日暮"与"客愁"之间,遂有了内在的逻辑关系。

那新添的愁思又是什么呢?根据前面的分析,我们似乎很容易得出一个结论,作者所谓的愁,是科场失利、献赋不成,以及"不才明主弃,多病故人疏"所带来的那份不满情绪。赵其钧先生的赏析也正有此意:"那羁旅的惆怅,故乡的思念,仕途的失意,理想的幻灭,人生的坎坷……"作者的"山水寻吴越",已经是从长安到襄阳再到洛阳之后的事,时间已越两年,科场失利所带来的愁,已经不是"新"的,而是"旧"的。更何况,联系作者在此

---

① 萧涤非等撰写:《唐诗鉴赏辞典》,上海辞书出版社1988年版,第99页。
② 〔明〕施耐庵著:《水浒传》,人民文学出版社2019年版。北大"会评本"无此一段。

时段内所作的一些诗,如《经七里滩》《宿桐庐江寄广陵旧游》《舟中晓望》等,并没有这种所谓的失利感觉。所以说,即便有思念故乡之情,也不会是"新添的愁思"。

孟浩然游吴越,与中国其他文人作客他乡有本质上的不同,中国多数文人的羁旅之愁,往往是因为被贬官。孟浩然不是,他虽有失意,但这种失意,不足以新添客愁,这些早已在长安就经历过了。

此时此刻,站在船头,目睹烟雾笼罩的小洲,远方是落日,落日下的天空直垂下来,比近处的树林还要低。这已经是诗中第三句所写之景了。第四句,目光再回到跟前,回到了江中。"江清月近人"——这一句的时间感,似乎我们都没有注意到。也就是说,孟浩然站在船头很久了。从黄昏日落到江清月近,这一段时间作者都在咀嚼和回味新添的这缕愁思。同时,"江清"再一次回应了开头的"移舟","月近人"又呼应了"泊烟渚"。正是因为泊舟烟渚,在无人靠近的江中,陪伴作者的只有江中这一轮明月,一份特有的孤独才被他写得这么深婉。

站在读者的角度去看孟浩然,我们就会发现,在天地之间,只有一叶孤舟,孤舟之上,只有一位旅人。日暮天晚,正是一日结束之时,带来的是时间意义上的悲凉。"黄昏的时间意义之一,就是死亡迫近的忧惧。"[1] 换句话说,黄昏落日意味着一天又过去了,每一天的过去,都是逼向人生的终点,带来的正是虚无的生命体验。"野旷天低树"所带来的是空间意义上的苍凉,在天地之间,生命渺小,正是此刻写照。"时间上的晚与空间上的远构成了黄昏意象里中国诗人的悲剧式心态……黄昏时间意义的凄婉悲凉引起空间辽远的感叹,展现着传统士大夫岁月匆迫、追求疲惫、心灵孤独的深刻感受。"[2] 麦克斯·缪勒曾指出,日落黄昏是人们心灵发抖焦急的时刻:"当人们处于愉悦之中时,当人们的朋友离去时,当人们感到孤独,他的思想再次转向更高力量时,夜幕的阴影降临了,不可抗拒的睡意抓住人们。当白天消逝之际,诗人悲叹他的光明之友夭折,除此之外,也在其短暂的生涯中看到自己生命

---

[1] 傅道彬著:《晚唐钟声》,东方出版社1996年版,第78页。
[2] 同上。

的短少。"①

在孟浩然之前,我们也能找到类似孟诗的影子。南朝齐梁诗人何逊的《日夕出富阳浦口和朗公诗》:

客心愁日暮,徙倚空望归。
山烟涵树色,江水映霞晖。
独鹤凌空逝,双凫出浪飞。
故乡千馀里,兹夕寒无衣。

何逊在同一条江的下游富春江畔,面对着同样苍茫的暮色,作过一首情意相似的诗。何逊比之孟浩然更加直接,"客心愁日暮",当然不是感慨太阳落山,而是悲叹一天的过去,在生命意义上,也是感叹生命的一部分已经逝去。对于生命短暂的体悟,身处乱世的六朝人是非常深切的。频繁改朝换代的现实,是血淋淋的。写这首诗的何逊,虽没有具体的生卒年,大致推测,没有活过50岁。

从《离骚》的"老冉冉其将至兮,恐修名之不立",再到《古诗十九首》的"人生寄一世,奄忽若飙尘",再到曹操的"神龟虽寿,犹有竟时。腾蛇乘雾,终为土灰",传承有序。毕竟,孟浩然写这首诗的时候,也已经40岁了——对于看惯生命短暂的古人而言,确实是一个如黄昏的暮年了。

孟浩然新添的愁思,不属于他一个人,而是属于传统士大夫,也是属于所有人的,这才是这首20个字的小诗打动我们的原因。

上文提到的《晚唐钟声》,就是傅道彬先生从原型批判理论的角度解读中国古典诗歌的经典作品,对于群文阅读、主题阅读教学,都具有借鉴意义。当然,神话原型不仅仅在诗歌中,在小说中也有很多。最典型的莫过于诸多的小说模式,譬如许荣哲在《故事课》里讲到的故事公式,就是来源于神话学大师坎贝尔。

除了原型批评理论,精神分析也对文学批评产生了深远的影响。精神分析理论和原型批评理论结合得很紧密,神话原型中的"原型",就是精神分析

---

① 〔英〕麦克斯·缪勒著、金泽译:《比较神话学》,上海文艺出版社1989年版,第68页。

学派荣格提出来的重要概念。比如东西方文学作品中常常写到的"蛇",它有不少象征意义,弗洛伊德就认为男性性器最重要的象征是蛇,它在低处的生活以及强大的生命力又使它成为女性和土地的象征。它在伊甸园里教唆人们"犯罪"——获得知识和性知觉,从而成为性和生命秘密的启蒙者。另外,它的冬眠,它的蜕皮,又常被认为具有再生能力,从而成为生死和轮回的象征。蛇的花纹,总是象征着美丽的外表,由于和性的联系,又与女性相关。这就能够为我们解开一些谜团。《白鹿原》中,多次写到"蛇"与"彩虹","彩虹"和"蛇",其象征意义是有关联的。

> 白嘉轩佝偻着腰跷进二门时听到哗哧一声响,扬起头就瞅见一道呈弧形喷射出来的绿汤,泛着从西墙上斜甩过来的残阳的红光,像一道闪着鬼气妖氛的彩虹。他的脑子里也嘎嘣响了一声,站在二门里的庭院里木然不动,背抄在佝偻着的后腰上的双手垂吊下来。
>
> ……
>
> 阴历四月中旬是原上原下一年里顶好的时月。温润的气象使人浑身都有酥软的感觉。扬花孕穗的麦子散发的气息酷似乳香味道。罂粟七彩烂漫的花朵却使人联想到菜花蛇的美丽……[1]

再比如茨威格的《夜色朦胧》:

> 全身像是遭了重重的一击。狂热的拥抱一下子僵住了,她拼命将他一推,她的喉咙里迸出一声哽咽,一声哭泣,她的动作又变得异常激烈,不过只是为了脱出身来,好摆脱这可恨的接触。他想出其不意地将她抓住,但她与他相搏,他俯首将脸挨近她的时候,感觉到愤怒的泪水正战战栗栗地从她脸颊上直往下流,她那窈窕的身体像蛇一样扭动着。突然,她使劲将他往后一推,就顺势逃之夭夭。树木间她的衣服白光闪烁,随即便在黑暗中消失。[2]

再比如《红楼梦》第七十四回《惑奸谗抄检大观园 矢孤介杜绝宁国府》

---

[1] 陈忠实著:《白鹿原》,人民文学出版社1993年版,第457、530页。
[2] 〔奥〕茨威格著、张玉书译:《茨威格文集》,中央编译出版社2015年版,第117页。

中，王夫人问凤姐的话：

> 便问凤姐道："上次我们跟了老太太进园逛去，有一个水蛇腰，削肩膀，眉眼又有些像你林妹妹的，正在那里骂小丫头。我的心里很看不上那狂样子，因同老太太走，我不曾说得。后来要问是谁，又偏忘了。今日对了坎儿，这丫头想就是他了。"凤姐道："若论这些丫头们，共总比起来，都没晴雯生得好。论举止言语，他原轻薄些。方才太太说的倒很像他。我也忘了那日的事，不敢乱说。"

上面提到的两种方法，我觉得有特别的好处。新批评的细读法适合于单篇文章，原型批评理论适合于多篇同主题文章。

除此之外，美国著名学者派里斯的《与命运的交易》，用精神分析法释读莎士比亚的作品；清华大学王宁教授的《深层心理学与文学批评》，对《雷雨》有深刻的解读，值得高中语文教师借鉴；王富仁教授的《古老的回声》，从意识和潜意识的角度去分析王昌龄的《闺怨》，幽微而细腻，给人以深刻的印象。

另外，还有结构主义、读者反应论等，都对文本解读有重要帮助。高友工、梅祖麟教授的《唐诗三论》就是以结构主义研究唐诗的典范，葛兆光的《汉字的魔方》则从语言学的角度看古典诗歌。

尽管如此，我们不能拿着一种理论去解构所有的作品，因为理论都是有局限性的，更何况，理论往往落后于文学创作。但能拥有某种理论作为工具，毕竟有一些用处。

3. 第三重境界：莫听穿林打叶声，何妨吟啸且徐行

文本分析的第三重境界，可以用苏轼的一句词来形容：莫听穿林打叶声，何妨吟啸且徐行。到了这一境界，穿林打叶之声，已经置于身外，吟啸徐行于文本之内，"悠然心会，妙处可与君说"。第三重境界，当然是最高境界。上文说到的陶渊明读书，便是到了这一境界。

这种境界，在印象主义细读和明清点评式细读中，其实大量存在。比方说一些诗话词话，蜻蜓点水、不着痕迹。达到这种境界的，基本上是读书界的"风清扬"，以无招胜有招。英国诗人奥登在谈到阅读的时候提出：

> 阅读即翻译，因为没有两个人的经验是一样的。一个糟糕的读者就像一个糟糕的译者：他在应该意译的时候直译，又在应该直译的时候意译。在如何很好地阅读这件事情上，直觉要比学问来得重要，无论学问是多么有价值。①

奥登所谓的"直觉"，我想，可能与中国人熟知的语感相似。怎样提升语感，那是另外一个话题了。

---

① 布罗茨基等著、黄灿然译：《见证与愉悦》，百花文艺出版社1999年版，第10页。《论阅读》是其中一篇，为英国诗人奥登所作。

第九章　如何锤炼语感

上一章讲到文本解读的三重境界。其中走到语感的境界是"何妨吟啸且徐行"的境界，也是"行到水穷处，坐看云起时"的境界。但是任何一个境界的完成，都还有"不言春作苦，常恐负所怀"的一步。

语感是我们非常熟悉的一个词语。20世纪90年代，语文界对语感进行大讨论后，这一词语更是广为人知。王尚文先生的《语感论》是颇为重要的著作，对推动这一理论的发展具有积极的意义。

那么，什么是语感？好像不能用"语言感觉"一笔带过。王尚文先生在他的书里说，语感之"感"与美感、乐感相同，只是所感的对象为"语"——言语。所以，他下定义说：

> 语感就是个体的人与言语世界的关系。它表现为对作用于他的言语作品的内在反应能力，即听和看（读）的能力，也表现为因表达个人情意的需要或者适应社会交际的需要而在感觉层面直接生成语言作品的能力，即说和写的能力。[1]

简单说，语感关乎人的听说读写能力。另外，王尚文先生还说：

> 语文学科主要是通过培养人的语感这一途径最终达到"立人"的目的的。语感居于语文素质的核心，语感培养是语文学科人文性的着眼点和归宿，语文教师的伟大之处在于他是学生高品位语感的创造者，语文教学的困难之处也在于必须创造学生的高品位的语感。[2]

要想培养学生的良好语感，教师自己得拥有良好的语感。拥有良好的语

---

[1] 王尚文著：《语感论》，上海教育出版社2006年版，第400页。
[2] 同上。

感，就能在别人不容易发现问题的地方发现问题，而发现问题又是文科素养的重要体现。

王鼎钧先生的《昨天的云》里有一章《插柳学诗》，提到他的恩师"疯爷"，其中有一个小故事令我难忘：

> 我背诵杜甫咏昭君的一首七律，恰巧被他听见。我说"千山万壑赴荆门"，他说："不对，你会把杜甫气死。"我急忙打开书本查看，书上印的是"群山万壑"。你想想吧，所谓群山，不过十座山八座山，十座山而有万壑，平均一山千壑，可见山是大山、高山、深山，很有气势。倘若是千山万壑，一山只有十壑，山就小了，零碎了，气势就不同了。

这样的老师，真的是了不起的老师。

我对优秀语文老师的评判标准，就看他能不能在学生或者其他老师认为普通的地方发现问题。

著名特级教师于永正老师的经典课例《第一次拥抱母亲》中，有这么一段实录：

> 师：母亲在家里，要承担哪些责任？请同学们联系自己的母亲想一想。
>
> 生1：母亲要抚养子女。
>
> 生2：还要抚养老人。
>
> 师：这句话中的"抚养"不妥，要换个词。
>
> 生2：（想了一想）还要孝敬老人。
>
> 师：说得好！不过，孝敬老人是一种境界。一般地说，要——
>
> （学生思考）
>
> 师：把"抚养"中的"抚"字去掉，换一个字就行了。
>
> 生2：还要赡养老人。
>
> 师：请你把两句话连起来说一说。母亲要——
>
> 生2：母亲要抚养子女，赡养老人。
>
> 师：抚养子女，赡养老人，这样说既上口，听起来又有韵味。[1]

---

[1] 于永正著：《于永正：我怎样教语文》，教育科学出版社2014年版，第36页。

听课的老师都说，于老师的语感真好。

于老师说："这个表扬我接受，因为没有言过其实。"他还说："光有语感还不够，更要有责任感。"于老师的语感和责任感是结合在一起的。细读他的课例，这样的细节很多。比如《草》教学实录有如下对话：

师：……你觉得小草怎么样？

生：小草不怕烧，很勇敢。

生：小草像刘胡兰一样坚强。

师：（把"强"写在黑板上）"强"字前边的"坚"字换一个什么字？确切地说，是什么"强"？

生：是顽强！

师：对！是顽强！（顺手将"顽"写在"强"前边，并在"顽"上加上拼音 wán）小草的生命力多么顽强！[①]

类似这样的例子，在于老师的书中是常见的。

问题是，怎么培养语感？

1. 四读法

王尚文先生在《语感论》的结尾，提出了培养语感的四个方案：美读，烂读，精读，泛读。但是王先生没有展开来讲，不过他提到的向古人借鉴的读书方法，确实有必要在这里重申一遍。因为我就是这个读书方法的直接受益人。

这个方法简单地说，就是放声读。所谓放声读，当然包括美读，美读大致等于朗读，有感情，有情绪，甚至有肢体动作。不管是哪一种读，都一定要选择经典文本。除了美读之外，就是烂读，或者说熟读。

刚才我说我是这种读书方法的受益人，是因为我小时候有一段很难忘的经历。我读《增广贤文》，是要出声的，不出声就不算读。我的祖父读过这本

[①] 于永正著：《于永正课堂教学实录Ⅰ》，教育科学出版社2014年版，第8页。

书，他用乡音吟唱，我则用普通话，每每祖孙对读，非常有趣。后来上大学，因为要考试，我就通读了刘盼遂、郭预衡两位先生的《中国历代散文选》，这本书给我的影响和帮助很大，使我常常觉得自己一个美术本科生能去"抢"语文老师的饭碗了。除了这一本，还有王力、郭绍虞、许嘉璐主编的三套《古代汉语》，这几本书就是我的"武林秘笈"。读《中国历代散文选》的时候，我常常是晚上过一遍第二天要读的文章中的字、词、注释，待到第二天早上，就只读这一篇，再也不管字词了，说白了就是专家一直反对的"傻读"。来来回回，反反复复，坚持了整一年，熟读了很多经典散文。但其实这还不是真正的私塾式的"傻读"，私塾比较死——毕竟我头天晚上还预习了一下。

美读，要理解在先，再熟读、烂读，这样才有效。

朱夫子说："凡读书……须要读得字字响亮，不可误一字，不可少一字，不可多一字，不可倒一字，不可牵强暗记，只是要多诵遍数，自然上口，久远不忘。"①

曾国藩在写信给他的儿子时说："读书之法，看、读、写、作，四者每日不可缺一。看者，如尔去年看《史记》、《汉书》、《韩文》、《近思录》，今年看《周易折中》之类是也。读者，如《四书》、《诗》、《书》、《易经》、《左传》诸经，《昭明文选》，李杜韩苏之诗，韩欧曾王之文，非高声朗诵则不能得其雄伟之概，非密咏恬吟则不能探其深远之韵。"②

曾夫子这段话，我谨记在心，也在坚持，每天都放声读一点。

放声读，有什么好处呢？

第一，动嘴。第二，动耳。耳朵必须要听自己的声音。中国文学自古以来就注重对"声"的锤炼。第三，动眼。第四，专心。在烂读、熟读还没有完成前，如果走神，是会读错的。

---

① 〔宋〕朱熹著：《朱子读书法》，天津社会科学出版社2016年版，第43页。
② 〔清〕曾国藩著：《全本曾国藩家书》，岳麓书社2015年版，第362页。

2. 随笔法

王尚文先生还谈到了一个方法，我也在这里重述一下：写语感随笔。

在平时读书的过程中，如果遇见相关的语言品质类问题，就要进行随笔式写作，不计短长。这确实是一个好办法，我自己就写过很多这样的笔记。

"硬女人"

茹志鹃《剪辑错的故事》中有一段插叙，是这么说的：

一九四七年的冬天刚开始，就给穷人来了个下马威，冻得舌头都僵了。这里正跟敌人"拉锯"，土改还没开始。老寿仍裹着他那件破棉袄，腰里扎了根绳子，背着个小粪筐，在外转了一天，现在天都黑净了，才跑回家来，一进门就对老伴说："有吃的吗？给一口，肚里都结冰了。"说着就丢下粪筐蹲到灶门前，拨着余火，烤着打战战的身子。老寿的老婆是个苦死累死不讨饶的硬女人，就是爱唠叨几句。

真是好语言。写冷，"舌头冻僵"。一是新颖，冻外在的耳朵、手，不足以说明什么；冻内在的心肝脾胃，又牵强不实，但舌头可内可外，将其冻僵，可见天气之冷。"肚里都结冰"也是极好的语言——"肚里冻僵"，那恐怕就不是好语言了。二是，这样的写法符合人物形象，干净利落。

"硬女人"，也很妙。一个"硬"字，写出了女人的性格。看来写人物性格，一个字即可。生活中亦有相关例子。譬如北京方言中，形容一个人不变通、钻牛角尖，就说"轴"；说话办事直爽，是"直"；办事果断、性情刚毅，则是"刚"。但诸如此类，都不够新颖。

单个形容词若要修饰人物，需有陌生感。即形容词与被修饰人物之间隔得越远越好——有点像本体与喻体的关系。《红楼梦》中的迎春是"木姑娘"，一个"木"字，显出性格。《水浒传》第三十八回，戴宗、宋江、李逵喝酒，李逵要用大碗，戴宗说："兄弟好村。"用一个"村"字形容李逵，极妙，把前文"黑宋江"之类的粗鲁全都概括了。这个"村"字，在元曲中即有："我事事村，他般般丑。丑则丑村则村意相投，则为他丑心儿真博得我村情儿厚。似这般丑眷属，村配偶，只除天上有。"

回到小说中，还有一处细节颇见功夫。老甘领了四袋粮食，留下两袋给老寿，老寿见了，"悄悄用手掌抹去两眼的热泪"。没有亲眼见过老人抹泪的，恐怕不能明白此处之妙。"掌"字万不可少。

当然，也有我觉得不好的地方——老寿妻子的话："唉！装吧装吧！啰嗦个啥！我才说了两句，你就说了一大套，谁不知道革命就是为了咱穷老百姓呀！"最后"谁不知道"这一句完全可以不要，根本不影响她深明大义的"硬女人"的形象。

食酒添酒筛酒

读梁绍壬《两般秋雨庵随笔》，卷一中有一则《食酒》：有阛阓（huán huì，街市）子作日记册云："某日买烧酒四两食之。"人遂传为笑柄，而不知亦未可非也。"宋人吴子良《荆溪林下偶谈》有一篇《食酒》，专门谈这个问题，也提到了梁绍壬的例子，说："饮酒谓之食酒。"《汉书·于定国传》："定国食酒至数石不乱。"如淳曰："食酒犹言喜酒。"师古曰："若依如氏之说，食字当音嗜。此说非也。食酒者谓能多饮，费尽其酒，犹云食言焉。今流俗书辄改'食'字作'饮'字，失其真也。然食酒至数石不乱，可谓善饮，古今所罕有也。"柳子厚《序饮》亦云："吾病痞，不能食酒，至是醉焉。"

其实，"食酒"看似不常见，但是"食酒肉"连用，还是比较多见的。《资治通鉴·外纪·卷六》："齐顷公归而弛苑囿，薄赋敛，不听声乐，不食酒肉。"这可真是酒之言"食"其来有自了。

在汉语中，酒、药、醋三样，似乎都可用"食""吃""喝"三字。有意思的是，"服药"可以，"服酒""服醋"似乎没见过。

读到梁绍壬的《食酒》一文，我想起一件往事。我读高中时，语文老师为了鼓励我，叫我给同学们讲《琵琶行》，讲到"添酒回灯重开宴"

一句，同学们比平常高一百倍的提问兴趣，有同学就问："添"字似乎可作"加"字。我当时说不可，也没说出个道道来——现在想想，"添酒"的"添"，三点水旁，与作为液体的酒似乎有亲近的关系，仿佛能听到"添酒"的声音，这是"加"字无法做到的。我当时还用普通话说出"筛酒"一词来，这其实是我们家乡的方言，意思即斟酒、加酒，反倒普通话里很少用这个词。同学们听了大笑，我满脸通红。

后来读《红楼梦》，第二十八回《蒋玉菡情赠茜香罗　薛宝钗羞笼红麝串》写到薛蟠接诗："薛蟠道：'女儿愁，绣房蹿出个大马猴。'众人呵呵笑道：'该罚该罚。这句更不通，先还可恕。'说着，便要筛酒。"才知"筛酒"是真有的，就是斟酒的意思。"筛酒"还有另一义。《红楼梦》第六十三回《寿怡红群芳开夜宴　死金丹独艳理亲丧》："两个老婆子蹲在外面火盆上筛酒。"这个"筛酒"，《辞海》解释为："把酒盛在容器里，放在火上加热。"《辞海》用的例子就是《红楼梦》中的这句话。在《水浒传》中"筛酒"比《红楼梦》更常见。第五回，鲁智深"便唤这几个小喽啰近前来筛酒"。《景阳冈武松打虎》亦有一例，武松敲着桌子叫道："主人家，怎的不来筛酒？"这两处"筛酒"也为斟酒之义。

原来，"筛酒"在古白话里还是很常见的。我用普通话念出来，也是没错的。

3. 句读法

句读法，就我个人而言，对培养语感极为管用。

少年时候读书，祖父留给我一本《三国演义》，繁体竖排，没有标点，我爱不释手——我多次在文章里提过这件事。这本书无头无尾，至今还在我的书架上。当年书籍匮乏，我就反复读这本书，居然也啃下来了。

徐有富先生在《黄侃读书法管窥》一文中，介绍了黄侃圈点古书的治学方法。

黄侃在《戊辰日记》附十《杂识》中云："何子恭凡所读书，无不加标点，义显意明，有不待论说而自见者。"他本人也是这么做的，而且有过之而无不及。黄焯曾指出过这一点："先生阅书，必施圈点，虽卷过数百，必点完始已。殁前一日，吐血盈盂，以《唐文粹补编》末二卷未毕，犹力疾圈点迄，始就榻。"

让学生标点古书，也许是黄侃最重要、最成功的经验。他在1928年11月7日致信陆宗达云："学问文章皆宜由章句训诂起。弟已有甚深之基址，切勿遗弃，聊供善言以报相知之厚，余无可云。"黄侃在去世前半个月还对章璠说过："为文必先读经，而读经先要明句读。未有句读不明，而能探索经义者也。"[①]

我读到这段文字，也就是近几年的事情。我想，我们现在根本做不到这样——至少我个人做不到。

还有一个故事，促使我实践句读之法。复旦大学陈正宏教授，他的导师是章培恒先生，他们师徒见面的时候，章先生就指着一套繁体竖排没标点的《史记》说："那个陈正宏，你点一下吧。"我从网上看到这个故事，是来源于《读者》，文中有这么一段话：

> 夏日将尽，蝉鸣与翻书声交织成片。23岁的陈正宏一边看，一边口头标点，背上汗都出来了。
>
> 给古书点标点，就相当于被"空投"到2200年前的汉王朝。古汉语仿佛一座座遮天蔽日的崇山，山高路远，即使最有天赋的学生，也要长途跋涉半年，才看到些许微光。但是再过半年呢？柳暗花明，豁然开朗。艰深晦涩的古文字不再是障碍。渐渐的，陈正宏能看懂文中的语意，辨认不同的文风，甚至听到作者的心语与潜台词。就仿佛能望到，群山之中的风势水脉、路网栈道，看到山中人开山筑路、晨昏作息。很久以后他才知道，"给《史记》点标点"，是章培恒先生从他的老师蒋天枢先生那里师承而来的独门心法。

点标点，这不仅是培养语感的方法，更是做学问的方法。我深知自己功

---

① 徐有富著：《黄侃读书法管窥》，载《山西大学学报》第29卷第6期。

力不够，肯定不能和大先生们比，但是"心向往之"，于是自己也点读起《史记》来，没过多久，我就"壮烈牺牲"在第一篇《五帝本纪》里——太难了。只能老太太吃柿子——拣软的捏，先点读列传部分。无论如何，这部分内容比五帝本纪、夏本纪、殷本纪要简单得多。于是，陆陆续续点了史记的七十列传的大部分。在网上找到高清影印的三家注版，每次打印一篇，有时间就看几行。后来发现三家注版集解有些没有帮助，就直接先点原文，再点三家注。遇见不懂的，先用红色笔画出来，最后来核对，判断是书错了还是自己错了。如果自己错了，反思自己为什么错了；如果觉得自己没错，就想想书错在哪里。

中华书局国学文库版《史记》，在《项羽本纪》中有一句话：

项籍少时，学书不成，去学剑，又不成。

我点的是：

项籍少时，学书不成，去，学剑，又不成。

很显然，我是对的。

"去学剑"，一听就是口头语，语言形式不符合古汉语。"去"是离开的意思，七年级的学生都懂，因为七年级教材《陈太丘与友期行》中就有"太丘舍去"，《岳阳楼记》中也有"去国怀乡"。"去"引申义为放弃，上面《项羽本纪》中的意思是"放弃读书"。

《项羽本纪》中还有一段话：

沛公旦日从百余骑来见项王，至鸿门，谢曰："臣与将军戮力而攻秦，将军战河北，臣战河南，然不自意能入关破秦，得复见将军于此。今者有小人之言，令将军与臣有郤。"项王曰："此沛公左司马曹无伤言之，不然，籍何以至此？"

这个点法没有错误。但是，王尚文先生在《语文品质谈》中提到一段话：

有的版本在"有郤"之后合情合理地加上了一个省略号。这六个小圆点点出了项羽当时说话的神态，也点出了项羽心直口快的性格，与刘邦的狡诈圆滑形成了鲜明的对比。我想太史公地下有知，也会首肯的。

有无这六个小圆点，其语文品质要相差一个档次。[①]

王先生的这个说法，让我对省略号重视了起来。

《伍子胥列传第六》：

> 阖庐病创，将死，谓太子夫差曰："尔忘勾践杀尔父乎？"夫差对曰："不敢忘……"是夕阖庐死。

"不敢忘"后面我加的就是省略号，这个省略号大有深意，可以是夫差"哽咽不能语"，可以是"心痛不忍说"，比句号当然要好得多。如果换成感叹号，当然也可以。作为语文老师，我们对标点应该保持敏感。

4. 读"汇"法

读"汇"法，就是阅读汇评、汇校、汇注类的书，这类书往往是评、校、注三者合为一体的。不妨从读中国古典白话小说入手，比方说，《三国演义会评本》《水浒传会评本》（北京大学出版社），就是极好的本子。三者结合的有《全校会注集评聊斋志异》《阅微草堂笔记会校会注会评》《八家评批红楼梦》《儒林外史汇校汇评》。《史记》当然也很好，但是因为体量大，历史久，点评的人又多，因而没办法将评、校、注三者合而为一。真要这样，恐怕够我们读半辈子的呢。但是我们可以选一本，或者哪怕是一本中的一部分，下点功夫，让它成为我们"看家护院"的书籍。我少年时候，读书比较关注汇评类，不注重汇校类，其实是非常错误的。直到后来才补课，让缺憾少一点。

先说汇评。中国古典小说中的几大名著都有点评，毛宗岗点评的《三国演义》，金圣叹点评的《水浒传》，李卓吾（其实是叶昼）点评的《西游记》，脂砚斋点评的《红楼梦》。这还是一家点评，其实很多书有几家点评的，把几家点评汇集在一起，就是汇评。读汇评的好处，就是可以感受到多个点评家的思想。

汇评类书籍，我觉得可以这么读：挑选一本，先读没有评点的，也就是

[①] 王尚文著：《语文品质谈》，华东师范大学出版社2018年版，第158页。

素读，从而对文本有个大致的了解。汇评类书籍有个缺点，点评穿插其中，读起原文来，总是不顺畅。所以不妨先读一遍原文，再来读汇评。

古人汇评，重感悟，少逻辑。前辈们大笔一挥"妙妙妙""好好好"，可我们还得探寻一番：到底妙在哪儿，好在哪儿。

我们先以一段大家熟悉的文本《林黛玉进贾府》作为例子。这篇文本被选入了高中语文教材，其中王熙凤出场后，有这么一段：

又忙携黛玉之手，问："妹妹几岁了？可也上过学？现吃什么药？在这里不要想家，想要什么吃的、什么玩的，只管告诉我；丫头老婆们不好了，也只管告诉我。"一面又问婆子们："林姑娘的行李东西可搬进来了？带了几个人来？你们赶早打扫两间下房，让他们去歇歇。"

说话时，已摆了茶果上来。熙凤亲为捧茶捧果。又见二舅母问他："月钱放过了不曾？"熙凤道："月钱已放完了。才刚带着人到后楼上找缎子，找了这半日，也并没有见昨日太太说的那样的，想是太太记错了？"王夫人道："有没有，什么要紧。"

这段文字，脂砚斋在"带了几个人来"这里有一句"当家的人事如此，毕肖"。但是，在冯其庸先生辑校的《重校八家评批〈红楼梦〉》中，却有好几家点评。比如，王熙凤问林黛玉的几句话，姚燮的点评是"凤姐之问，黛玉事六层，向婆子问三层，共计九层……"这些话，值得我们留意。王夫人问王熙凤那一句"月钱放过了不曾"，脂砚斋的点评是"不见后文不见此笔之妙"。不过"又见二舅母"往往被我们忽略，姚燮的点评是"不曰王夫人而曰二舅母，是从黛玉初到目中看到"。有了姚燮的提醒，这个地方就会引起我们的重视。我们不妨设问，到底是"又见王夫人问他"好呢，还是"又见二舅母问他"好？用黛玉的眼光去看这一段问话，到底有什么不同？一旦泛泛读过去，也就错过了。这就是汇评的好处。

再说汇校。能够拥有"汇校"资格的书，一般都是经典。它在流传的过程中产生了一些不同的字句。这些字句，有人为的改动，比如赫赫有名的《聊斋志异》青柯亭本，在作者手稿发现以前，几乎一统天下，直到蒲翁手稿现世，才发现青柯亭本有改动。还有就是传抄错误，这算作无心之错。最典型的莫过于《红楼梦》，版本众多，传抄错误也就在所难免。可是，面对不同的字句，选择哪一个放到原文中，哪一个是最好的，这就需要精心选择了，是比较考验学者功力的。人民文学出版社古典文学丛书版的《红楼梦》，每一回后面都有"校记"，这是我们读《红楼梦》时不宜放过的。在汇校中，有一个特殊的情况，就是作家手稿。他自己改来改去，若留有痕迹，看最后的定稿，那就更好。

我拿《聊斋志异》举例。《聊斋志异》中有一个名篇《青凤》，讲的是耿去病拜访狐狸一家时，老狐狸把耿去病介绍给自己的儿子，后面有一句话评说耿去病，"生素豪，谈议风生"。"谈议"这个词我们比较陌生，当然会留意。再看汇校，才发现蒲松龄手稿上原来写的是"谈论风生"，自改为"谈议风生"。我阅读至此，心想"谈论"二字合为一词，读者都习惯了，语感也因此变得迟钝了，但不妨思考一下它与"谈议"有何区别，作家为什么要改。原来"谈议"是"讨论切磋，谓议论是非"，是要断定对错的；而"谈论"只是"谈说议论"，显然前者更适合耿去病倜傥不羁的性格。一字之差，体现了作家的炼字功夫，我们不能轻易放过。

我们再以《青凤》为例。小说的开头，说太原耿家败落，曾经恢宏的宅邸"半旷废之"，只留下一个老人看守。写到荒芜败落的宅邸里有狐狸时，有这么一句话"或闻笑语歌吹声"。我们读这句话的时候，可能一不小心就溜过去了。然而，作者在手稿中，最初将"吹"写成"鼓"，又将"鼓"涂改了，换成了"吹"。哪个好？很显然，"吹"比"鼓"好，狐狸在废墟中"歌鼓"，声音未免太大。狐狸是有嘴的，吹的声音不至于太大，显得非常自然。蒲松龄改得好。

重视读作家的手稿，其实也是鲁迅先生教给我们的写作和阅读的方法。他在《且介亭杂文·二·不应该那么写》中，引用了惠列赛耶夫《果戈里研究》中的一段话：

应该这么写，必须从大作家们的完成了的作品去领会。那么，不应该那么写这一面，恐怕最好是从那同一作品的未定稿本去学习了。在这里，简直好像艺术家在对我们用实物教授。恰如他指着每一行，直接对我们这样说——"你看——哪，这是应该删去的。这要缩短，这要改作，因为不自然了。在这里，还得加些渲染，使形象更加显豁些。"
先生还评价道：

> 这确是极有益处的学习法，而我们中国却偏偏缺少这样的教材。近几年来，石印的手稿是有一些了，但大抵是学者的著述或日记。也许是因为向来崇尚"一挥而就"，"文不加点"的缘故罢，又大抵是全本干干净净，看不出苦心删改的痕迹来。取材于外国呢，则即使精通文字，也无法搜罗名作的初版以至改定版的各种本子的。

好在我们生活在一个信息丰富的时代，能够比先生在世时看到更多的东西，历史也贡献给我们更多的经典文本，比之先生"缺少这样的教材"的感叹，我们应该还是幸运的。

最后说汇注。汇注是把诸家注释放在一起，好处就是看得出注释的优劣来。但看到不同的注释要鉴别优劣，这不是一件简单的事情（前文有刘禹锡《浪淘沙》一诗的解读，也是参考诸家注释）。七年级语文教材《世说新语二则》中的《咏雪》并不难。"俄而雪骤"的"骤"，课本注释为"急"，似乎并不错，但"雪急"一说，让人总觉得欠缺点什么。读《世说新语汇校汇注汇评》，关于这个字，有三家注释。田中履堂说："'骤'犹云'暴'。"恩田仲任说："迅捷曰骤。"崔朝庆说："骤，迅捷也。"[①] 查阅《康熙字典》，"骤"有"迅疾，猛快"的意思。如果是"迅疾、猛快"，田中履堂的"暴"似乎最准确。单说"急"，似乎欠缺点"猛"的意思。我还读过中华书局朱碧莲、沈海波母子的注释，他们二位倒是直白：又大又急[②]。不管是"暴"还是"又大又急"，在我看来，都比一个单单的"急"要好。

---

① 黄霖、陈维昭、周兴陆主编：《世说新语汇校汇注汇评》，凤凰出版社2017年版，第233页。

② 〔南朝宋〕刘义庆著，朱碧莲、沈海波译注：《世说新语》，中华书局2011年版，第128页。

5. 评改法

手稿是作家修改自己的文章，文章评改是作家修改别人的文章。看看作家怎么帮人修改文章，这很重要。我写过一篇读书札记，读者诸君不妨一看。

上乘与下乘文章

张大春《文章自在》首篇《语言美好》，记录国文教师俞敏之帮自己修改作文的事。原文有一段话：有一回我在一篇作文里用了"载欣载奔"的成语，俞老师给划了个大红叉，说："怕人家不知道你读过陶渊明吗？""读过陶渊明就要随手拿人家的东西吗？""人家的东西拿来你家放着你也不看一眼合不合适吗？"

后文又说："但是俞老师足足骂掉我一整节的下课时间，必然有她的道理。她强调的是文言语感和白话语感的融合。同样是'载……载……'，我们在使用'载歌载舞'的时候或许不会感到突兀；而用'载欣载奔'形容高兴奔跑，却难掩那雅不可耐的别扭。"

这让我想起王鼎钧《昨天的云》中的《荆石老师千古》，记录大老师教修改文章的事，书中说：

有一次，我在作文簿上写道：时间的列车，载着离愁别绪，越过惊蛰，越过春分，来到叫作清明的一站。大老师对这段文字未加改动，也未加圈点，他在发还作文簿的时候淡淡地对我说："这是花腔，不如老老实实地说清明到了。"

有一次，我写的是：金风玉露的中秋已过，天高气爽的重阳未至。他老人家毫不留情地画上了红杠子，在旁边改成"今年八月"。

王鼎均还记录了老师课堂上讲述的一个案例：

国文课本里有这么一个故事：敌人占据了我们的城池，我军准备反攻，派一个爱国的少年侦察敌情。这少年在午夜时分爬上城头，"看见月色非常皎洁"。看见月色非常皎洁！全课课文只有这一句写景，大老师称赞这一句写得恰到好处。为什么到了城头才发现月色皎洁？因为这时他需要月色照明，好看清楚城里敌人的动静。

很显然，老师的理念决定了他的作文教学。特别有意思的是，王鼎钧在写荆石老师以前，写到他自己插班读小学，校长王者诗先生口头考试，问他吴佩孚《满江红》中第一句"北望满洲"是什么意思，王鼎钧一直以为是"悲望满洲"，就说："很悲痛地看一看东北三省。""校长很惊讶地望了我一眼，告诉我没答对，可是插班批准，他没有再问第二个问题。我稀里糊涂过了关，心里一直纳闷，后来知道，校长认为我错得很有道理。"

恩师傅国涌先生在《开门见山》中记录了他的老师徐保土先生是如何教少年傅国涌改作文的：

我的原稿写到"用树枝把躲在石缝里的石蟹赶出来"，他说，不能胡子眉毛一把抓，记事要有层次，从大到小。修改后，这一段是这样写的："这窝石蟹，大的大，小的小，四处乱爬。我乐极了，伸手先捉大的，再捉中等的，最后捉小的，不让一只漏网逃掉。"我当时懵懵懂懂只是按徐先生说的改了，抄正交上。相隔二十多年，我才慢慢明白细节的力量，逼近真实的现场感。

张大春的《文章自在》里，尚有一篇《文章修改》，谈及父亲教他的一件事，也可以在此一说："我对写文章用字打通过一窍，是高中时由家父给开的。他见我正在背一篇课文——欧阳修《泷冈阡表》，便说：'这文章里原先有一句'回顾乳者抱汝而立于旁'，但是等到定稿的时候，'抱'字已经改成'剑'字。'剑'者，挟之于旁也。看，改得多响。"张大春也记住了父亲的"响"。

作文教学，重点不在教，而在改。教师之改，甚于教师之教。改，可见教师的文学修养、文学理念。张大春于是在文中说："说得雅驯一点，俞老师讲究的就是语感协调、结构严密，但是教人写作，雅驯之言虽简明扼要，却显得空洞、飘忽。我很庆幸，在我求学的过程里，那么些老师里面没有一个教我什么是类叠法，什么是排比法，什么是映衬法。

他们只要带着饱满的情感朗诵课文,在上下文相互呼应之际,递出一个心领神会的眼神,就足以让学子体会,什么是语言的美好。"

王鼎钧在《昨天的云》中也提及大老师的作文教学理念,或者白话文写作理念:"文章不是坐在屋子里挖空心思产生的,要走出去看,走出去听,从天地间找文章。天下这么多人你不看,这么多声音你不听,一个人穷思冥索,想来想去都是别人的文章,只能拼凑别人的文句成为自己的文章,这是下乘。"

他们的教学,有异曲同工之妙。而我这一篇,已然是"拼凑别人的文句,成为别人的文章,这是下乘"了。

这篇札记,是关于教师如何修改学生文章的。在古典文学中,最知名的莫过于"一字师",我也有一篇相关札记。

一字师

元人萨天锡诗《送欣上人笑隐住龙翔寺》:"东南隐者人不识,一日声名动九重。地湿厌闻天竺雨,月明来听景阳钟。衲衣香暖留春麝,石钵云寒卧夜龙。何日相从陪杖屦?秋风江上采芙蓉。"虞伯生见之,谓:"诗固好,但'闻''听'字意重。"萨后至南台,见马伯庸,亦如虞所云。欲改之,未得。未几,萨以事至临川谒虞,语及前诗,伯生曰:"此易事。唐人诗有云'林下老僧来看雨'。宜改作'地湿厌看天竺雨',音调更差胜。"萨叹服,拜为一字师。不仅是音调更好,"看"字更显看雨者之心情甚而神态。

一字师最早源于唐人事。《五代史补》:郑谷在袁州,齐己因携所为诗往谒焉。有《早梅》诗曰:"前村深雪里,昨夜数枝开。"谷笑曰:"'数枝'非早也,不若'一枝'则佳。"齐己矍然,不觉兼三衣叩地膜拜。自是士林以谷为齐己一字之师。

另清人梁绍壬《两般秋雨庵随笔·卷一》亦载一事于《鳖子亹》:"乾隆中有方伯某公莅浙,见文牍中有'鳖子亹'三字,投牍于地曰:'此明明是亹字,何得误读为门耶?'一吏从旁从容拾牍,援《大雅·凫鹥》之说以进曰:'旧注,亹,音门,谓水流峡中,两峰如门也。'某公怃然曰：'微子几误乃公事，子即吾一字师也。'"某公之虚怀，此吏之博雅，人兼其美。

又《唐摭言·卷五·切磋》载："大居守李相读《春秋》，误呼叔孙婼（敕略）为婼（敕晷）。日读一卷，有小吏侍侧，常有不怿之色。公怪问曰：'尔常读此书耶？'曰：'然。''胡为闻我读至此而数色沮耶？'吏再拜言曰：'缘某师授，误呼文字；今闻相公呼婼为婼，方悟耳。'公曰：'不然。吾未之师也，自检释文而读，必误在我，非在尔也。'因以释文示之。小吏因委曲言之。公大惭愧，命小吏授北面之礼，号为'一字师'。"

今人朱光潜于《咬文嚼字》开头举一例：郭沫若先生的剧本《屈原》里婵娟骂宋玉说："你是没有骨气的文人！"上演时他自己在台下听，嫌这话不够味，想在"没有骨气的"下面加"无耻的"三个字。一位演员提醒他把"是"改为"这"，"你这没有骨气的文人！"就够味了。他觉得这字改得很恰当。他研究这两种语法的强弱不同，"你是什么"只是单纯的叙述语，没有更多的意义，有时或许竟会"不是"；"你这什么"便是坚决的判断。朱先生称之为炼字的好例子。根据这种见解，郭沫若把另一文里"你有革命家的风度"改为"你这革命家的风度"，朱先生说这"根本不成一句话"。

这些当然会给我们启发。

我们不妨看一看名家是怎么修改普通人的文章的，细心体悟，定有收获。说到这里，我要推荐一本书，叫《文章评改》。这本书是叶圣陶、吕叔湘、朱德熙、张志公、周振甫、徐仲华在中华函授学校讲座时关于评改文章的一个汇编，只是现在不大好买。在《语文学习讲座丛书》中也有汇聚。现在新版的是《大师教语文》，只是没有前面两本齐全。里面收录了六位先生讲评别人的文章，很值得细细品味。

举一个例子，朱德熙先生的《评改两篇说明文》，第一篇是《黄金苹果——番茄》，开头是这样的：

人们吃番茄（西红柿）也不过二百五十年左右[1]，这在各种农作物食用历史中算是很短的了[2]。

朱德熙先生发现两处有问题,他是这么修改的:

　　[1] 作者的意思是说"人们把番茄当作食物,到现在不过二百五十年左右",原文的说法不够清楚。

　　[2] "在各种农作物食用历史中"有语病。从字面上看,"各种"好象是修饰"食用历史"的,其实它修饰的是"农作物",应该在"农作物"之后加"的"字,更干脆的办法是删去"各种"二字。

细细对照原文和朱先生的修改,我们就能领会到很多东西。

上面几个方法,如果缺少童子功,那就需要极大耐心,极多时间,甚至还需要一定体能才能完成。接下来说两个更加实用的方法。

6. 换字法

换字法针对古诗词特别有效。还记得前面王鼎钧的"千山万壑"吗?这是改得不好的例子。说一个更早的故事,载于欧阳修的《六一诗话》。

　　陈舍人从易当时文方盛之际,独以醇儒古学见称,其诗多类白乐天。盖自杨、刘唱和,《西昆集》行,后进学者争效之,风雅一变,谓西昆体。由是唐贤诸诗集几废而不行。陈公时偶得杜集旧本,文多脱误,至《送蔡都尉》诗云"身轻一鸟□",其下脱一字。陈公因与数客各用一字补之。或云"疾",或云"落",或云"起",或云"下",莫能定。其后得一善本,乃是"身轻一鸟过"。陈公叹服,以为虽一字,诸君亦不能到也。①

还有一个故事,比这个更有名,是在"轻风＿＿＿细柳,淡月＿＿＿梅花"中间加字。这两个故事让我学到了一种读书方法,就是可以把诗歌中的关键字词好好琢磨琢磨,看能不能换成更好的。

譬如"鹅鹅鹅,曲项向天歌。白毛浮绿水,红掌拨清波。"这是一首五言

---

① 欧阳修撰:《中华经典诗话·六一诗话》,中华书局2014年版,第27页。

诗。为什么起句是"鹅鹅鹅",而不能是"鹅鹅鹅鹅鹅"?"曲项向天歌"中,"项"是脖子的意思,为什么不能是"曲脖向天歌"?或者"曲颈向天歌"?"三"代表多,不需要用五个"鹅",不然读起来像是口吃一样;"项"与"颈",有很大的区别。"项"一般指代脖子的后半部分,所以"难以望其项背","项"与"背"放在一起说。"颈"是整个脖子。"脖"是后起字,《说文解字》中都没有收入,在唐代也似乎还没有出现这个字。七岁的骆宾王写鹅,想必是站着看到鹅的吧,看到的当然是"项"。

再比如:"锄禾日当午,汗滴禾下土。谁知盘中餐,粒粒皆辛苦。""滴"能不能换成"落"?《说文解字》里说"草曰零,木曰落",所以"落"是草字头,一般用来指树叶、花朵的飘落,就像"落英缤纷""人闲桂花落""无边落木萧萧下,不尽长江滚滚来"那样。除此之外,"落"也逐渐被用来形容比较大的固体,或者量比较多的液体,譬如落石、落雨。而"滴"字,三点水旁,用来形容汗珠再合适不过,并且与末一句的"粒粒皆辛苦"有内在的联系。单以小学语文教材为例,为什么说"草船借箭"而不说"骗箭"?(《草船借箭》)"小燕子从南方赶来"中的"赶来"可以换成"飞来"吗?(《燕子》)"哥哥,你别难过,我不过随便说说罢。"盲姑娘是"随便说说"吗?(《月光曲》)武松"一步步挨下冈子来",说成"走"下冈子来,可以吗?(《景阳冈》)"战国时,秦国很强大,常常进攻别的国家。"是"进攻"好还是"侵略"好?(《将相和》)"溪头卧剥莲蓬"可以说成"溪头坐剥莲蓬"吗?可以说成"地上卧剥莲蓬"或者"河边卧剥莲蓬"吗?(《清平乐·村居》)"晋太元中,武陵人捕鱼为业,缘溪行……"可不可以是"缘河行"?(《桃花源记》)……

我常常在无聊的时候干这些"无聊"的事情,让熟悉的字眼变得陌生起来。青原行思的"见山是山,见水是水""见山不是山,见水不是水"和"见山还是山,见水还是水"的三重境界,确实可用来形容我们对文字所需的敏感度。任何一个字,只要太过于熟悉,就往往被忽略。

这样的方法再引申出去,就是文字学了。如果有文字学功底,我们的教学与写作就会变得得心应手。鲁迅、周作人兄弟二人,文字功夫好,应该说与他们当年追随太炎先生学习文字学有很大的关系。鲁迅早期写文章的时候爱用古奥的字，也与之有关，只不过是一种负面的结果，后来的文字变得清通，则是正面的结果。

7. 猜读法

另外一个方法是情境填空法，我们在讲读课堂实录的时候王崧舟老师提到过这个方法。我把它叫作"猜读法"。在阅读过程中，可以用一张卡片挡住下面的部分，猜一猜接下来作者会怎么写，尤其是人物的对话，这样的猜测很有意思。猜测完了，不妨写下来，并与原文对比一下。我读《红楼梦》的时候，就常常这样做。每一次都会被原文中曹翁的语言震撼到。

如果能坚持用某一种方法读一本书，我想对提高语感会大有裨益。久而久之，解读文本、课堂教学、写作，都会有语感的加持，专业的发展也会顺畅起来。

坐待知音共论书（代后记）

一

2020年的最后一天，我来到衢州抱山书院与恩师傅国涌先生一起跨年，先生给我颁发了一个大奖——"2020年度非虚构写作奖"。奖品是他故乡温州雁荡山的一块天然石头。他给我颁奖时说："希望2021年是你的光荣之年。"2021年，我的第一本书《红楼教育学》由山西教育出版社出版。傅国涌先生正是在我这个年龄出版了他的第一本书，可谓寄我以厚望。

如今，离我第一本书出版，转眼过去了三年。

记得《红楼教育学》上网销售的那一天，我写了一篇文章《二十年来一本书》，记录了我从十六岁第一次拿稿费到出版第一本书的心路历程。文中有一段文字：

> 离我第一次拿稿费，已经过去了二十年。时间之迅速，真的只有"光阴似箭、岁月如梭"这八个俗透的字才可以形容。二十年间，世事沧桑，风云突变。于我，变了岁月，老了年华，但依旧是赤子之心，当日少年。我还是那么渴望构筑文字的大厦，它总能安放我的灵魂。第一次发表作品，拿到稿费，到现在摆在我面前的第一本书，确实不必学遗老遗少来一句马齿徒增。这一路，我在文字里阅古今，历山河，是文字给了我力量，给了我视野，给了我精神……

如今，当我要给自己的第二本书写后记的时候，这段文字依旧是我内心对自己的告白。

二

我没有在《二十年来一本书》这篇文章里写到的内容，可以追记在这里。三年前，我的想法是：我要写第二本，并且要快。当时，我的内心已经有了这本书的框架，并且写了相当的一部分。我很希望这本书能够出版在第一本的前面，但事实是不可能，因为第一本的稿子全部在《教师博览》上刊登过，出版要简单得多。

《红楼教育学》出版后，两位编辑老师来温州与我见面，我在饭桌上与他们大谈特谈我的下一步计划——那时的下一步计划，也就是现在的这一本。甚至，当时还野心勃勃：我要一年一本书，即便不能出也要写。事实是，理想丰满，现实骨感。在这一本书上，我耗费了大量的时间和精力，到现在才知道，自己当时年不少气却盛是一件多么可笑的事情。

当然，摆在面前的这本书与我当时的想法并不完全一致，但大方向没有变化：我想写一本关于教师尤其是语文教师读写类的书籍。那时候，我正和温州教科室主任、《温州教育》编辑部主任林日正老师一起，做教育叙事的研究。由于他的举荐，我在很多场合分享过教育叙事写作，每一次分享，我都发现老师们对教育叙事写作还有很多疑惑。我就想能不能写一本书，就是关于教师写作的。但我知道，教师的写作是根本离不开读书的。没有输入，哪里来的输出呢？干脆就奔着"读与写"的主题去。于是，陆陆续续就有了一些文稿，再加上平时的一些作品可以充当书中的例文，将其码在一起，也有了20余万字。

书稿完成后，在我的好友朱胜阳兄的推荐下，交到了福建教育出版社韩中华老师的手中。

上文提到，我有时候给教师朋友分享的时候，会被问及如何打磨自己的文稿一类的问题，我总是说"需要一个好编辑"。韩老师正是这样的编辑。她严格但又谦虚。她的严格，用她自己的话说，她的很多作者与她"友谊的小船说翻就翻"。我开玩笑说，我们是"航空母舰"，翻不了。

我在写作中一些不好的习惯，被她一一逮住。比方说，我引用文献的时候，有时候是直接从 PDF 中复制的。但从 PDF 到 Word 文档，其实是有很多问题的，可我没有仔细检查，直接往下写了。再比如说，我有一段时间，很喜欢用一个传图识字的软件，面对需要引用的文字，也是拍照上传，复制到我写作的文档中去，同样也是弊病多多。作为专业的编辑，我的这些毛病当然都逃不过韩老师的法眼。同时，面对一些细小的问题，她并不确定的，也不会断然修改，而是与我商量和讨论，给我提过很多建设性的意见和建议。尤其值得一提的是，书稿中有两处完全是我个人理解不到位的地方。一处是《食酒添酒筛酒》这则读书笔记，谈到"筛酒"，我引用《红楼中》第六十三回中的"筛酒"，我一直以为此处的"筛酒"就是"斟酒"的意思，韩老师认为我是错误的。我查阅《辞海》后发现确如韩老师所说。这是我读书的"想当然耳"。没有韩老师的细心，我估计我还会一直错下去。还有一处，王鼎钧先生在《昨天的云》里提及自己入学，把吴佩孚的"北望"记成了"悲望"，我最初认为王鼎钧改得比吴佩孚原来的好。韩老师不同意，并且用"中原北望气如山"的例子告诉我"北望还有收复失地的意蕴"，这是我完全没有想到的。中国历史上失去的国土多数在北方，南渡君臣的"北望"已然成为了一种传统。刘克庄说"怅燕然未勒，南归草草，长安不见，北望迢迢"，"北望"比"悲望"反倒来得更委婉更深沉了。20 余万字的书稿，几乎每一页都有需要调整、修改或者商量的地方，哪怕是一个字，韩老师从不擅作主张，这是对我的极大尊重。

曾经深耕过教师著作的出版人王小庆老师有一次给我们做分享的时候，引用过费拉迪米尔·贺兰的话：从草稿到作品，是一条跪着走完的路。诚哉斯言，真是于我心有戚戚焉。曾经那些一挥而就，倚马千言的神话害人不浅，反倒是欧阳修"不怕先生骂，只怕后生笑"修改故事，才是值得我们效仿的典范。跪着走完的修改之路，不是卑微，是谨慎，是细致，是孜孜以求的完美，即便永远达不到，但跪着走完从草稿到作品的路，依旧有着重要的意义。

所以，我特别感谢韩老师一路与我同行。

三

还有一些话，我也想写在这里。

我出生在一个略有耕读传统的家庭中。祖父是我最重要的一位恩师。在他衣柜的一个抽屉里，少年的我，读到了"四书"，读到了繁体竖排的《三国演义》，背下了《增广贤文》。我很早就知道"敬惜字纸"的文化含义。他在脑溢血之前，是家族里分量足够的"秀才"，红白喜事少不了他的筹划谋虑，对联是他的拿手好戏——虽然在我成年后觉得他的字很一般，但在童年时代的我看来，他就是我的偶像。每每写对联的时候，我总在他的旁边理纸。唉，就是这个干瘪的老头，以他仅有的一点点知识，给予了我文化的芬芳。他对我从事教师职业，感到无比光荣。因为，教师这一职业也是他的梦想。而他对文字的追求，恐怕比我来得更为深沉久远。在他晚年的时候，戴着老花镜，坐在那张满是蛀眼的桌子上，整理着那些他认为极其重要的家风乡俗文字，他一定认为那些东西值得代代传承。

我至为遗憾与可惜的是，我第一本书的出版，他没能看到，时间仅差一个来月。如果他能在生前看到我出版自己的著作，一定会像看到当年我考上师范时一样高兴，但命运给了我一个缺口，永远无法弥补。在我敲击这些文字的时候，正是我的祖父离开我三周年的日子，命运又似乎在冥冥之中给了我一个机缘：我应该把这本书，献给我已经逝去的祖父。

钱钟书说："近来觉得献书也像'致身于国'、'还政于民'等等佳话，只是语言幻成的空花泡影，名说交付出去，其实只仿佛魔术家玩的飞刀，放手而并没有脱手。随你怎样把作品奉献给人，作品总是作者自己的。"他没有将《围城》送给为他"抵挡过许多事"的妻子杨绛。而我，不但要将我的这本书献给我的祖父，还要献给我的四叔。

四叔最初是语文教师。他师范毕业，后来进修本科中文专业。毕业后，他没有在教育领域工作，转行做了公务员。但我们家的人对书籍几乎都有珍惜的传统——他把教材都带回家了。

我记得，还是我读初中的时候，他和婶婶刚刚结婚，住在镇上的老街。

有时候我会过去蹭饭。蹭饭的时候，就看见了他的书，并不算多。但是，对于求知欲正旺的我而言，他的这一批书简直就是帮我开了天眼。

我记得先借了《中国现当代小说选》，这套书有四本。我是陆陆续续"借"。这套书着实给了我太大的影响。就在这套书里，我读到了阿城的《棋王》，然后渴望了很久，才读到他的其他"二王"。还有谌容的《人到中年》，把我读得泪眼蒙眬，深更半夜起来写读后感——少年啊。还读到了《犯人李铜钟的故事》。我少年的时候迷过李存葆，就是在这些书里读到了《高山下的花环》。后来李存葆写赋体散文，我也爱读，《沂蒙匪事》让我极其难忘。除了莫言，我印象中写饥饿写得比较好的并不多，《沂蒙匪事》的饥饿写得令我难忘。

四叔被我"借"来的书里，还有一本《文章讲话》，里面很多文章，我都背过。我第一次知道"天下第一长联"就是从这本书里。我至今还能把长联背得如水银泻地，不带半点磕碰，全赖少年功夫。

后来，四叔换了新房子，他的书也跟着搬家。后来他搬到县城，我去他那里住过几个晚上。我睡前有阅读的习惯，睡前就从他的书架上取一两本放在旁边，这些书也陆陆续续被我"借"回了家。

有一年除夕，四叔回家过年，去我的房间睡午觉。我把从他那"借"来的书，放在我大姐给我买的皮箱里。他也想在午休前读会书，掀开箱盖，说："这些书怎么这么眼熟……"

四叔可能不知道，他的那些书，是我人生最重要的一批书。没有他，没有他的那一批书，我几乎不可能爱上文学。是这一批书，滋养了我的少年时代。

我要感谢我的祖父和我的四叔，在我精神极度匮乏的少年时代，有幸邂逅了他们书架上的神明，是这些书籍给我种下了最初的人文种子，给予了少年时代的我一个幻梦，并且到现在都没有变化。这个梦围着书在打转：买书、读书、教书、写书。幸运的是，这个梦也一步一步在实现，我觉得这就是最幸福的人生。

四

当年桃李春风，而今江湖夜雨。我总觉得，命如蜉蝣却也灿若流星。之所以如此，是文字给予了生命以思想，以尊严，以高贵。能够捧读这本书的读者，我猜想也会有这样的感觉，我坐待知音共论书。

匡双林

2024.4.7